耿雲志學術隨筆

藜草

續集

耿雲志◎著

自序

　　1999 年，應中國社會科學出版社之邀，將自己已發未發的學術短文編成一本「隨筆文集」，名之曰《蓼草集》，加入其「學術隨筆文叢」於 2000 年初出版。當時很忙，對此事未曾在意。但不久就有許多讀者回饋意見出來，此書竟受到出乎我意外的歡迎。比如，一位常州的讀者寫信來說：「拜讀您的學術隨筆《蓼草集》，就如『從山陰道上行，山川自相映發，使人應接不暇』。沏一杯淡茶，書卷在手，時有赫然開朗的好心情。常見煌煌巨著，正襟危坐，高山仰止，總有些惶惶然。讀先生作品，則頓覺心清神爽，深感獲益非淺。遙想您舉重若輕的丰采，雖不能至，心嚮往之。不禁妄生冒昧之念，託付鴻雁，奉上尊著，恭請題詞，以感謝您所賜的學識和那一片可貴的清心（新）天地。」這位讀者的稱許，或不免有溢美之處。但很顯然，他的態度是誠懇的。還有一位北京大學的年輕教授打電話來說，他到北京圖書館去，見到上周借閱圖書排行榜，《蓼草集》排在第三位，始知道我新出了這本書，一定要我送他一本。類似的反應還有很多。這使我知道，針對一些大家所關注，所感興趣的問題，利用我們的知識和經驗，深入淺出地講清楚一兩層意思，是廣大讀者更為歡迎的。我們在學術研究的崗位上，當然應以絕大部分時間和精力，去做一些專門性很強的研究和寫作。但這樣寫出的論文和專書，只能有很少的人會認真地讀它們，所生的影響是很有限的。做學問自然不宜從短時的功利效益上去考慮。但也不應總是置多數人於不顧。近代文化轉型的一個重要的趨勢就是日益平民化，逐漸打破上層文化與下層文化，精英文化與大眾文化的森然壁壘，建立兩者間的良性互動，從而加速文化的進步與繁榮。所以，受這件事的啟發，我覺得，我們應當在行有餘力的情況下，盡

可能多寫一些能夠濃縮我們的學術研究心得,又能深入淺出地將它們表達出來的隨筆性的文章。從前,有不少知識精英和知識領袖們,如陳獨秀、胡適、魯迅等等,都做過類似的工作。我們在學力與影響力方面,自然無法同他們相比。但不可因能力小而不為善。

時間真是太快了。《蓼草集》出版竟已七年多過去了。這期間,又積了一些隨筆之類的文字。整理舊稿時,又發現幾篇未曾發表過的短文或思考提綱,略一翻讀,似覺尚有一點意思。另外,有幾篇稍長的文字,或屬偶然涉足於我不常涉及的領域,因而見之者甚少,借此機會「自我推銷」一下;或有些是訪談或漫談的性質,雖長而讀起來並不費力。

書名仍延續第一本隨筆文集,叫做《蓼草續集》,此中並無深意。倘將來還有機會的話,就接著叫《蓼草三集》、《蓼草四集》……,不必為書名浪費心力。

謹將此書,獻給愛思考的讀者們,希望得到你們的批評。

耿雲志 2007 年 12 月 20 日於太陽宮寓所

目次

思想、文化與史事散論

儒學遺產與中國現代化

一

　　儒學在中國傳統文化中佔居重要地位。在中西文化衝突的背景下追求現代化的中國人，因屢受挫折而感到困擾：在中國國家現代化的進程中，儒學到底扮演怎樣的角色？這個問題早在清末就提出來了。張之洞發表〈勸學篇〉，針對康梁及其追隨者動搖了儒學正統的權威而發出警告。民國以後，這種爭論一直不曾休止，五四時期，曾達到白熱化的程度。陳獨秀、胡適等人認為，儒學不適宜現代生活，任何尊儒或復活儒學的企圖都被他們看作是開倒車。相反，一部分堅守儒學立場的人，則指責陳、胡叛離中國傳統，走上了邪路。梁漱溟就是提出這種指責的一個人。（梁漱溟：〈合理的人生態度〉，《漱溟卅前文錄》）三十年代讀經與反讀經之爭，本位文化與全盤西化之爭，是這一爭論的繼續。尤令我們感興趣的是，這個爭論直到今天，仍為中國學者們所關注。當大陸思想界為左傾教條主義所籠罩，尊儒的言論無法公開發表的時候，一部分台、港和海外學者卻以很高的熱情宣揚復興儒學的主張。而當大陸上左傾教條主義

的統治結束之後，尊儒的思想也有駸駸抬頭之勢，去年在山東曲阜舉行的儒學討論會就有所反映。

　　張君勱先生可說是中國現代尊儒思想的代表人物。他從二十年代起，一直堅守這一立場不變，晚年發表過一系列言論著作，闡述他的一貫立場。1958 年，他與唐君毅、牟宗三、徐復觀聯名發表〈為中國文化敬告世界人士宣言〉；1960 年前後，寫成《新儒家思想史》（張君勱的女兒張敦華為此書寫的〈再版記〉說此書上冊完成於 1957 年，下冊出版於 1963 年。而作者自寫的〈再序〉則是寫於 1960 年）；都強烈表現出復興儒家思想的熱誠。1965 年，張先生在韓國高麗大學舉行的「亞洲現代化問題國際學術討論會」上所作的報告，更明確提出「復興儒家哲學是現代化的途徑」（此文載於臺北牧童出版社出版的《中國哲學思想論集》之《現代篇》第二冊）。這類極端尊儒崇儒的思想，在中國學者中間，一直遇到強有力的批評。我也是對此持批評態度的一個人。1986 年在上海舉行的中國文化國際討論會上，我提交的論文〈今日的中西文化問題〉，強調反對恪守傳統的教條主義，主要是指儒家教條。（此文收載於上海人民出版社出版的《中國傳統文化的再估計》一書）今年 3 月 21 日，我在《人民日報》學術版發表〈近代文化與儒學〉一文，更明確地反對復興儒學的主張。我提出，對儒學遺產，亦如對其他古代文化遺產一樣，應當研究整理，但不應當作神聖教條加以崇拜，尤不應把現代化納入儒學復興的軌道。

　　另有一種看法，認為儒學是中國現代化的主要障礙，只有徹底肅清儒學的影響才能實現現代化。我認為，這同指望靠復興儒學實現現代化的想法一樣，都是規避現實問題的艱苦探索，把現實問題幻化成古人的問題，減輕自己的責任。而且，

也似乎太高估計了儒學在現實生活中的作用，太不瞭解一種思想學說在社會運作過程中發生作用的實際機制。

關於現代化，人們有種種說法，頗不易給出一個一目了然的定義。我們或可嘗試指明，現代化是這樣一個發展過程，這個過程對於中國來說，主要包含這樣兩個方面：一是使國家、民族儘量地擺脫中世紀傳統的羈絆，全體人民能夠創造和享有基於現代物質條件和精神條件之上的新的生活方式。二是使國家和民族積極參與世界現代發展進程。就第一個方面說，現代化將經歷一個大轉變的歷史時期，傳統文化必須經受這個大轉變的考驗，相當一部分將被淘汰，相當一部分將不得不改變自己以求適應新的條件。作為傳統文化的重要部分的儒學，也不可能逃避這種命運。就第二個方面說，傳統文化作為本土文化，必將經受各種外來文化的挑戰，並在世界規模的競爭、交流與互相琢磨的過程中謀求自我更新。近年較為人所熟知的改革與開放的說法，可以認為是對現代化過程的比較簡明的概括。

人們只有對現代化的過程有比較清楚的認識，才可能對儒學與現代化的關係建立比較正確的瞭解。

二

如果我上面所述對現代化的理解不太謬誤的話，那麼，就讓我們分析一下，儒學遺產在這個過程中會發生怎樣的情況。

我在〈近代文化與儒學〉一文中，把儒學遺產概括為四個方面：一是得君行道的仁政學說，二是家族本位的倫理學說，三是士大夫的心性修養學說，四是知識論與教育學說。

仁政學說是同君主專制政體緊密聯繫的，是為專制君主說法的。不少人把孔孟重民思想或民本主義看成是民主思想，這

是極大的誤解。君主的重民，與民主的重民根本不同。君主重民是基於害怕民眾暴動，推翻自己的權力。民主的重民是人民自覺到自己的權利而自重。在民主政制之下，一切制度、法律設施，其根本宗旨都在防制執政者專權，侵害人民的權利。君主專制之下，一切制度、法律設施，其根本用意都在防制人民「犯上作亂」。兩者性質絕然不同，把孔孟仁政學說中的重民思想比附為民主思想是原則性錯誤。我們頂多可以說，在由中世紀向近代最初的轉變開始的時候，古代的重民思想可以被人們改造利用，作為思想過度的一個環節。例如清末梁啟超等人就曾利用先儒的重民思想來批判專制主義，這在當時有一定啟蒙作用。但如果到今天，還以孔孟的重民思想冒充民主思想來宣揚，那不但沒有什麼啟蒙作用，而且只能認為是一種愚民之技了。它可能使人滿足於偶而被重視一下，而忘記了爭取和保衛自己的權力。因此，我認為儒家的仁政學說對當前中國的現代化進程是不會有什麼幫助的。它僅僅是一種歷史遺產而已。（關於此點，本人後來的看法略有改變，認為古代的民本主義思想，在經過批判地整理之後，可為近代民主思想的發育成長提供過渡的橋樑。見李鐵映主編的《論民主》一書之〈附錄一〉）。

　　以家族為本位的儒家倫理學說是同家天下的君主制度聯繫在一起的。它強調「臣事君以忠」。「子事父以孝，」且常以「忠孝」並舉。甚至認為「孝」具有更根本的意義，謂「孝」是「仁之本」（《論語・學而》）。「悌」是以弟事兄的規範。「孝悌」，歸根到底是要求人們尊敬和服從親長。所以，它與忠君有緊密的內在聯繫。後世統治者常標舉「以孝治天下」就是這個道理。人能孝悌，就不會犯上作亂，人不犯上作亂，君主權力便得以鞏固。

　　男女有別，是儒家倫理另一個重要節目，它包含三種意義：一是男女授受不親，嚴男女之大防；二是男尊女卑；三是男女嚴格分工，男治外，女治內。顯然，男女有別，男尊女卑的觀念具有維繫君父血統純正的作用。儒家倫理中還有朋友一倫，列為五倫之末（《孟子・滕文公上》述五倫：「父子有親，君臣有義，夫婦有別，長幼有序，朋友有信」）。

　　儒家倫理是以家庭為單位的自給自足的農業經濟基礎之上的宗法制度的遺傳物，現代化的大生產將無情地毀壞這個基礎。家庭的結構與功能亦隨之發生重大變化，相應地，道德觀念亦必定隨之變化。在這種情形下，或是放棄儒家教條，順應時代，建構新的倫理觀念；或是拘守舊貫，不惜與新的時代逆搏，結果便會造成畸型的道德破損。有識之士不能不嚴肅地對待這個問題。

　　家族本位的儒家倫理還有其根本的缺陷，即缺少現代社會的公德觀念。作為一個現代人，他作為國家的公民和社會的成員應有的權利和義務，遠較他在家庭四壁之內的權利義務具有更為重大的意義。在現代社會條件下，「父為子隱，子為父隱」（《論語・子路》）絕不是任何有教養的人所能承認的。我們應當鼓勵人們學會做合格的公民，而不應繼續把他們禁錮在家族倫理的舊框架之內。

　　心性修養學說，是儒學極有特色的一部分，也是至今尊儒的思想家最津津樂道，揄揚不已的東西。古代儒家學者以此把他們的政治學說、倫理學說、知行學說，乃至哲學本體論，皆貫穿一氣，融為一體。他們認為，通過學問習行和敬謹養心的功夫，可以盡心、知性、知天，達到天人合一。於是修身、齊家、治國、平天下的大綱領亦庶幾可達，堪稱為聖賢。

　　在孔子那裏，原沒有明確的「天人合一」的思想。《中庸》始提出「天人合一」的觀念（《中庸》第二十二章：「唯天下至誠為能盡其性；能盡其性，則可以贊天地之化育；可以贊天地之化育，則可以與天地參矣。」），復得孟子強調之（《孟子‧盡心上》：「盡其心者，知其性也；知其性則知天矣。」），後儒便爭相轉述，宋明理學家尤多所發揮。如張載說：「天地之塞，吾其體；天地之帥，吾其性」。又說：「儒者則因明致誠，因誠致明。故天人合一。」（《正蒙‧乾稱》）程顥說：「仁者以天地萬物為一體，莫非己也。」又說：「學者不必遠求，近取諸身，只明人理，敬而已矣，便是約處。……故有道有理，天人一也，更不分別。浩然之氣，乃吾氣也，養而不害，則塞乎天地。」（《遺書》卷二上）程頤說：「在天為命，在義為理，在人為性，主於身為心，其實一也。」（《遺書》卷十八）朱熹說：「天地以生物為心者也，而人物之生，又各得夫天地之心為心者也。」（〈仁說〉）陸九淵說：「心之體甚大，若能盡我之心，便與天同」。（《全集》卷三十五）王陽明說：「大人之能與天地萬物為一體也，非意之也，其心之仁本若是，其與天地萬物而為一也。豈惟大人，小人之心亦莫不然。」（〈大學問〉，《全書》卷二十六）又說：「蓋天地萬物與人原是一體，其發竅之最精處，是人心一點靈明。」（〈傳習錄〉下，《全書》卷三）宋明儒學家，特別是幾位理學大家，通過對「天人合一」論的闡釋和發揮，使之成為一套精心建構的心性修養學說。它的客觀意義，一是把儒家學說貫通起來。宋儒特重《大學》一書，置為四書之首，就因為《大學》的「三綱領、八條目」（《大學》首章即揭出「大學之道，在明明德，在親民，在止於至善」即是所謂「三綱領」；「八條目」則是：格物，致知，誠意，正心，修身，齊家，治

國，平天下。）以心性修養為中心，貫穿起儒家學說的各項基本內容，被程子喻之為「初學入德之門」。二是提出理想人格的目標，（這目標即是達到「體天知道」，「與天地合其德」。以及「贊天地之化育」，「與天地參」。見《易‧乾卦‧文言》及《中庸》。）和追求實現此目標的途徑。三是此說以向內的追求排斥了外逐的欲望。由之，對外部世界的認識和參與改造等事都被忽略了。甚至孔子原來很重視的習行鍛煉功夫也被忽略，而專意提倡「主敬」、「主靜」，走上極端主觀主義和神秘主義。儒學中的這部分遺產在現代生活中甚少可取之處。

　　儒學遺產中最有價值的，我認為是它的知識論與教育學說。孔子最強調對知識的誠實態度，「知之為知之，不知為不知，是知也」。（《論語‧為政》）又提倡「毋意，毋必，毋固，毋我」，（《論語‧子罕》）力戒主觀武斷，這些都是至今為人所服膺的至理名言。孔子把追求知識，追求真理視為人生無上的快樂，「發憤忘食，樂以忘憂，不知老之將至」。（《論語‧述而》）「朝聞道，夕死可矣。」（《論語‧里仁》）他的「每事問」，（《論語‧八佾》）和「不恥下問」（《論語‧公冶長》）的態度，亦極富教育意義。孔子作為中國古代最偉大的教育家，私人辦教育的先驅者，他的「有教無類」（《論語‧衛靈公》）的原則，「誨人不倦」（《論語‧述而》）的精神，既強調全面發展，（《論語‧述而》謂：「子以四教：文、行、忠、信」。）又重視「因材施教」的方法（《論語‧雍也》謂：「中人以上，可以語上也；中人以下，不可以語上也」。而且，孔子為弟子講仁，每因人而異。都體現了「因材施教」的方法），都給後世優秀的儒家學者樹立了楷模。他們的思想和實踐至今可給我們相當的啟示。

現代化最重要的環節之一就是教育。孔子及儒學在教育方面的遺產，應令其大放光芒。

三

儒學作為在中國封建時代延續了兩千餘年的一種學說體系，就整體而言，肯定是已經過時，不可能以固有的形態繼續存在下去了。但歷史上發生過作用的偉大思想學說，除了應付過去時代所提出的具體主張以外，某些基本精神或一般原則往往會繼續發生影響。儒學遺產也一樣，它為封建君主說法的那套仁政學說，及其家族本位的倫理學說，它為知識份子設計的精神模式和修養功夫，基本上都已失去意義。但是儒家學者追求社會政治生活和倫理生活的和諧秩序的想法，它所依循的推己及人的修身原則，仍可發生有益的作用。它的心性修養論雖是主觀的甚至是神秘的，帶有宗教氣味的，但其通過內心生活的調整，以求維繫精神平衡，乃至其對於塑造君子人格，都並非全無意義。至於其知識論與教育學說，含有大量涉及一般原則的有積極意義的東西，至今仍保有其價值。但是，古代思想學說中一切有積極意義的東西，並非自動地能對現代化發生推動作用，這要取決於現實社會環境，社會運作的主要機制如何。中國現代化的運動已有一百二十餘年的歷史。即從戊戌維新算起，也有九十年了。何以至今未見成功？日本亦儒學影響甚深的國家，其實行現代化四十年即躍居為世界強國；何以儒學的故鄉，儒學遺產最豐富的中國，在現代化過程中卻不曾得到儒學的助力呢？尊儒者埋怨是世人不尊儒有以致之，反儒者則認為是儒學除之不盡有以致之。到底如何呢？我覺得，泛泛的文化討論往往會淹沒了重要的實際問題。日本現代化之所以成

功，首先是因為它有一個有決心，有能力領導國家現代化的社會力量和政治力量。這保證了它的國家在堅強的政治領導之下有步驟地實行改革。這樣，無論本土的或外來的文化中一切有益的東西都有被選擇運用參與現代化過程的機會。中國最初被迫面對現代化的挑戰時，沒有這樣一種堅強的社會力量和政治力量足以擔當起領導的責任。中央政權腐朽，地方自治沒有得到發展，國家在混亂、外患與暴力革命交相迭乘之中艱難地掙扎著。稍具識力的領袖分子不能把注意力集中到國家現代化的問題上來。共產黨奪得政權後，建立了強有力的統一的中央政權，但各級領導人，大多是教育不完全的知識份子和農民革命的領袖，他們缺乏現代知識與訓練，因此長時期不曾自覺到國家現代化的迫切課題。只是在經歷一場空前的浩劫之後，人們才有所覺悟，在沒有充分的思想準備的情況下，大膽邁出了改革開放的步子。機會是良好的，希望是巨大的。中國現代化能否順利發展，主要將取決於領導力量在知識、訓練與道德等方面的自我完善程度和整個國家教育工作的進展。無論政治改革、經濟改革和文化更新，都將主要取決於這兩個環節。這兩個環節若能穩健地充滿生機地發展進步。那麼，古今中外的一切好東西，皆可為我所用，否則，再好的先聖遺教，再高明的外來學說，都無意義，都只能是逾淮之橘變成枳了。

在我看來，在中國現代化仍處於起步的階段，提出復興儒學，以儒學為人民精神生活的主導，是完全錯誤的。驗之古史，儒學從不是社會變革的指導思想，儒學的被尊崇總是在一個朝代贏得安定鞏固之後。創業和開國的領袖們，大都不很重視儒學。睽之近代，因為儒學和過時了的封建君主制度關係太緊密，常常得不到大多數知識份子的同情，提倡復興儒學只會激起人

們的反感，只會挫傷追求民主自由的熱情。況且，從理論上講，任何將一家一派的思想學說奉為一尊的做法都不利於科學教育與文化的繁榮。我對中國古代偉大的天才們創造的一切優秀的思想學說都懷有相當的敬意，對儒學也一樣。但我不贊成復興儒學，再造儒學一尊的地位。相反，我倒寧願看到再現先秦時代那種百家爭鳴的景象。

1988 年 7 月 23 日

此文是在日本東京大學、上智大學舉辦的東亞文化研討會上的發言。

「天人合一」別識

　　「天人合一」是中國古代一個十分重要的哲學命題，歷代許多大哲學家曾對此有所闡明，有所發揮，其意蘊頗多。但在歷史上影響最大的是儒學的「天人合一」思想。《傳統文化與現代化》創刊以來，相繼發表十篇討論「天人合一」的文章，可謂盛矣。文章作者中有的是學界老前輩，有的是哲學史方面的專家。讀其文，啟迪良多。本人青年時，於古代哲學稍稍用過功，數十年不守此專業，突然參與討論這個問題，難免有隔膜處。今應《傳統文化與現代化》編者之邀，不揣愚陋，將十一年前寫的一篇討論傳統文化心理的文稿中有關「天人合一」的部分抽取出來，稍加整理，發表出來。不敢云「正解」、「新解」，只算是一點別識吧，請方家指正。

一

　　先秦時代，百家爭鳴，各家有各家的天人觀念。例如陰陽家以天地四時之序作為人事應循的根本規律。道家則認為天即自然，天道無為，人應循天道，無知無欲無為。墨家認為天有意志，天意兼相愛，交相利，人當遵此，以求得天之賞，反之則受罰，是一種帶宗教神秘色彩的天人觀。

　　儒家通常不否認外在的自然的天，但他們認為在自然的天之上，還有一個最高精神，它是天道、義理，是人性與萬物之源。孔子所謂「四時行焉，萬物生焉」的天，顯然是自然的天。

他又承認有主宰者的天，或天命。如說：「天喪斯文也」，「天喪予」，「獲罪於天」等皆是。孔子沒有明確提出「天人合一」的思想。但他的天命觀已蘊含了「天人合一」的潛在含義。

　　比較明確提出「天人合一」思想的是相傳為子思所著的《中庸》。《中庸》云：「天命之謂性，率性之謂道，修道之謂教。」朱子解釋說：「蓋人之所以為人，道之所以為道，聖人之所以為教，原其所自，無一不本於天而備於我。」這裏於天命、人性之同源，說得很清楚。《中庸》又云：「誠者，天之道也；誠之者，人之道也。」天道真實，無所不在，人應努力體悟此天道。又云：「唯天下至誠為能盡其性；能盡其性，則能盡人之性；能盡人之性，則能盡物之性；能盡物之性，則可以贊天地之化育；可以贊天地之化育，則可與天地參矣。」這已是相當清楚的「天人合一」思想。

　　孟子的天人觀念與《中庸》完全合拍，這是思想史學者的共識，故向有思孟學派之稱。《孟子‧盡心上》云：「盡其心者，知其性也；知其性，則知天矣。」這裏的心，不是指臟器之心，而是「思之官」的心，即指人能思維的精神。這個能思維的精神，在人謂之心；而就其秉賦於天，則為性。所以說，能盡其心，則知性。盡，是儘量充實，或儘量開放之意，是個能動的過程。不做「盡」的功夫，雖存心而不能知性，所謂「心之官則思，思則得之，不思則不得也。此天之所與我者，先主乎其大者，則其小者弗能奪也」（《孟子‧告子上》）。孟子又說：「萬物皆備於我矣。反身而誠，樂莫大焉。」（《孟子‧盡心上》）這是說的達到「天人合一」的精神境界。天生萬物，亦生人，天命天理亦同賦於萬物與人，但物無心，不能思，人有心，能思。能思故能知自己秉受於天的性，通悟己之性同於天，同於萬物，

則萬物皆備於我矣。只要反諸身，求諸己，盡心知性便可達此境界，其樂孰過於此？

　　先秦儒家處於百家爭鳴之世，沒有得君行道，執掌政權的機會，其學不具備官學的性質。其「天人合一」的表述還有相當的樸素性，雖有「知性知天」，「萬物皆備於我」，「樂莫大焉」的說法，稍帶神秘主義，但總的說，還不是刻意製造的理論。到了漢代，空前大一統的局面，百家競進逐漸被儒術獨尊所代替，儒學成為官學，儒學的代表人物，猶如帝師。董仲舒就是這樣一個人物。他適應君權統治的需要，精心製造了一套頗帶宗教意味的「天人合一」論。他將天行與人事做了全面的比附，認為人的身體、精神活動，人倫關係，國家政治，一切均與天行相適應。「道之大原出於天。」由此決定，人，從普通人到君主，都必須按天的意志、規範行事，否則必遭天譴。董氏說：「天地之物，有不常之變者，謂之異，小者謂之災。災常先至而異乃隨之。災者，天之譴也；異者，天之威也。譴之而不知，乃畏之以威。……凡災異之本，盡生於國家之失；國家之失乃始萌芽，而天出災害以譴告之。譴告之而不知變，乃見怪異以驚駭之；尚不知畏恐，其殃咎乃至。以此見天意之仁而不欲陷人也。」（《春秋繁露‧必仁且知》）這是明顯的「天人感應」論，帶有濃厚的迷信色彩。董仲舒的這套宗教性的天人感應論，主要是對統治者說教，勸統治者奉天意行事。一方面直接辯護了統治的合理性，一方面又希望統治者行仁政，因為仁是天意。

　　董仲舒的天人感應式的天人合一論，未免太露骨，太粗鄙，幾乎可以說，糟踏了這個本來並不壞的哲學命題。在著名的思想家王充批判了包括董仲舒在內的此類虛妄、迷信之後，很長一個時期，不再有人提出像樣子的天人合一論了。

二

　　宋代哲學家崛起於古代中印思想大交流之後。他們拋開董
仲舒及其以後的思想家，直溯孔孟，實際主要是子思、孟子。
他們將《論語》、《孟子》和《禮記》中相傳為子思所作之〈中
庸〉篇以及相傳為曾子所傳述之〈大學〉篇特別提出來，作為
儒家的最高經典。通過對這些經典的注解、講說，發揮出一套
更為精巧細密的「天人合一」論。

　　在幾位大理學家之前，張載明確論述了「天人合一」的思
想。「天人合一」這四個字，就是他最早提出的。他認為，人之
性，秉賦於天，「天性在人，正猶水性之在冰；凝釋雖異，為物
一也」（《正蒙‧誠明篇》）。「天本參和不偏，養其氣，反之本而
不偏，則盡性而（知）天矣」（同上）。這明顯是來源於《中庸》
和《孟子》的思想。但張載認為，不是所有人都能達到盡性知
天。他說：「世人之心，止於聞見之狹；聖人盡性，不以聞見梏
其心，其視天下，無一物非我。」（《正蒙‧大心篇》）張載的「天
人合一」四字，是在批評佛教，張揚儒家思想時發揮出來的。
他說：「釋氏不知天命，而以心法起滅天地」；「妄意天性而不知
範圍天用，反以六根之微，因緣天地。明不能盡，則誣天地日
月為幻妄，蔽其用於一身之小，溺其志於虛空之大」（同上）。
釋氏的誠信歸於虛無，用張載的說法「乃誠而惡明者也」。儒家
講誠是天道、天理、人性、萬物皆真實，所謂「誠者，天之道
也」。人秉賦能思之心，用力去認識、體悟天道、天理，即所謂
「誠之者，人之道也」，也就是盡心知性的過程，也就是破棄一
切障蔽，明乎性，明乎天理的過程。這個過程也就是「明」。張
子在《正蒙‧乾稱篇》中說：「儒者則因明致誠，因誠致明，故
天人合一。」誠是天道，天道賦予人以能思之心，盡此心而能

「明」天道。所以是誠以致明，明以致誠，天人合一。應特別注意，這裏，天人合一是一個認識過程，也是一個修養的過程。這是宋以後「天人合一」思想的最基本的特點。

二程（程顥、程頤）是理學創始人。程顥說：「吾學雖有所授受，『天理』二字卻是自家體貼出來。」（《外書》卷十二）他認為「萬物皆是一個天理」（《遺書》卷二上）。「天之付與之謂命，稟之在我之謂性，見於事物之謂理」（《遺書》卷六）。所以「天人本無二，不必言合」。「仁者以天地萬物為一體，莫非己也，認得為己，何所不至？」（《遺書》卷二上）天是天理，人稟天理以生，謂之性。主於形者謂之心，皆是天理。「只心便是天，盡之便知性，知性便知天，當處便認取，更不可外求。」（同上）在程顥看來，天地萬物、人、性、心皆是一回事。只要盡此心，便知性，便明乎理，所以「『窮理、盡性以至於命』三事一時並了」（同上）。天人本無二，就是此意。

他的弟弟程頤，雖與他的思想大體一致，但亦有小區別。程顥強調「天人無二」，「只心便是天」，「不必言合」，程頤雖也講「天、地、人，只一道也」（《遺書》卷十八）；「道與性，一也。……性之本謂之命，性之自然者謂之天，性之有形者謂之心，性之有動者謂之情。凡此數者皆一也」（《遺書》卷二十五）。但他同時又指出：「若謂性與道，大本與達道可混為一，即未安。在天曰命，在人曰性，循性曰道。性也，命也，道也，各有所當。大本言其體，達道言其用，體用自殊，安得不為二乎？」（〈與呂大臨論中書〉，《二程全書‧伊川文集》卷五）這一點區別，對此後的思想影響甚大。

二程是理學的創立人，朱熹是理學的集大成者。而與朱熹差不多同時即出現一個支派——陸九淵的心學。陸氏承襲程顥

的天人無二說，加以發揮，成一極端主觀唯心主義的新體系，朱熹則承襲程頤的思想，建立起一個龐大的客觀唯心主義體系。

按朱熹的說法，「理者天之體，命者理之用，性是人之所受，情是性之用。性即理也，在心喚作性，在事喚作理」（《朱子語類》卷五）。首先明確了人心與天理之同源。天理是無所不在的，事事物物都有一個理，所謂「理一分殊」，天理只有一個，而萬物秉具此理，只得其一部分，其為理則一，作為理的體現，則各個大小厚薄程度不同。人之所秉與萬物有別。人可以盡其心以窮理，從而達到天人合一。他說：「若盡心云者，則格物窮理，廓然貫通，而有極夫心之所具之理也；存心云者，則『敬以直內，義以方外』，若前所謂精一操存之道也。故盡其心而可以知性知天，以其體之不蔽而有以究夫理之自然也；存心而可以養性事天，以其體之不失而有以順夫理之自然也」。（《朱文公文集》卷六七）在另一處他又說：「蓋人心之靈莫不有知，而天下之物莫不有理，唯於理有未窮，故其知有不盡也，是以《大學》始教，必使學者即凡天下之物，莫不因其已知之理而益窮之，以求至乎其極。至於用力之久，而一旦豁然貫通焉，則眾物之表裏精粗無不到，而吾心之全體大用無不明矣。」這時便達到此心與天理完全貫通，即是天人合一的境界。

朱子認為，欲達天人合一，須在窮理上下功夫，窮理的方法即在於格物，「物格而後知至」，「知至」即是窮得理。物甚眾，窮不勝窮，何日才能達到「眾物表裏精粗無不到」的境地？陸九淵認為朱子太支離繁瑣了。他主張「心，一心也；理，一理也；至當歸一，精義無二，此心此理實不容有二」（《象山全集》卷一）。此心即此理。「人心至靈，此理至明；人皆有是心，心皆具是理。」（《象山全集》卷二二）他又引孟子的話解釋說：

「『盡其心者知其性，知其性則知天矣』。心只是一個心，某之心，吾友之心，上而千百載聖賢之心，下而千百載復有一聖賢，其心亦只如此。心之體甚大，能盡我之心，便與天同。」（《象山全集》卷三五）又說：「萬物森然於方寸之間，滿心而發，充塞宇宙，無非此理。」（《象山全集》卷三四）於是他又說：「宇宙便是吾心，吾心即是宇宙。」（《象山全集》卷二二）依陸象山看來，無須格物窮理，直指本心，心即理，萬理為一，故心與天同。明代的王陽明特別賞識陸九淵的學說。他認為「心之本體無不該」（《傳習錄》下）。「心即理也」，「心外無理，心外無事」（《傳習錄》上）。既然「心之體無所不該」，「心即理」，何以有人能明乎天理，而有人不能？他對此的解釋是，人秉天理本是同一的。但人心常為物欲所蔽，此心此理便不易昭然明朗。所以他特別強調，「減得一分人欲，便是復得一分天理」（同上）。天理人欲不能並容。王陽明把心學一派思想發揮到頂峰。此後王學末流幾無思想可言，只是一味空談。

　　宋明理學的天人合一論，較之前代思想家更富於哲理性、思辨性，所以說是更加精巧的天人合一論。

三

　　從先秦的思孟學派到宋明理學，「天人合一」大體經歷了三種發展形式：即先秦的樸素的天人合一論，帶有直觀的性質；董仲舒的天人感應論，帶有宗教神秘主義色彩；宋明理學的天人合一論，則是一種帶有思辨性質的認識論或人格修養論。

　　子思、孟子等先秦儒家的天人合一是一種素樸的世界觀。它表述了世界的同源性、統一性，並承認，人的能思維的精神可以認識它所從出的世界本體，無論這個本體是物質的自然，

還是非物質的最高精神。這種世界觀沒有太多的神秘主義。可以說是古代賢哲們對宇宙法則的天才的猜測。

　　董仲舒的「天人合一」思想，是明顯的為統治者服務的，經過精心炮製的神學唯心論體系。這裏再引述一些材料加以說明。

　　董氏說：「人之（為）人本於天，天亦人之曾祖父也，此人之所以乃上類天也。人之形體化天數而成；人之血氣化天志而仁；人之德行化天理而義；人之好惡化天之暖清；人之喜怒化天之寒暑；人之受命化天之四時；人生有喜怒哀樂之答春秋冬夏之類也。喜，春之答也；怒，秋之答也；樂，夏之答也；哀，冬之答也。天之副在乎人，人之情性有由天者矣。」（《春秋繁露・為人者天》）他更詳加解說：「天地之符，陰陽之副常設於身。身猶天也，數與之相參，故命與之相連也。天以終歲之數成人之身，故小節三百六十六，副日數也；大節十二分，副月數也；內有五藏（臟），副五行也；外有四肢，副四時也；乍視乍瞑，副晝夜也；乍剛乍柔，副冬夏也；乍哀乍樂，副陰陽也；心有計慮，副度數也；行有倫理，副天地也；此皆暗膚著身與人俱生，比而偶之弇合。於其可數也副數，不可數者副類。皆當同而副天，一也。」（《春秋繁露・四時之副》）

　　這樣牽強附會地將人與天相類比，目的是要引出受命於天的天子的權力與責任。他說：「天生之，地載之，聖人教之。君者民之心也；民者君之體也。心之所好，體必安之；君之所好，民必從之。」（《春秋繁露・為人者天》）又說：「唯天子受命於天，天下受命於天子，一國則受命於君。君命順，則民有順命；君命逆，則民有逆命。故曰，一人有慶，萬民賴之。此之謂也。」（同上）這裏非常明確的論證君權天授及君主專制的合理性。

　　董氏一面論證君權的合理性，一面又勸喻君主，體天之道，行仁民之政。在他的天人感應、天人合一的觀念之下，仁政就是按天意行事。他說：「天之道，春暖以生，夏暑以養，秋清以殺，冬寒以藏。暖暑清寒異氣而同功，皆天之所以成歲也。聖人副天之所行以為政，故以慶副暖而當春，以賞副暑而當夏，以罰副清而當秋，以刑副寒而當冬。慶賞罰刑異事而同功，皆王者之所以成德也。慶賞罰刑與春夏秋冬以類相應也，如合符。故曰王者配天。」（《春秋繁露‧四時之副》）但董仲舒警告統治者說，君主行政「與天同者大治，與天異者大亂」（《春秋繁露‧陰陽義》）。他還說：「帝王之將興也，其美祥亦先見；其將亡也，妖孽亦先見；物故以類相召也。」（《春秋繁露‧同類相動》）

　　所以說，董仲舒的天人合一論，是特為統治者說教的一套宗教神秘主義，在哲學上，在認識史上，幾乎沒有什麼積極意義。

　　宋明理學家的天人合一論則不同。它是在佛教大流行之後，在儒學經歷一千年的佛教大衝擊之後，吸收了佛學有益於思辨的因素，強化了儒家學說的哲理性、思辨性，在此基礎上批判佛學而重獲思想上的統治地位。因此，宋明理學家在論證天人合一的命題時，提供了不少有意義的思想資料。

　　我們前面說了，先秦的儒家大師們的「天人合一」思想是樸素的，是直觀的，沒有什麼論證。董仲舒的「天人感應」是宗教神秘主義，也沒有什麼論證。所以宋明理學家面對的問題是，必須回答：一、天與人為什麼是合一的？二、怎樣才能求得天人合一？自然，宋明理學家們，以他們那個時代的知識水準及應付外部世界的能力而言，他們不可能給出滿意的回答。

但從哲學認識論上說，他們畢竟給出了一定的解答。這些解答具有一定的哲理性、思辨性。

例如，對第一個問題，他們設定一個「天理」，作為最高精神本源，它無所不在，萬事萬物都有一個「理」，即是天理的體現，與天理相通。萬物秉受的理大小厚薄不一，人所受最多，若能充分發揮，即可識天理，即可與天合一。萬物、人、天之所以是合一的，歸根到底是因為理是相通的。理學家們的說法雖然不合科學、不合實際，但有一定的思辨性，有其自己的邏輯，是一種可以自圓其說的一元論的解釋。

對於第二個問題，在回答怎樣才能達到天人合一的問題時，理學家的思辨特色表現更充分。

理學家們認為：達到天人合一的境界，根本上是一種「窮理」的功夫。也就是認識天理，使人自身從天理秉受來的心性重與天理合一。這實質上說的是認識論。

在闡釋這個與天理合一的認識過程時，理學家們的說法不盡一致。程頤說：「格物窮理，非是要盡窮天下之物，但於一事上窮盡，其他可以類推。……如千蹊萬徑皆可適國，但得一道入得便可。所以能窮者，只為萬物皆是一理，至如一物一事雖小，皆有是理。」（《遺書》卷十五）此話很富有思辨性。認識一個具體問題，究深研極，將道理窮盡，即可獲致最富普遍意義的真理。一般寓於特殊之中，具體高於抽象，這是唯物辯證法所承認的道理。列寧說，辯證法可從任何一個概念上開始，即寓此意。

自然，我們不能忘了，程頤是「理」的唯心主義一元論。他在另一處又說：「人若明理，若止一物上明之，亦未濟事，須是集眾理，然後脫然自有悟處，」（《遺書》卷十七）這似與前

說矛盾，其實未必。因為能就一物上窮理，能窮至究極處，必須是在許多事物上，下過窮理功夫，有所悟方可。即需有相當的知識經驗的積累。朱熹後來發展了程頤的這個說法。他說：「所謂致知在格物者，言欲致吾之知，在即物而窮其理也。蓋人心之靈，莫不有知，而天下之物，莫不有理。唯於理有未窮，故其知有不盡也。是以《大學》始教，必使學者即凡天下之物，莫不因其已知之理而益窮之，以求至乎其極，至於用力之久而一旦豁然貫通焉，則眾物之表裏精粗無不到，而吾心之全體大用無不明矣。」（《大學章句》第五章）朱子的說法比程頤更為圓滿了。但可惜，他們所說的物，不是明確的指客觀世界的萬事萬物。朱子發揮程頤的說法，指出：「所謂格物云者，或讀書講明義理，或尚論古人，別其是非，或應接事物而處其當否，皆格物事也。」這是中國古代讀書人的大不幸。他們耳目心思皆不出讀書明理，成聖成賢的老套，從不肯開眼面向真正的客觀世界，從不肯真正動手動腳去「格物」。所以在解釋格物致知的具體做法時，他們又提出主敬、主靜的說法，前一個敬，是要莊重、謹慎；後一個靜是避免外界干擾，靜心潔慮。由此，理學家們的認識論，同時又是一種修養論。這種修養論引導讀書人和士大夫，把主要精力用於向內的修養，而不是向外的開拓：無論是知識上的開拓還是事業上的開拓。

四

　　人類作為能思維的主體，一開始就面對一個問題，自我與外部世界是個什麼關係？這個外部世界無論叫做什麼，比如就叫做「天」吧，這個天，不管是把它看作自然實體、物質實體，還是看作精神實體，比如上帝、神、絕對精神之類，它終究是

相對於自我的另一個東西。主觀唯心主義者，把它說成是自我
的某種表像。即使如此，仍無法徹底否認它的存在。所以，自
我、人，與外部世界的關係仍是個無法回避的問題。唯物主義
者承認，人是自然的產物，人的精神是物質世界長期發展的結
果。歸根到底，精神依賴於物質，精神統一於物質。唯心主義
者把整個世界看作是精神的外化，精神的一種表現。客觀唯心
主義者認為自我之外，有一個最高精神；主觀唯心主義者只承
認自我是唯一真實的。不論是唯物主義者還是唯心主義者，都
承認世界有同一的源，人與萬物皆有同一性（這裏我們不談二
元論者，因為徹底的二元論是不可能的）。

　　「天人合一」有兩方面的含義：一方面有本體論的意義，
即表述世界的統一性，即人與自然，或者說人與天的統一性。
另方面有認識論的意義，即人的精神與自然相交涉，在認識上
達到天人合一的境界。中國古代的「天人合一」論同樣具有這
兩方面的含義。不過它的認識論的意義的重要性更為思想家和
哲學家們所重視。這是很自然的。因為，只要揭示了人通過認
識過程，達到了天人合一，那麼，本體論和認識論的意義便都
得到了顯示，得到了證明。可是，如果天只是自然的物質的天，
則天人合一的證明就不那麼簡單了。它需要自然史的知識的大
量積累，需要對相當長期的人類認識史的科學總結，需要科學
的發達。這在古代是難以達到的。所以，中國古代儒學大師們，
在天人合一的問題上，最終是走上唯心主義的道路。於是，天
人合一的意義實際上是指人的精神向某種最高精神——比如天
理的復歸或認同。這樣，它就變成了一種修養論。這種修養，
主要是通過內省的功夫，去人欲，復天理。如果說，在程頤、
朱熹那裏，有時講格物致知，偶而還有留心自然、社會中事物

之意，到了王陽明那裏，就只有純粹的內心修養功夫了。他說「致知必在於格物，物者事也，凡意之所發必有其事，意所在之事謂之物。格者，正也，正其不正以歸於正之謂也。正其不正者，去惡之謂也；歸於正者，為善之謂也」（《大學問》）。由此，他又歸結道：「致知格物皆所以修身。」（《傳習錄》中）正如《大學》所謂「自天子以至於庶人，壹是皆以修身為本」。

　　「天人合一」的命題，最終落腳成為心性修養論。它的積極意義在於塑造人格，其消極意義是忽略了向外部世界追求真理。

　　近年來討論天人合一問題的學者，在對此觀念的評價上，似有些偏頗。例如有人說，中國古代哲人的「天人合一」論，主張人與自然的和諧；西方哲人主張天人對立，破壞了人與自然的和諧。我覺得這些說法不夠準確。人類經過幾十萬年的進化，才使自己從自然中分離出來，即不再只作為自然的一部分，消極地順從自然。人把自然作為自己的對象，認識它，利用它，改造它，為自己謀求幸福。因此，人與自然的和諧不是靜止的和諧，而是能動的和諧，即通過認識、利用、改造，不斷達到新和諧。認為只有中國古代賢哲才懂得人與自然的和諧，而西方賢哲們卻相反地主張人與自然對立，這未免太武斷了。我們只能說，中西哲人在天人關係的表述上，其側重點各有所不同，不能說一個主張和諧，一個主張對立。

　　與此相關地，有人說，由於中國古代一直有天人合一的觀念，所以中國人有環境保護的傳統，而西方因為強調人與自然的對立，所以造成環境的破壞。這顯然也是純主觀的想法。據我所知，現代的環境保護觀念並不是中國人從古代的天人合一觀念中生發出來的。它恰恰是由西方發達國家首先提出來的。

它是在生產、技術、科學高度發達的基礎上，對自然有更加廣泛和更加深入的認識的基礎上提出來的。因此，現代環保思想，不是停止對自然的開發、利用和改造，而是在開發、利用、改造的同時，基於對自然運行及人類行為的近期和長遠影響有更準確的把握的情況下，重建人與自然的更為合理的關係。由此可見，現代環境保護不是要求人們消極地順從自然，甚至回歸到原始的和諧狀態，而是要更加積極地認識自然，使對自然的利用、改造與人類的長期生存與發展的目標相一致。

對於「天人合一」觀念以及任何其他古代思想的研究，都應力求認識它本來應有的意義，而避免把古代思想現代化，把本屬於現代人的思想注入到古人的思想中去，容易引導人們向後看，以喚起某種尊古崇古的情懷，我以為這是不必要的。

1985 年原稿   1996 年春整理
發表於《傳統文化與現代化》1996 年第 4 期

革命的「老田鼠」精神

　　九十年前的辛亥革命是近代中國歷史發展的重大轉捩點。而這個重大轉捩點是以 1911 年 10 月的武昌首義為標誌的。武昌首義主要是由湖北武昌的革命黨人，以大無畏的精神自覺發動的。武昌首義的精神至少可以強調以下三點。

　　一、革命的「老田鼠」精神。武昌首義的革命黨人們，立足於本地，埋頭苦幹，紮實進取，長期耐心地做革命的宣傳組織工作，積聚革命力量，為首義的成功準備好了必要的條件。從 1904 年科學補習所起，中經日知會、軍隊同盟會、振武學社、群治學社直到文學社，革命黨人前仆後繼，堅持不懈，在新軍、學生及其他知識群體中做深入細緻的思想發動和組織隊伍的工作。還有湖北共進會，也以武昌為中心，除發動會黨群眾外，也在新軍中展開工作，到 1911 年 8 月文學社與共進會聯合時，他們已差不多把新軍中將近一半的人都吸引到革命營壘中來。這就為首義的發動和成功準備好了最必要的條件。二十年前，我曾把武昌革命黨人的這種工作精神稱之為革命的「老田鼠精神」。馬克思在《資本論》中曾借用莎士比亞名劇《哈姆雷特》中的一句名言，比喻在世人不知不覺的情況下，通過長期埋頭苦幹、紮實進取的工作，為創造新局面準備好了條件。

　　二、不依賴，不等待，在歷史決定性的關頭，不怕犧牲，勇擔責任的革命首創精神。武昌起義之際，同盟會的領袖人物無一人在武昌，甚至事前醞釀好了準備擔任起義指揮責任的當地革命骨幹分子，也都因故不在指揮崗位上。而當時的清政府

已偵知革命黨人的活動，收繳武器彈藥，搜捕殺害革命黨人，因此事前商定的起義計畫已到了不實行就只有束手待斃的時刻。在這種情勢下，一些名不見經傳的革命黨人，級別很低的小軍官，他們不依賴，不等待，挺身而出，奮然而起，肩負起歷史的責任，不怕犧牲，發動革命，終於不失時機地取得武裝起義的初步勝利，為首義成功奠定了基礎。這種勇擔大任的革命首創精神十分可敬可佩。

三、革命聯合戰線的精神。首義的革命黨人毫無宗派門戶之見，更無唯我獨革、排斥他人的狹隘偏見。在武裝起義初步取得勝利時，他們首先請出平時不贊成革命，但為人正派、在士兵中享有很高威信的當時任協統的黎元洪出來擔起最高指揮的名義。繼又主動聯絡諮議局的立憲派人士，與之共同組織革命軍政府。這對於使革命站住腳跟，進而推動其他省區回應革命起了至關重要的作用。

上述三種精神，在革命事業中是至可寶貴的，在和平、改革和建設的事業中同樣是值得借鑒和發揚的。

原載《光明日報》2001 年 10 月 9 日

五四與中國文化的復興

——在中國現代文化學會舉辦的紀念五四新文化運動 八十五周年的座談會上的講話

2002 年 4 月 29 日

　　五四新文化運動如果從 1917 年文學革命運動開始算起，到今年已是八十五周年了。八十多年來，儘管對那場運動發生許多爭論，有種種不同的評說，但有一點卻是絕大多數人都承認的，即五四新文化運動是中國近代文化轉型過程中一個非常重要的關節點，是中國文化復興運動中的一個非常重要的關節點。實際上，所有爭論的各方各派，都熱切關注中國文化復興的問題。分歧是在於，復興的目標是什麼？通過什麼樣的途徑達到復興的目的。如果我們細心考察一下八十年代以來重新發起的有關中國文化復興問題的爭論，就可以看出，爭論的焦點仍然是復興的目標與復興的途徑的問題。不過我們已隱約可以看出，不少人正在努力試圖超越前人的局限，在總結前人的成績的基礎上，達到一種新的認識。只不過過去半個多世紀都是在戰爭、革命及各種激烈的政治運動中過來的，因而知識積累不夠，理論思維的訓練不足，以致今天出現的各種討論，各種意見仍不免偏頗和片面性的毛病。但這不影響我們樂觀地繼續努力。我們看到有不少學者著手分門別類的，從具體學科入手，對近代中國特別是五四以來的政治思想、經濟思想、文化思想、

學術思想以及文學藝術的理論與實踐做深入的系統的結帳式的研究。這種研究是總結過去，走向將來的最不可少的基礎性工作。如果能把這項工作做好，我們相信，中國的文化復興，中國的新文化的建設，必將進入一個新的階段。

　　回顧過去的一百五十年，或是五四以後的八十多年，中國人在文化問題上一直沒能真正擺脫困惑。我前面所說最近二十年的爭論，大體上仍是此前一百多年和五六十年所爭論的問題，就是證明。

　　我覺得最大的困惑是所謂中西文化的問題，這個問題在五四以前已經爭論了七八十年。起初，士大夫階層絕大多數都對西方文化取排斥的態度。後來實在排斥不了了，免強承認西方的科學與器物的先進，並有所吸收和容納，但仍堅信中國數千年的政治教化乃千古不易之綱常。到了甲午戰爭後，這千古不易的綱常也感到岌岌可危了，於是提出「中體西用」的口號，力圖守住中國文明的最後一道堤坊。從清末的「中體西用」到三十年代的「中國本位的文化建設」，其程度雖有區別，實質上都是努力要維持中國文化某些核心內容，不許受到西方文化的侵染，都是試圖辛苦經營一道防護牆，做為中西文化的最後防線。可是實際情形如何呢？那些好心的衛道先生們世代守護著的防護牆，可能擋住了他們所不喜歡的某些東西，但是西方社會低而又俗的文化垃圾卻通過各種渠道，通過那總嫌不夠堅固的防護牆的縫隙源源流到中國來。結果是低而又俗的西洋貨色，隨處可見，而西方真正淵而且雅的文化精華卻總嫌太少，而且幾乎很少和普通人的生活發生聯繫。這個歷史的教訓很值得人們深思。

　　另一個重大的困惑是所謂古今文化的問題。自從 19 世紀中葉以後，中國的君主專制制度走向沒落，又遇上西方列強咄咄逼人的侵略，國勢衰頹，人心離散，對外屢戰屢敗，割地賠款，內政不修，斯文掃地。一些有心救國而無力回天的士大夫扼腕歎息，輒以人心不古，祖制不存，舊綱不振為理由，盛倡復古的論調，以為國家的貧弱，皆因丟掉了古老美好的傳統所致。他們總是納悶，中華文明既然造成了數千年舉世無雙的天朝盛世，何以人們不思重振舊綱，而營營逐逐、追隨蠻夷，以致弄成國將不國的衰敗之象。這也是長期未能擺脫的一大困惑。

　　另一個困惑的問題是所謂民族自信心與自卑心理的問題。備受列強侵略壓迫的中國人民，要爭取民族復興，當然需要建立民族的自信心。這是沒有問題的。但在什麼基礎上才能建立起民族自信心，人們各持己見，各說各理。一些人認為，中國民族在近代落伍了，所以被人欺負，要想改變這種命運，要圖民族的復興，先要檢查自己民族的文化出了什麼毛病，要做一番總結批判的工夫，不能諱疾忌醫，要認清病痛的所在及其根源，加以根治。救治的方法，除了依靠自己傳統中優秀的東西以外，還必須虛心地學習借鑒其他民族一切優秀的東西。這些主張，從道理上講，本沒有錯。但在中國所處的特殊境域裏，批判自己民族的缺點，學習敵人的長處，這對一般人說來是很不容易的。對於一些缺乏思想、缺少理性，知識不足而又意志不堅的人，的確可能助長其民族自卑的心理。於是便有人極力主張，只能大力宣揚民族傳統，抵拒西方思想文化的侵略，以此增強民族自豪感和民族自信心。他們認為，批判自己民族傳統的弊病，宣揚西方民族的長處，是長他人志氣，滅自己威風，是民族虛無主義，是崇洋媚外。對於遭受民族壓迫的中國人來

說，崇洋媚外，這是個了不得的罪名。於是宣揚傳統才是英雄
好漢，談論學習西方，即使不是漢奸，不是崇洋媚外，至少也
是背祖忘本，是大逆不道。這樣一種偏頗的輿論，只要中國在
世界上還沒有真正達到與發達國家平等的地位，就總會有其市
場。因此，對中國的民族文化復興問題也就仍會發生牽制作用。
因此說，它仍是令中國人困惑的一個問題。

在中國文化復興這樣一個無比艱巨又而複雜的歷史課題
中，令人困惑的問題還有很多，不過我覺得最主要的是這幾種。
解決這些問題，或者說，擺脫這些困惑，可分兩個方面來談，
一個是理論的方面，一個是實踐的方面。

就理論方面而言，這些問題本是可以說清楚的。或者說，
是不難解決的。

例如，所謂中西文化的問題。無論是中國文化，還是其他
民族的文化，無論是東方文化，還是西方文化，都是人類文化
的一種存在形式，人類的文化都是在適應和改造自己的生存環
境的過程中創造和積累起來的。因此，各民族的文化在本質上
是具有同一性的。也因為有這種同一性，所以自古以來，相鄰
的民族，或任何有機會互相接觸的民族，他們的文化一直都在
互相交流，互相影響，互相補充。這種交流、影響、補充都成
了相關民族文化發展的一種驅動力。中華民族的文化從古至今
已經不知道吸收和容納了多少異民族的文化，才造成如此精深
博大的氣象。但是數千年來，從未遇到過西方文化這樣強大的
對手。因為從前交往太少，文化差異較大，這種差異有一部分
是民族差異的表現；有很大一部分則是發展程度與發展方向的
不同而表現出來的，其間並無本質上孰善孰惡，孰是孰非的問
題。所以在明末清初，中國士大夫最初接觸西方文化時，頗能

平和待之，從容觀察、瞭解，並吸收其有益的東西，基本上不發生嚴重的文化困惑的問題。只是到後來，因為西方文化隨其侵略之勢而來，中國人才嚴華夷之界而抵拒之。但這是感情用事，不是充分理性的態度。與敵相遇，為了戰勝敵人，恰恰需要充分瞭解和學習敵人的長處，據而有之，然後才能戰勝敵人、文化中大量存在著可融通的東西，真正純屬於一個民族、一個群體，而為其他民族其他群體絕不可用的部分是很少的。而且隨著人類的交往的發展，隨著全球化趨勢的加強，這種東西勢必會越來越少。所以，從理論上說，文化雖有中西，但並無不可逾越的鴻溝，其共通性的東西，可互容的東西將會越來越多。所以，沒有必要感到困惑。

　　但若在實踐上解決中西文化的困惑，卻遠非易事。首先必須徹底改變國家的地位，不但真正達到與各強國、大國完全平等的地位，而且要成為強大的文化輸出國，而不像近代以來那樣主要是文化輸入國。這是說的客觀條件。就人們思想觀念方面說，則必須經過較長時期在開放社會的文化環境中，逐漸瞭解西方文化，並在自己的生活實踐中加以檢驗，判其價值，衡其功用，以決棄取。文化的交流和吸收，只有通過實踐才能解決，而且不是少數學者思想家紙上的實踐，而是億萬人民的生活實踐。因為只有這億萬人民群眾才是文化的真正主體所在。以往一百餘年士大夫和學者們的爭論都是紙面上的爭論，誰都沒有認真研究在中西文化問題上，億萬人民群眾在實踐中是如何看待，如何處理的。思想家和學者們當然可以做一些介紹和引導的功夫，但誰也不能代替人民做出裁定。誰也不能強制億萬人民接受一種他們不需要、不喜歡的東西，（有時似乎暫時做到了，而時間長了，就證明，強制接受的東西是無法維持持久

的）。同樣地，在開放的社會條件下，誰也不能強行禁止人民接受他們所喜歡的，於他們有益的東西。所以，我的看法是，只要我們的國家真正強大了，社會開放達到了較高的程度，那時，不會有人再為中西文化的問題感到困惑。那時，在文化的選擇上面，就如同人們到市場上尋找衣食住行所需的東西一樣，去自由選擇。至於對付某些垃圾文化，那只是個立法和執法的問題，就如同今天掃黃打黑一樣，不會發生理論上的爭論。

關於古今文化的困惑，關於民族自信心與自卑心的困惑，實際都與中西文化問題密切相關。其關涉的理論問題也比較簡單。保守的人們說古代文化如何好，傳統文化如何好，這能有什麼理論根據？他們所以這樣宣揚，還是因為國家的地位，社會的現狀問題所引起。如果國家強盛，人民富裕，別人爭相效法中國，爭相引入中國的文化，人們就不會向後看、就不會有今不如昔之感了。人們或許會說，提倡傳統文化的人，不全是因為今不如昔的想法。有人可能真誠的相信古代傳統文化的優秀的東西，可以解決當代的困難。應當承認，古代文化遺產中確實有些東西可供今天的人們借鑒。我們研究歷史的最大功用就是吸收前人的經驗與智慧。但是必須明白，古代的東西都是在生產方式、生活方式、社會結構等等都相對單純的條件下產生出來，並供那時的人們的需要；無論如何不能想像，古人治理簡單純樸的古代社會的一套東西，今天可以直接拿來治理今天這樣複雜千百的社會。我們借鑒古人的東西，絕不是拋開迄今積累起來的近代和現代的文化成果，而是把古代優秀的東西經一番評判和改造製作的功夫，融入到當今的文化中去。我們立腳在當代社會，解決的是當代的問題。而不是像科幻片那樣，

通過時光隧道，再回到那被理想化了的古代盛世。所以關鍵還是當下的現實。

　　至於民族自信心的問題，就更加清楚，完全是個現實中的實際問題。如果近代中國不是遭受侵略壓迫，而是獨立、強大、統一、民主的國家，則無論人們怎樣批判傳統文化都不會導致喪失民族自信心的問題。但在還沒有實現獨立、強大、統一、民主，而又要向這個目標奮鬥的時候，是否就不可以批判傳統文化的弊病，就只能盲目自誇，才能保持民族自信心呢？我看也不是這樣。古人說，知恥然後能勇。知不足然可以發奮為雄。這個道理是很明顯的。事實上，近代中國每一次重大的進步都是革除自身的弊病，借鑒西方先進的東西而引發起來的。如戊戌維新運動、立憲運動、辛亥革命、五四運動、國民革命運動，以及中國共產黨以馬克思主義指導的新民主主義革命，不都是這樣嗎？

　　所以，民族自信心，不是單單靠發揚傳統可以確立，可以維持的，還要靠不斷的棄舊圖新，與時俱進，從這種奮鬥的實踐中不斷增強民族自信心。

　　由上所述，我認為解決中國文化復興的問題，必須擺脫近代以來的文化困惑。擺脫這些困惑，雖然有待理論方面的徹底澄清，但更重要的是個社會實踐的問題。第一要埋頭苦幹，真正使我們國家強大起來。第二要不斷擴大開放，使人民充分瞭解世界文化的真相，不斷取人之長，補己之短，逐漸成為文化大國。到那時，也許會輪到別人去考慮如何應付中國文化的問題了。

「全盤西化」的真意義

　　在上世紀三十年代的一場重要的文化論爭中，始終毫不含糊地堅持「全盤西化」論的立場，而堅決反對各種各樣的復古論、折中論的領軍人物是陳序經先生。但後來，特別是五十年代以後，批判「全盤西化」論皆以胡適為代表。這固然也不算錯，因為胡適先生實質上的確也是「全盤西化」論者，而他在思想文化領域裏的影響畢竟是要大得多。

　　要追溯「全盤西化」論的歷史，似乎還可提到戊戌維新運動時期的一些文獻。例如，易鼐在《湘報》第 20 號上發表〈中國宜以弱為強說〉（1898 年）一文，主張「改正朔，易服色，一切制度悉從泰西」。樊錐在《湘報》第 24 號上發表〈開誠篇(三)〉，其中主張「一切繁禮細故，……一革從前，搜索無剩，唯泰西者是效」。這兩人的主張，皆可視為「全盤西化」的主張。不過，他們因迫於政治改革的阻力之大，想要振拔人心，翦除障礙，多少帶有情緒化的成分。故他們的主張，還不能算是在對中西文化均有較深入瞭解的基礎上而提出的自覺的文化主張。

　　「全盤西化」論真正作為自覺的文化主張被提出來是在上世紀的 20-30 年代。

　　陳序經先生自謂，在民國十七年（1928 年），在中山大學作講演時即提出「全盤西化」的主張。但此主張被學界所注意，當是 30 年代。即使以胡適先生影響之大，他在 1929 年用英文

發表的〈今日的中西文化問題〉一文，提出「全盤西化」的主張，也未為當時的多數人所注意。

1934 年 1 月，陳序經發表〈中國文化的出路〉的演講，首先在南方引起討論。一年以後，十教授的〈中國本位的文化建設宣言〉發表，引起全國學界的熱烈討論。因對於十教授的「本位文化」論批評得最尖銳，「全盤西化」論始受到全國學界的注意。

那末，「全盤西化」的真正意義到底是什麼，我今天想著重談三點。

一、陳序經先生的「全盤西化」論主要含義是什麼？

二、胡適先生的「全盤西化」論的主張何以改變為「充分世界化」的主張？

三、「全盤西化」的真正意義到底應該如何理解？

關於第一點，可從三個方面來說：(1)陳序經先生之提出「全盤西化」的主張，是鑒於七十年的「西化」皆因各種各樣的折中論調所誤，所以，沒有真正學到多少西方的好處，沒有解決中國的問題。陳氏為了反對各種折中論和調和論，才提出「全盤西化」的主張。(2)陳氏認為人類文化是整體性的，不可分割的。所以，文化的一個方面的變動必然引起其他方面的變動；指望主觀地決定學一些東西，捨棄一些東西，是不可能的，辦不到的，唯一的出路就是「全盤西化」。(3)西方文化代表了人類文化發展的最新和最高成就，中國作為人類的一部分，世界的一部分，不能自外於人類世界，應當全力世界化，亦即是「全盤西化」。

陳先生的主要意思就是如此。對於他的思想，自然可以進行批評和討論，但不能歪曲他的本來意思。

　　關於第二點，首先要弄清楚，胡適的「全盤西化」的主張是怎樣形成的。

　　胡適從上海求學時起，就一直是提倡「西化」的；而文學革命的提倡是其最早的具體的西化實踐。1917 年在他的博士論文的引言中胡適強調，中國文化應當與新世界的文化相一致，相協調地發展，這是「西化」的明確表示。1926 年，他發表〈我們對於西洋近代文明的態度〉時，其「西化」的主張更為系統，卻並未提出「全盤西化」的口號。這個口號，最早是在他 1929 年所發表的一篇英文的文章（〈今日的中西文化問題〉）裏提出來的。那篇文章裏用了一個英文短語 Wholesale Westernization，此語可以譯為「全盤西化」。雖然「全盤西化」的口號是這時才提出的，但胡適反對折中主義的態度是一貫的。所以，當 1935 年初，「全盤西化」與「本位文化」的大爭論起來，胡適便明確宣佈，他贊成陳序經先生「全盤西化」的主張。

　　胡適的主張與陳序經的主張，本質上是完全一致的。但卻也略有區別。其區別在於：

(1)　胡適指出，文化都有一種保守的惰性，對外來文化，異質文化本能的具有抵抗力，所以，文化是不用人們有意地去加以保護的。陳序經先生則認為，惰性既是阻礙西化的力量，就應該打倒。胡適認為文化的這種保守性有一個最大的限度，超過這個限度是任何力量也打不倒的。那個根本的保守性就是一種文化的根本所在，亦可借用十教授的說法，稱之為「文化本位」。這個「文化本位」是打不倒的，這正是一種文化之所以能夠獨立成為一種文化的東西。

(2)　胡適的主張不在於有意地去打倒舊文化，全部移植西方
的新文化，而是在於確立一種開放的文化心態，讓自己
的文化自由地與西方文化接觸、切磋、琢磨，從而讓那
不適用的東西淘汰，有用的東西自然吸收。無論是折中、
復古、全盤西化，都多少帶有主觀的成分。文化的變動，
不可能主觀地設定標準，設定界限。所以，胡適反對復
古，反對折中，最終也反對「全盤」。這是他放棄「全盤
西化」，改而提出「充分世界化」的內在原因。

其實，我覺得「充分世界化」的提法也不很精當，且也不
盡符合胡適的本意。我在二十多年前的一篇文章裏，即已指出
這一點（見拙作《胡適研究論稿》四川人民出版社，第 161—
162 頁）。怎麼樣才算充分？十教授所說的「吸收其所當吸收」，
能說是不充分嗎？所以，我主張不必要加上「全盤」、「充分」
之類的字樣。西化就是世界化，世界化就是開放的文化，就是
吸收一切有益的東西，並貢獻自己的東西給世界。所以，世界
化的提法比較最為妥當。

下面，我想著重談談提出「全盤西化」這個口號的本來意義。

長期以來，主流思想界一直把「全盤西化」理解為徹底地
以西方文化代替中國的文化，因而給它加上了種種罪名，什麼
「崇洋媚外」，「民族虛無主義」等等。

照我的理解，提出「全盤西化」的學者們的本來意思大約
有三點：

第一點，「西化」本來的意思，就是向西方學習、借鑒的意
思，不是以西方的東西消滅中國的東西。在這一點上，陳序經
先生的表達方式，有不甚妥當的地方，他時常提到「全部採用
西方的」，「打倒中國舊文化」等等說法，很容易引起誤解。實

際上，西化只是向西方學習借鑒，改造更新。有些東西是可以直接從西方拿來，代替中國固有的，如物質器具及工藝之類；有些則不能如此簡單，精神文化領域，恐怕大多如此。

第二點，「全盤西化」是針對折中主義提出來的。折中主義的本質，是一部分人根據其利益需要，主觀設定西化的界限，如主張物質方面可以西化，精神方面就不可以西化；科學可以西化，道德絕不可以西化，等等。所以，「全盤西化」的本意是反對主觀設定標準。大體可以說，凡主觀設定標準，都是與現實利益相關的。如「中學為體，西學為用」之提出，是為了維護君權制度及專制主義的思想道德。十教授的「本位文化」論是為了保護國民黨的一黨專制不受挑戰；因此，當時就有人指出，他們是主張二民主義，即不要民權主義。

第三點，既然是反對折中主義，既然是反對主觀設定標準，所以，「全盤西化」實質上是主張開放的文化觀念，是主張文化的全方位的互相交流，互相切磋，在相互交融的過程中創造出一種新文化。

誠如我前面所說的，我個人認為，為避免不必要的，過多的名詞、概念上的爭論，採取「世界化」的提法，比較最為妥當。

十年前，我在一篇文章裏提出，中國新文化的基本趨向是兩個：一個是世界化，一個是個性化。世界化就是文化的開放性，主動去吸收一切於我們有益的東西，並盡可能地將自己的好東西貢獻給世界。個性化是徹底擺脫二千餘年的專制主義、宗法制度的束縛與影響，給個人以充分發展的機會，發揮全民族的創造精神，使我們的文化真正達到豐富多彩，充滿活力的富有個性的新文化。

　　我認為，陳序經先生（當然也包括胡適先生）當年極力主張「全盤西化」，反對各種折中論、復古論，有其充分的合理性和重要的歷史意義。今天，在紀念陳先生誕辰 100 周年之際，我們應該對這位文化先驅表示深深的敬意。

作者附識：
　　此文原是 2003 年 11 月 8 日在天津南開大學舉辦的紀念陳序經先生誕辰 100 周年的學術研討會開幕式上的講話。會後，會議舉辦者編輯出版了《紀念陳序經先生誕辰一百周年論集》一書，其中收錄了我的這篇講話。但他們不曾要我的講話稿，而是根據會上的錄音整理出來的稿子排印的，其中錯誤頗多，有不少地方與我的原意大相違謬。這裏重刊這個講話稿，可以起到正誤的作用。（2007 年 9 月 27 日）

中國近代史上的個性主義

　　在近代中國思想史上，除清末至五四時期外，個性主義是
很少被提到的。中國的君主專制制度垂二千餘年，以敬天法祖
為第一教義，以天、地、君、親、師為信仰核心。老師宿儒、
家族長輩，絕少有以發揮個性，實現個人價值之義訓誨子弟者。
所以，中國人，從小孩子起，就被固定在一定的型模之中，不
得自由發展。梁啟超曾說：「因為舊社會也有一個模子，將中國
人一式鑄造，脫了模就要在社會上站不住。無論何人總要帶幾
分矯揉的態度來遷就他（指那個模子──引者），天賦良能絕不
能自由擴充到極際。」[1]既然各人之天賦良能皆不得發育擴展，
則整個國家民族之潛在能力遂亦難得發育成長。久之，致國弱
民萎，遇強敵之來，只有敗辱。從鴉片戰爭到中日甲午戰爭，
經半世紀的創巨痛深，才有人醒悟到：中國與西方列強根本之
異點在「自由與不自由異耳」。這是近代中國對西方真正有深切
瞭解的第一人嚴復所說的話。他對此加以解釋說：「夫自由一
言，直中國歷古聖賢之所深畏而從未嘗立以為教者也。彼西人
之言曰：唯天生民，各具賦畀，得自由者乃為全受。故人人各
得自由，國國各得自由，第務令毋相侵損而已。……中國理道
與西法自由最相似者，曰恕，曰絜矩。然謂之相似則可，謂之
真同則大不可也。何則？中國恕與絜矩，專以待人及物而言；
而西人自由，則於及物之中而實寓所以存我者也。」[2]「存我」，

---

[1]　《歐遊心影錄》，《飲冰室合集・專集之二十三》第 25 頁。
[2]　嚴復：〈論世變之亟〉，載天津《直報》光緒廿一年正月初十、十一日。見

是嚴復對西人重個性，重個人之個性主義一個相當準確的說法。因為第一，他把個性主義（「存我」）與自由緊密聯繫在一起。第二，他指出了「存我」是個性主義最基本的精神。即不能在待人與及物之中，消融了個人，而始終應保持自我，保持個人。嚴復此文發表在 1895 年 2 月。當時正值對日戰爭大敗之際，李鴻章受命即將赴日談判之前夕。人人皆知，此次戰爭之慘敗給予中國人（包括朝廷、官吏、知識份子、紳商與普通民眾）的震動是多麼巨大。當時人們在創巨痛深之際，尚未完全醒悟何以如此慘敗，頂多只有少數人意識到，日本是因學習西方，改專制為立憲而致強，所以能打敗中國。而嚴復竟能思考到更深層的東西。文章的標題是〈論世變之亟〉，顯然是針對時勢而有所感發。他對問題的思考，達到了人所不及的深度。

　　第二年 10 月，梁啟超在《時務報》上發表〈中國積弱由於防弊〉一文，亦是反省中國弱敗之源。其中說：「西方之言曰，人人有自主之權。何謂自主之權？各盡其所當為之事，各得其所應有之利。」中國處處從防弊著想，務使「受治者無權，收人人自主之權而歸諸一人」。[3]以致人人失去主動發抒之機會，其愚而弱自不待言。人皆愚弱，國焉得強？梁氏顯然受到嚴復的啟發而對個性主義略有領悟。此後，梁氏接觸西學愈多，對此領悟愈多而深，乃成為五四新文化運動之前，宣傳個性主義影響最大之一人。

　　梁氏所著重者，在強調個人之自主自立。只有自主、自立，方有自由之可言。故他說：「自由之德者，非他人所能予奪，乃

　　《嚴復集》第 1 冊第 2-3 頁。中華書局 1986 年出版。
3　見《飲冰室合集‧文集之一》第 99 頁。

我自得之而自享之者也。」[4]「自得」與「自享」，都有個人權力與個人利益的含義。中國受專制主義之毒太深，乃一向不容談論個人權力與個人利益，認為利己是一種罪惡。梁氏則認為「人而無利己之思想者，則必放棄其權利，弛擲其責任而終於無以自立」[5]。一定的利己心是正當的，只要以不損人為前提。否則，人人放棄利己，則天下之利盡歸於專制獨裁者。所以，他又說：「吾以為不患中國不為獨立之國，特患中國今無獨立之民。故今日欲言獨立，當先言個人之獨立，乃能言全體之獨立。」[6]梁氏撰〈新民說〉，其影響及於一整代青年。其最要之義全在強調個人之自由、獨立。「凡一群之中，必其人皆有可以自立之道，然後以愛情自貫聯之，以法律自部勒之，斯其群乃強有力。」[7]自立也好，獨立也好，皆自由之謂也。「自由者，天下之公理，人生之要具，無往而不適用者也。」[8]而自由之中，最要者在思想之自由。梁氏有名言曰：「我有耳目，我物我格；我有心思，我理我窮；高高山頂立，深深海底行。」「勿為古人之奴隸」，「勿為世俗之奴隸」，「勿為境域之奴隸」，「勿為情欲之奴隸」。[9]只有這樣，才能成為一真正自立、獨立之人。梁氏在介紹德國著名哲學家費希特所謂「人生天職論」時說：「要而言之，我既為我而生，為我而存，以我之良知別擇事理，以我之良能決定行為，義不應受非我者之宰制，蒙非我者之誘惑。

---

[4]　見《飲冰室合集‧文集之五》第 45 頁。
[5]　同上，第 48 頁。
[6]　同上，第 44 頁。
[7]　〈新民說‧論自尊〉，《飲冰室合集‧專集之四》第 73 頁。
[8]　〈新民說‧論自由〉，同上，第 40 頁。
[9]　〈新民說‧論自由〉，同上，第 48-50 頁。

若是者謂之自由意志，謂之獨立精神，一切道德律皆導源於是，我對我之責任，任此而已。」[10]這真可謂是個性主義之最好注釋。

至五四新文化運動起來，梁氏之地位漸被胡適等人所代替。但梁氏仍未放棄個性主義的提倡。他在《歐遊心影錄》中，仍強調說「國民樹立的根本義在發展個性」。他把這叫做「盡性主義」。「這盡性主義是要把個人的天賦良能，發揮到十分圓滿。就私人而論，必須如此，才不至成為天地間一贅疣，人人可以自立，不必累他人，也不必仰人鼻息。就社會國家而論，必須如此，然後人人各用其所長，自動地創造進化，合起來便成強固的國家，進步的社會。」[11]在《解放與改造》的〈發刊詞〉中，梁氏亦不忘強調發展個性的問題。其第八條說：「個性不發展，則所謂世界大同，人類平等之諸理想，皆未由實現。」[12]

梁啟超於清末民初近 20 年的時間裏，處於中國思想界之前沿地位，為影響最大的啟蒙思想家。其個性主義的宣傳無疑也是該時期中影響最大者。但梁氏自清末以來即深受國家主義的影響，其宣傳國家主義的文字多於宣傳個性主義的文字。而他的國家主義思想中恰恰就有犧牲個人自由而為國家爭自由的言論。所以，他的個性主義的宣傳不免有相當部分為其國家主義的宣揚所抵消。

到了五四時期，胡適等人站在梁啟超所開闢出來的啟蒙思想園地的基礎上，邁越前賢，對個性主義的闡揚達到了新的高度和新的境界。與梁啟超不同，胡適始終是一位個性主義者和自由主義者。五四新文化運動期中，舉國青年醒悟活躍起來，

---

[10] 見《飲冰室合集・文集之三十二》第 75 頁。
[11] 見《飲冰室合集・專集之二十三》第 24 頁。
[12] 見《飲冰室合集・文集之三十六》第 34 頁。

最易接受個性主義的思想影響。所以，在中國近代思想史上，胡適是最大的也是最徹底的個性主義者，其對個性主義的宣傳也發生了最大的影響。

　　1918 年 6 月，胡適發表〈易卜生主義〉，一文。此文通過介紹易卜生的思想和創作，大力闡揚個性主義，在當時發生了極大的社會影響，被譽為「個性主義的宣言」。文中提出，「社會最大的罪惡莫過於摧折個人的個性，不使他自由發展。」[13]這意思是說，摧折個人的個性，不許其發展的社會，絕不是一個好社會。那麼，怎樣才能使個性發展呢？胡適說：「發展個人的個性須有兩個條件：第一，須使個人有自由意志；第二，須使個人擔干係，負責任。」[14]實際上這是對個性主義一種最清楚明白而又準確的界說。第一，個性主義必須以自由意志為前提，也可以說，自由意志是個性主義最根本的意義所在。第二，使個性發展，絕不是自私自利，為所欲為。而是自己必須對所言所行負完全的責任。也就是個人的言行必須接受社會的裁判，個人要敢於承擔起社會裁判的結果。這是非常重要的。既把個性主義與所謂「人欲橫流」之類的污蔑劃清界限，以塞專制主義者之口，又可以引導青年人走上發展個性的正確之途，把發展個性同個人對社會人群的責任統一起來。

　　易卜生有一句名言，他說：「你要想有益於社會，最好的法子莫如把你自己這塊材料鑄造成器。」[15]胡適解釋說：只有「把自己鑄造成器，方才可以希望有益於社會。真實的為我，便是最有益的為人。把自己鑄造成了自由獨立的人格，你自然會不

---

[13]　見《胡適文存》卷四，第 34 頁。
[14]　同上，第 35 頁。
[15]　同上，第 32 頁。

知足，不滿意於現狀，敢說老實話，敢攻擊社會上的腐敗情形，做一個『貧賤不能移，富貴不能淫，威武不能屈』的斯鐸曼醫生。」[16]這裏講了一個深刻的道理：只有使自己成器，才能有益於社會。成器，就是有才有識有能力且有獨立人格，不人云亦云，不趨炎附勢，不追求時髦，敢於堅持主見，是其所是，非其所非。如此，才真能有益於社會。過去人們紛紛責難胡適宣揚易卜生的話，是鼓吹個人至上，不顧他人，不顧國家民族。我在 1978 年寫第一篇供發表的關於胡適的文章時，也還心有餘悸，不能不遷就這種批評的輿論，說胡適在五四時期，提倡把個人鑄造成器，會誤導青年走向錯誤的個人主義道路。可見人們的偏見影響之深之廣。

其實，講個性主義，講發展個性，這與群體、社會、國家、民族的發展並非不相容。胡適說：「現在有人對你們說：『犧牲你們個人的自由，去求國家的自由！』我對你們說：『爭你們個人的自由便是為國家爭自由；爭你們自己的人格，便是為國家爭人格！自由平等的國家不是一群奴才建造得起來的！」[17]把個人的自由、獨立，同國家的自由，獨立直接聯繫在一起，這是五四時期啟蒙思想家們最強調的一點，也是他們對個性主義思想的一個新貢獻。

應該注意到，五四時期與胡適一道從事啟蒙活動的一些思想領袖們，還著重指出，個性主義與建設民主制度的不可分割的密切關係。這是他們與梁啟超那一代人的又一個重要區別。如陳獨秀即指出，「國家利益、社會利益，明與個人利益相衝突，

---

[16]　〈介紹我自己的思想〉，見《胡適全集》第 4 冊，第 662-663 頁，安徽教育出版社 2003 年。斯鐸曼醫生是易卜生戲劇《國民公敵》中敢於與多數人的迷信、偏見作鬥爭的人。

[17]　〈介紹我自己的思想〉，《胡適全集》第 4 冊第 663 頁。

實以鞏固個人利益為本因也。」[18]所以他又說:「國民政治（即指民主政治—引者）果能實現與否，純然以多數國民能否對於政治自覺其居於主人的主動的地位為唯一根本之條件。」[19]政治學家高一涵說得更為明確，他指出，個人的價值是國家價值的根源，個人的權利是國家權利的基礎。他說:「蓋先有小己後有國家，非先有國家後有小己。」因此，是「為利小己而創造國家」，不是「為利國家而創造小己」。所以說「社會國家之價值，即合此小己價值為要素所積而成」。[20]所謂民主政治，即為保障各個小己之權益，使各個小己有發展其才智，增進其幸福之機會的一種政治。教育家蔣夢麟在解釋個人主義與個性主義時說:「對社會國家而言，曰個人主義」;「對文化教育而言，曰個性主義」。[21]兩者實質為一。只有個人之自由得國家之保障才會有個性發抒的可能。所以，講個性主義，必歸於民主政治。蔣氏說:「政治因尊重個人，故曰共和，曰民權。」[22]

五四時期的啟蒙思想領袖們，緊緊抓住個性主義這一思想主題，深刻揭示了個性主義與民主政治的內在聯繫。這是他們對中國民主思想和民主運動的一個貢獻。

如我們前面已經說過的，在近代中國，大力提倡個性主義只是在清末至五四時期。這恰是中國受西方影響最大的時期。而提倡者又都是受西學影響較大較深者。這給人一種印象，彷彿個性主義純是泊來品，是西方的東西，與中國文化格格不入。這是一種嚴重的誤解。

---

[18] 〈東西民族根本思想之差異〉，《青年》1 卷 2 號。
[19] 〈吾人最後之覺悟〉，《青年》1 卷 6 號。
[20] 高一涵:〈共和國家與青年之自覺〉，《青年》1 卷 2 號。
[21] 〈個性主義與個人主義〉，《教育雜誌》第 11 卷 2 號。
[22] 〈個人之價值與教育之關係〉，《教育雜誌》第 10 卷 4 號。

　　自秦漢以來，中國即成大一統的專制體制，一向奉統一思想為原則。秦始皇定「以吏為師」，漢武帝定「獨尊儒術」，二千餘年除儒、法兩家之有利於鞏固專制之思想外，餘皆在排斥之列。所以，先秦燦爛的百家思想文化多不得順利傳承。於專制主義最不利的個性主義思想，尤在口誅筆伐之列。但儘管如此，個性主義還是不絕如縷，時有表露。

　　個性主義在先秦曾是一種重要思潮。雖然其原典未能完好保存下來，但我們從其他典籍中可以看出其內容的大概。而從孟子盡全力對之口誅筆伐的情形，又可看出，這一思想在當時曾發生巨大的影響。

　　在先秦思想家中，闡揚個性主義之鉅子是楊朱。成書於晉代的今本《列子》中有〈楊朱篇〉，因其距古較遠，難以確信為楊朱思想原貌。我們可以從成書較早的《韓非子》、《淮南子》及《呂氏春秋》等書中略窺楊朱思想之大略。而《列子・楊朱篇》亦有可參考的材料。

　　《韓非子・顯學》稱：「今有人於此，義不入危城，不處軍旅，不以天下大利，易其脛一毛。世主必從而禮之，貴其智而高其行，以為輕物重生之士也。」《淮南子・氾論訓》稱：「全性葆真，不以物累形，楊子所立也。」《呂氏春秋・慎勢》稱：「陽生貴己。」這裏所謂「輕物重生」，「全性葆真，不以物累形」，「貴己」，都可表現楊朱思想之核心是個人本位。而人所習聞的名句：「不以天下大利，易其脛一毛」，看來是當時人引喻楊朱的思想主張的話，不大可能是其自述主張的話。孟子所述「楊子取為我，拔一毛而利天下，不為也。」[23]說他完全是「為我」主義。孟子當時認為楊朱的「為我」，墨子的「兼愛」，是

23　《孟子・盡心上》。

孔儒思想最大的敵人。「為我」與絕對「尊君」的專制主義不相容，「兼愛」與「愛有差等」的等級制度不相容。而這兩種思想，當時都甚有影響。孟子說：「楊朱、墨翟之言盈天下。」[24]又說：「天下之言，不歸楊則歸墨。」[25]可見楊朱思想影響之大。孟子為維護孔儒學說，對如此強而有力的思想敵人，鼓全力以攻之。《韓非子》述楊子只說是「不以天下大利，易其脛一毛」；而《孟子》述其說成了「拔一毛而利天下，不為也」。馮友蘭認為兩者都對，是各說出楊子思想的一個側面。[26]我以為此說不確。孟子明確是要討伐楊子，說他「為我」是無君，墨子「兼愛」是無父，「無父無君是禽獸也」。[27]一派雄赳赳的大批判口氣。大批判的特點是只立罪名，不講證據。簡言之，是不講道理。它總是先要將論敵妖魔化，然後大呼捉妖。孟子為對楊朱搞大批判，先歪曲楊朱的思想主張，然後再據以無限上綱，終而定為「禽獸」。兩千餘年來，孔孟之說統治人心，無人敢於懷疑，遂以其是非為是非，把一位重要的先秦思想家打入地獄，久不得翻身。馮友蘭因有尊孔情結，加之，楊朱思想一貫非主流思想所見容，馮氏善應世，故作兩可之論。

　　類似楊朱的思想，我們從後來嵇康的「賤物貴身」，李贄的「各遂其生，各獲其所願有」，以及戴震的「遂情」、「達欲」之說中，仍可看到其一脈相承的印跡。

　　必須說明，古代的個人本位思想與近代的個性主義不完全是一回事。在相當多的情況下，是處亂世的知識份子逃避現實，消極地「全性保身」的一種思想反映。李贄、戴震的說法則較

---

[24]　《孟子·滕文公下》。
[25]　同上。
[26]　見馮友蘭：《中國哲學史新編》第一冊第 244 頁，人民出版社 1992 年印本。
[27]　《孟子·滕文公下》。

接近於近代的個性主義。但終因中國社會條件的限制,未能充分發展出近代的積極進取,而又聯結個人與國家的完善的個性主義思想。只有到了清末民初,在一部分先覺者受到西方思想啟發之下,才較完整地提出近代個性主義思想。

　　人類社會總是朝著人的解放的方向發展。隨著技術科學的發展,社會生產力的發展,人的身體能力不斷獲得解放。隨著人文社會科學的發展,人的精神能力不斷獲得解放,個性主義既是人的精神能力解放的結果,又是進一步解放人的精神能力的推動力。我實在看不出有任何理由可以貶低個性主義的思想價值。

　　　　　　　　　　　2004 年 5 月初稿,10 月改定。

中國近代史上的民族主義

關於民族主義，說法甚多。要給「民族」或「民族主義」下一界說，取得大多數人的同意，是很難的。但我以為不能因此而否定民族和民族主義的客觀性和歷史合理性。為了說明問題的方便，我不得不首先提出我個人對民族和民族主義的看法。我認為，近代民族至少有以下幾個因素是不可少的。即(1)長期共同活動的地域；(2)歷史上形成的共同文化；(3)長期緊密聯繫的經濟生活、政治生活和文化生活所造成的國家認同。據此，則凡是維護這些東西，使之不受其他民族之侵害；同時，也不去侵害其他民族這些東西的思想原則，就是近代的民族主義。這樣的界說雖然不像數學和物理學定律那樣明晰、確定而不可移易，但也決不是隨意可以抹殺的。

我們這裏主要討論中國近代思想史上的民族主義，不可能也不需要詳細討論有關民族和民族主義的諸多理論問題。

在中國近代思想史上，民族主義大體經歷了三個階段。

一、鴉片戰爭前後一段時期，中國人尚未擺脫古代的民族觀念，即強調「華夷之辨」，認定「非我族類，其心必異」。「華夷之辨」主要是文化上的區分。華，是華夏，指以漢族為主體，生息繁衍於中原地區的人民。夷則指周邊民族。中原地區的人民，其文化高於周邊民族。隨著歷史的發展，華的範圍逐漸擴大，可以認為它包括陸續接受漢文化的其他族群。華夏以其文化高於周邊民族，因而長期存在著只可用夏變夷，不可用夷變

夏的民族觀念。當鴉片戰爭發生時，面對外來的侵略者，絕大多數中國人仍未脫出此種民族觀念。

　　二、過了一段時期，一部分中國人對來侵的西方列強漸漸有所瞭解。先進分子開始意識到，「今之夷狄，非古之夷狄」。不但看到西人之技藝遠過中國，而且進而認識到西人治事、治政亦有可法處。康有為 1879 年遊香港，「覽西人宮室之瑰麗，道路之整潔，巡捕之嚴密，乃始知西人治國有法度，不得以古舊之夷狄視之」。[1]張之洞談到仿西學，亦不限於西藝，包括西政（自然不包括根本政治制度）。但直到民國初年，除少數先進分子，絕大多數中國人仍認為在禮教人倫方面，中國仍遠勝於西方。此點直到五四新文化運動起來，才有根本性的轉變。

　　還有更重要的一方面，即近代東來的「西夷」，步步進逼，嚴重威脅到中華民族的生存。在這樣嚴峻的挑戰面前，中國人的民族意識被激化。為謀求生存，必須奮起抗爭，自求振作。

　　這就是說，近代中國的民族主義是在空前的變局之下，因受外力刺激而迅速發展起來。一方面，在具有高度文化的「西夷」面前，不得不放棄古代的華夷觀念。一方面，在「西夷」的侵略面前，為謀自救而啟動民族意識。此民族意識已逐漸擺脫古代的華夷觀念，而導向建立獨立的近代民族國家的目標。建立近代民族國家，是近代民族主義的核心內容。

　　梁啟超是中國揭示和宣傳近代民族主義的第一人。梁氏於1901 年 10 月發表〈國家思想變遷異同論〉一文。其中說：「民族主義者，世界最光明正大公平之主義也。不使他族侵我之自由，我亦毋侵他族之自由。」[2]梁氏同時指出，西方民族主義已

---

[1]　《康南海自編年譜》光緒五年條，見〈戊戌變法〉(四)第 115 頁。
[2]　見《飲冰室合集・文集之六》第 20 頁。

發達數百年，當時已進入民族帝國主義時期，我中國人民正受此民族帝國主義的侵害。故「知他人以帝國主義來侵之可畏，而速養成我所固有之民族主義以抵制之，斯今日我國民所當汲汲者也。」[3]就是說，中國的民族主義，首以抵抗帝國主義，維護我民族之獨立為主要內容。值得注意的是，數月之後，梁氏在其〈論中國學術思想變遷之大勢〉一文中，又首次提出了「中華民族」的概念，[4]為此後學者談民族主義問題立一典範。梁啟超於 1902 年 2 月－4 月在《新民叢報》上發表〈論民族競爭之大勢〉，更加明確地指出：「今日欲救中國，無他術焉，亦先建設一民族主義之國家而已」[5]。前面已指出，建設民族國家，是近代民族主義的核心內容。梁氏最早揭明此義。此後，梁氏之言論、活動均不脫建立民族國家，爭取中華民族之國際地位這一總目標。他積極投入立憲運動是為此；辛亥年與國內立憲派一起轉為贊成迫清帝退位，成立共和是為此；民國後維護共和國體，以及其後積極推動參加第一次世界大戰也是為此。

　　以孫中山為代表的一些革命黨人，也是以民族建國為目標的近代民族主義者。他們與那些懷有狹隘民族主義的排滿思想的人們不同，他們是以排滿為建立近代民族國家的一種手段。孫中山說：「我們推倒滿清政府，從驅除滿人那一面說，是民族革命；從顛覆君主政體那一面說，是政治革命。」又說：「照現在這樣的政治論起來，就算漢人為君主也不能不革命。」[6]陳天

---

[3]　同上，第 22 頁。

[4]　金沖及先生在其〈辛亥革命和中國近代民族主義〉一文中，最早指出了這一點。見《辛亥革命與二十世紀的中國》（中）第 903 頁，中央文獻出版社 2002 年。

[5]　見《飲冰室合集・文集之十》第 35 頁。

[6]　孫中山：〈在東京《民報》創刊周年慶祝大會的演說〉，《孫中山全集》第 1 卷第 325 頁，中華書局 1981 年出版。

華則說：「鄙人之排滿也，非如倡復仇論者所云，仍為政治問題也。」[7]由此可見，不能把凡有排滿思想的人都籠統地說成是狹隘民族主義者。辛亥革命推翻清朝統治，以五族共和思想為基礎締造中華民國。這是中國人爭取建立近代民族國家具有里程碑意義的一件大事。

我個人認為，近代民族國家至少應包含以下幾項基本的內容，即：獨立、統一、民主、富強。辛亥革命遠未完成這些目標。所以，嚴格地說，建立近代民族國家的偉大歷史任務至今仍未從我們民族奮鬥的日程中完全抹去。

但到了 1920 年代之初，因第一次世界大戰和俄國十月革命的影響，中國之民族主義增加了新的內容和新的意義，那就是為爭取民族平等的世界新秩序而奮爭。孫中山所說「健全之反帝國主義」[8]，求「世界人類各族平等」[9]，要「為世界上的人打不平」[10]，以及他的名言：「聯合世界上以平等待我之民族，共同奮鬥」，等等，都反映了這種民族主義的新內容和新意義。

至於新成立的中國共產黨，其成立第二年就加入共產國際。作為共產國際的一個支部，它當然要遵循國際主義的原則。與國際主義密切聯繫的民族主義，實質上是以各國家、各民族完全平等為原則。所以，共產黨人的國際主義的民族主義，得到孫中山相當程度的認同。

梁啟超的民族主義也隨著發生了變化。他在《歐遊心影錄》一書中，在討論「中國人的自覺」的問題時，提出「世界主義

---

[7]　陳天華：〈絕命書〉，《民報》第 2 號。見《辛亥革命前十年間時論選集》第 2 卷 （上），第 155 頁。

[8]　《孫中山全集》第 9 卷第 119 頁。

[9]　同上，第 6 卷第 56 頁。

[10]　同上，第 9 卷第 226 頁。

的國家」的觀念。他解釋道:「怎麼叫做『世界主義的國家』?國家是要愛的,不能拿頑固偏狹的舊思想當是愛國。因為今世國家不是這樣能夠發達出來。我們的愛國,一面不能知有國家不知有個人;一面不能知有國家不知有世界。」[11]「世界主義的國家」即是超越狹隘民族主義,尊重世界各民族,聯合世界各民族的民族主義。梁氏在同年(1919年)所寫的〈國際聯盟與中國〉一文中,明確地反對大國、強國操縱小國、弱國的命運。他指出,在國家之上,應有人類共同的利益,使各國聯合起來。他主張:「以現在之國家保持現狀為基礎,使之各應於境域而有發達其本能之圓滿機會。同時,使相互間發生種種共同利害,其關係愈密接,則其必須共守之規律亦日增。久之,則畛域之見漸泯,馴致成為一體。」[12]他的意思,首先是各國應有平等地發達自己之本能的機會;在此基礎上,加強彼此間之交往,以謀日益增加共同的利益。這同樣表達了一種與國際主義相接近的民族主義思想。

討論民族主義的問題,還應注意到另一個層面,即民族主義的表現形式問題。

近代中國備受帝國主義列強的侵略、壓迫和掠奪。因此,反抗帝國主義的鬥爭一直是民族主義的中心內容之一。在長期鬥爭中,民族主義有過各種不同的表現形式,發生過各種不同的結果,其中經驗與教訓不一而足。

在清末,反抗帝國主義的鬥爭有各種層次:有政府(包括中央與地方)行為;有知識階層與紳商階層的略有組織的鬥爭;有下層群眾自發的反抗運動。

---

[11]　見《飲冰室合集・專集之二十三》第21頁。
[12]　見《東方雜誌》第16卷第2號,1919年2月15日。

　　就政府一方面說，以武力反抗，屢以失敗告終，結果是割地、賠款，出讓利權。談判交涉亦因無實力做後盾，加之朝廷昏聵，官吏無能，絕大多數情況下，都是以喪權失利告終。以此，清政府叢怨山積，人民之反清，民族主義亦正為一種動力。就知識階層和紳商階層的鬥爭而言，在有相當組織的情況下，又得到下層群眾的適當支持，往往能取得一定的積極結果。如不少次的收回利權鬥爭，抵制外貨的鬥爭，等等。就下層群眾的自發鬥爭而言，情形不盡相同。在戰爭狀態下，人民自動武裝起來，抗擊侵略者，即不能取得完全勝利，也能給敵人以有力的打擊。例如廣州三元里人民抗英鬥爭。大多數的自發鬥爭是在非戰爭狀態下，如各地層出不窮的反洋教鬥爭。這些鬥爭無例外地都是由於外國勢力欺壓民眾，積怨太深，遇有機會就爆發出來。這種反壓迫的鬥爭，無疑都具有相當的正義性。但鬥爭起來之後，往往缺乏組織，漫無約制。加之，政府官吏處置不當，遂往往導致破壞性的結果，使人民的生命、財產遭受更進一步的損失。

　　民國時期，這三個層次的民族主義仍然存在。大致說來，第二個層次的鬥爭成長進步較快，第一個層次，亦較清代有所不同，第三個層次的鬥爭，純自發的性質已逐漸減少。

　　總起來說，民族主義具有天經地義的合理性，這是首先應該肯定的。但這並不等於說，因具有民族主義的動機，就做什麼都可以，怎麼做都行。像過去流行的說法那樣，只要大方向正確，具體做法可以不論，這是不對的。我們說過，近代民族主義的中心目標是建立近代民族國家。上面已指出，建立近代民族國家主要是實現獨立、統一、民主、富強。因此，凡是有利於實現這些目標的民族主義思想和行動，就是健全的民族主

義，應予完全肯定。否則，就不是健全的民族主義，就不應無條件地給予肯定。在相當一個時期裏，人們不加區別地肯定和頌揚一切指向外國勢力的言論和行動，起了誤導群眾的不良作用。民族主義會牽及民族感情，甚至可以承認，民族主義有其心理和感情的基礎。但絕不可以因此將民族主義歸結於感情，或停留在感情的層面上。要完成建立近代民族國家這樣艱巨的任務，必須依靠健全的理性指導。因此，我認為應當明確地提倡「理性的民族主義」。大約八九年前，我在一次學術演講中首次論述「理性的民族主義」的問題，獲得聽講者的熱烈贊同。可見是心同此理。

　　既然是理性的民族主義，就既要反對民族虛無主義，也要反對民族沙文主義；既要反對崇洋媚外，也要反對盲目排外。只有理性的民族主義，才能引導我們的國家和民族走上健全發展的康強之路。

2004 年 5 月初稿，12 月改定。

「全集」當以「全」為尚

　　湖南岳麓書社以二十餘年之辛苦經營，今始推出《魏源全集》皇皇二十巨冊，其搜羅之全，校勘之精，裝幀之美，皆堪稱數十年來之佼佼者。可敬可佩。

　　魏源生當清政腐敗，外患內憂交相迫促之際，以其最深摯的愛國愛民、憂國憂民之心，多方訪求中外著述，編成《海國圖志》百卷，成為那個時代開眼看世界，於國家民族及世界歷史、時勢最有瞭解，也最能洞切時弊的人。他提出「師夷制夷」的主張和「去寐」、「去虛」的思想，在當時皆屬卓見。尤可佩服者，在他那個時代，交通極不方便，他居然遍遊十數省，於地理民情遍訪周諮。此種精神值得我們學習和效法。

　　近代一百多年的歷史上，前後相繼出現過許許多多的先覺者。他們皆能以開放的眼光，觀察世界，謀求國家獨立自強之道。他們留下的著述，雖不能盡善，但終究是他們思考有得之言，其善者可取鑒，即不善者，亦足為鑒戒，都是值得珍惜的遺產。所以，我個人認為，今天，我們既有能力搞各種浩大的文化工程，自當有能力為先輩思想家、學者編輯全集（或文集），以貽後世。各文明國家皆能如此做。我們過去一則苦於財力不足，二則苦於人力不足，故未能多做。現在應當從長計議，制定規劃，妥善安排，期以十數年之力，把近代先覺者思想家、學者的全集（或文集）編輯出版，以保存好這份遺產。

　　為前人編全集，自當以全為尚。由於近代多戰亂，文獻保存不易，故搜集前人著述遺稿頗有難度。但用心用力，工夫不負有心人，終可做到比較完全的地步。

　　我想強調的是，我們不當存有人為的忌諱，以為前人之言論有不合今日之政治需要者，皆當捨去。例如編輯《胡適全集》時，必將其有涉反共內容者皆摒棄不取。如此，則讀《胡適全集》的人，將會誤以為胡適從不曾反共。那樣一來，五十年代那場大規模的批判胡適的運動豈不是沒有根據了嗎？又何況，去掉胡適所有反共的思想言論，那個胡適還成其為胡適嗎？

　　中國傳統歷來多忌諱。大凡忌諱往往根於迷信而生之畏懼心理。我們今天應當轉變觀念。毛澤東曾說，徹底的唯物主義者是無所畏懼的。這話說得非常正確。已死了多年的人，他的一些反共言論何足畏懼？所以，我主張，既然要編全集，就應力求其全。有些東西散失已久，不易找到，一時難求全璧，可以理解。若已知已得其著述、遺稿，因心存忌諱而棄其一部分，似未必有當。愚意如此，特以求正於時下諸賢。

　　此文是追記 2005 年 3 月 29 日在人民大會堂舉行的《魏源全集》首發式上的發言，因《北京日報》記者李慶英索要，故寫成此文。

中國近代史上的改革與革命

引言

改革過去都稱作改良，是不恰當的。我從不用這個提法。
因為：

(1)　改良是指根本性質不變，只在原有基礎上改得好一點，是
程度上的變化。而改革是根本性質發生變化。如改君主專
制為君主立憲制。後者是民主制度的一種形式。

(2)　過去還經常在改良的後面加上主義，改良主義是國際共運
史有特定含義的東西，是完全被否定的。而改革是進步的
歷史運動，不能否定。

改革與革命本質上是一致的，都是以新的制度代替舊
的制度。

恩格斯說，1832 年英國的國會改革是一場真正的革
命。鄧小平說，改革也是革命。

(3)　改革與革命的區別只是方法、途徑不同，目標基本是一致
的。所以，不能把改革與革命根本對立起來，尤不能說改
革是反動的。

中國近代史上的改革與革命

(一)其發生的背景是同樣的。

　(1)內憂外患相逼的形勢。

甲午戰爭失敗，使人們反思 60 年代以來的洋務運動不濟事。外患日急，內憂更迫。不做制度上的變革，無以圖存。革命黨認為清廷不能改革，故主張暴力推翻。改革派認為皇帝願意改革，改革應是可行的。

(2)對清政腐敗不滿。

改革派與革命派都極力揭露、批判、斥責清政府的腐敗。

我們試比較一下孫中山與康有為的言論：

孫中山〈香港興中會章程〉：「中國積弱，至今極矣！上則因循苟且，粉飾虛張；下則蒙昧無知，鮮能遠慮。堂堂華國，不齒於列邦；濟濟衣冠，被輕於異族。有志之士，能不痛心！夫以四百兆人民之眾，數萬里土地之饒，本可發奮為雄，無敵於天下。乃以政治不修，綱維敗壞，朝廷則鬻爵賣官，公行賄賂；官府則剝民刮地，暴過虎狼。盜賊橫行，饑饉交集，哀鴻遍野，民不聊生。嗚呼慘哉！方今強鄰環列，虎視鷹瞵，久垂涎我中華五金之富，物產之繁。蠶食鯨吞，已效尤於踵接；瓜分豆剖，實堪慮於目前。嗚呼危哉！有心人不禁大聲疾呼：亟拯斯民於水火，切扶大廈之將傾，庶我子子孫孫或免奴隸於他族。」

再看康有為的〈上清帝第一書〉，其中說：「竊見方今外夷交迫……羽翼盡剪，將及腹心。」「竊維國事蹙迫，在危急存亡之間，未有若今日之可憂也。」又說：「竊觀內外人情，皆醉嬉偷惰，苟安旦夕，上下拱手，遊宴從容，事無大小，無一能舉。有心者歎息而無所為計；無恥者嗜利而藉以營私。大廈將傾而處堂為安，積火將然而寢薪為樂，所謂安其危而利其災者，譬彼病痿，臥不能起，身手麻木，舉動不屬。非徒痿也，又感風

痰，百竅迷塞，內潰外入，朝不保夕。此臣所謂百脈敗潰，病
中骨髓，卻望而大憂者也。」

　　他們所見之內憂外患及政治腐敗的情形如出一轍。這就是
他們從事改革與革命的背景。

(二)其目標是基本一致的，都是力圖以某種西方式的民主制度代替中國二千餘年的君主專制制度。

(1)革命黨 1895 年在香港成立興中會，籌備起義時，就宣言說
「驅除韃虜，恢復中國，創立合眾政府」。到 1903 年又改
成「驅除韃虜，恢復中華，創立民國，平均地權」。到 1905
年，明確提出三民主義，作為他們的革命綱領。

(2)改革派在維新運動時期就開始倡民權。康有為〈上清帝第
四書〉曾明確提出「設議院以通下情」。還具體提出「午門
集議」，每十萬戶推一人到中央會議，三佔從二，決而後行。
後來到了立憲運動時期，他們以國會為中心的憲政主張就
更為明確而系統了。

(3)過去，人們把君主立憲制度同民主共和制度看成是根本不
同的制度，這是完全不懂近代政治史和政治學理論。實際
上，還在兩黨論戰的當時，他們兩邊都有人指出，這兩種
政治制度，本質上並無根本的區別。我們不能說美國的制
度與英國的制度是什麼完全不同的政治制度。他們只是形
式不同，運作機制不同罷了。

　　既然背景相同，目標基本一致，為什麼會形成互相水火的
兩大派呢？

(1)最根本的原因是當時的中國社會尚未明顯地形成獨立的中
產階級（梁啟超叫做中等社會）。我 1981 年替黎澍先生起

草〈辛亥革命幾個問題的再認識〉一文時，曾試圖對清末
的資產階級狀況作出估計。我主要利用汪敬虞先生等編的
《中國近代工業史資料》和我在北京各大圖書館查到的農
工商部的統計資料，大致推算出以下幾個參考數字：

到 1911 年，中國共有工業企業 562 家，資本 13200 萬
元。這其中真正商辦的企業為 469 家，資本 8700 萬元。

1911 年，全國預算收入 29690 萬兩，其中厘金（通常
被認為是來自工商業者的稅收）則是 4300 萬兩。即資產階
級納稅只佔 14.47%。

1908 年，全國有商會 262 處，會董、議董、會員 4568
人，加上推算未曾登錄者，約計 7784 人。這只佔四億人口
中之成年男性的萬分之一。

1909 年，全國各省諮議局議員選舉人登記有 167 萬，
只佔總人口的 0.42%。

這些數字當然都不很準確。但至今尚無法得出更準確
的數字。可以相信，其與事實不會相距太遠。

這種情況就決定了，清末帶有資本主義性質的改革與
革命，主要不是由資產階級自己來進行的，而是須靠其他
的力量來實行。這些力量來自各個不同的階級、階層，很
難整合一起，不但有革命黨和立憲派的不同，即在兩大派
各自內部，也還有不同的小派別。

(2)暴力革命派與和平改革派不同的社會成分及其思想來源。

暴力革命派：

部分知識份子

會黨群眾

華僑資產者

　　從其力量來源即可看出，他們的思想資源只有很小一部分是來自西方資產階級學說，大多數是基於反滿。

會黨群眾最早來源於明末反清組織。洪門、三點會等等。

　　部分海外華僑，潛藏很深的反滿意識。中國人一向安土重遷，到海外謀生，多出於不得已。他們身在海外，易於從體制外看問題。加之，他們與國內資產者相比，對於身家性命的擔心要少得多，故容易傾向革命。

　　知識份子也並非都具有資產階級思想。江浙一帶，特別是浙江，反滿傳統特深厚。浙江是除臺灣外，比較最晚被滿清征服，那裏盛傳男降女不降；生降死不降。反滿最激烈的光復會就是以浙江知識份子為主。

　　所以，暴力革命黨最普遍的思想基礎是反滿。（參見我的〈孫中山的民權主義與辛亥革命的結局〉）

和平改革派

　　維新黨人　他們對光緒抱有希望。

　　紳商階層　東南沿海及沿江和靠近鐵路等交通較為方便的地方居多。紳，身居城鎮，得聞新知識的地主和退休官僚；商，即各地大小資產者。他們不滿清政腐敗和所受盤剝，但不願冒大動亂的風險，有身家性命之憂。所以贊成和平改革。

　　新知識份子　他們主要是些自由職業者。他們較多地吸收了西方資產階級思想學說。也是這些思想學說的傳播者。

　　他們一則害怕革命動亂招致列強干涉。二則革命動亂，生業受損，國家經濟破壞。三則，他們多半預見到不成熟的社會條件下的革命，不能達到建立新制度的目標；

而進行和平改革，還可得到一尺一步的收穫。實際上，也確實取得了一些實績。如：各省成立諮議局，中央設資政院；大規模的國會情願運動，贏得一定群眾基礎，亦為近代政黨形成創造了某些條件；法律改革與地方自治；教育與其他社會事業的進一步發展；等等。

這些都是中國社會政治近代化的重要基礎。

(三)兩個派別的實際關係到底如何

人們看到，清末，在海外，特別是在日本、美洲以及南洋一帶，革命黨和立憲派鬥爭得很厲害。以梁啟超為首的立憲派與汪精衛、胡漢民等人進行了長達兩年的大論戰。因此人們認為他們是水火不相容，是你死我活的關係。

他們為什麼會有如此激烈的鬥爭呢？

因為海外這些地方，是他們人力物力的主要來源地，互相爭奪自然會很厲害。

但，在國內情況與此有很大不同。兩派你中有我，我中有你。特別在後期，尤其如此。

有許多革命黨人參加了立憲派的活動。如：共同辦報、辦學堂；在各省諮議局，如江蘇、浙江、福建、山東、山西、四川、廣西、貴州等都有一些革命黨人被選進諮議局。廣東引進不少革命黨人參加諮議局的具體工作。國會請願運動也有革命黨人參加（如湖北的劉成禺、何海鳴）。也有立憲派人士加入革命黨的（如黃炎培、陳炯明等）。

許多立憲派人士保護革命黨人，同地方官進行鬥爭（福建諮議局議員彈劾連江縣令迫害革命黨人曾檢三；湖南龍湛霖、

金還等保護黃興；武昌起義時，宋教仁即住湯化龍家；宋與徐佛蘇、易宗夔皆甚相熟。

　　武昌起義後，更呈兩派聯合的趨勢。如湖南起義回應湖北就是兩派聯合籌畫的。所以，范文瀾先生早就指出，辛亥革命是革命黨與立憲派聯合行動的結果。

(四)那麼，暴力革命與和平改革，到底哪條道路更正確、更合理、更優越呢？

　　過去很長一個時期，人們似乎已有了明確一致的結論，即認為只有暴力革命才是正確、合理、優越的。

　　這個問題，我是這樣看的。

　　第一，一個國家在什麼情況下發生改革，在什麼情況下發生革命，以及一個國家最終是通過暴力革命之路，還是通過和平改革之路解決問題，這些都是由具體的歷史條件決定的，不是由人們自由選擇的。就中國而言，改革與革命同時發生，同時發展。最後表面上看是以暴力革命作為結束。說它表面上，就是說，實質上並非完全如此。大家知道，革命軍並沒有打到北京，直接推翻清朝廷。而是由革命黨與立憲派之聯合為一方，由受清朝廷詔命的袁世凱為一方進行談判，達成以清室優待條件為核心的協定，才迫使清帝退位的。

　　第二，既然改革與革命之發生皆由具體的歷史條件決定，而不能由人們自由選擇，那就不存在何者更正確、更合理、更優越的問題。你說和平改革好，但統治者不肯認真改革，如清政府最高統治者發動戊戌政變，後來立憲運動中又鎮壓請願者，致使立憲派失望，倒向革命。你說暴力革命好，但社會條

件不具備，即使舊的統治推翻了，新的制度也建立不起來，革命目的還是達不到。

所以，我不贊成對歷史上的改革與革命作出孰好孰壞的評價。我認為，就中國而言，凡是有利於促使中國朝著獨立、民主、富強之路走的，不論是革命還是改革，都是應該肯定的；革命家與改革家都應受到尊重。改革與革命中的經驗教訓都是我們應當珍惜的寶貴遺產。

這是一篇講演提綱，約寫於 2005 年 2 月

社會轉型與現代化的內在機制與外部條件

　　我們今天所關注的社會轉型，實質上與現代化是同一個問題。所謂轉型，無非是指由農業社會轉入工業社會乃至信息社會；由以鄉村為主體的社會轉入以城市為主體的社會，由以家族與宗族為基本結構的社會轉入現代的以個人及由個人的種種組合（職業的、團體的、社區的等等）為基本結構的社會；由君主專制的社會轉入現代的民主社會；如此等等。這些豈不都是現代化需要解決的問題嗎？

　　顯然，要實現這些轉變，是一個非常長期的曲折的複雜的歷史過程。對於像中國這樣一個廣土眾民，歷史悠久的國家來說，尤其是如此。

　　中國的社會轉型已走過一百六十多年的歷程。對於這個歷史過程，我們固然可以截取其任何一個時段來加以研究。但在歷史研究中，對於一個較完整的長時段做宏觀的考察，往往容易把握一些深層次的東西。

　　我覺得，總結中國社會轉型和現代化的歷程，有兩種最基本的趨向，特別值得我們注意。一個是對外開放，一個是內部改革。前者可以看作是現代化的外部條件，我把它叫作世界化。後者可以看作是現代化的內在機制，其核心問題是解放人，是讓每個人充分發揮其創造力，我把它叫作個性主義。

一

　　大凡一個國家，一個民族、一個社會，若能經常與外部世界溝通，便容易得進步；若對外封閉，就容易停滯、落後。西方一些較早發達的國家，多半與其發展海洋事業，盡可能多地與外部世界相交往有密切關係。而有些民族，因種種原因，與外部世界隔絕，或甚少交往，便長期陷入不發展的狀態。這是非常明顯的歷史事實。人類進入近代社會與古代社會最大的不同點之一，就是各國各民族的交往、聯絡空前密切了。我喜歡把這叫做世界化的過程。

　　中國數千年生活在以自我為中心的文化圈內，除了與周邊民族和國家，在朝貢體制下有所來往之外，與廣大的外部世界甚少來往。當西方列強闖入中國時，中國人對他們簡直毫無所知。經歷幾多交涉，幾多挫辱，比較開明的中國人才認識到，必須以開放的態度對待外部世界。早期改革思想家如魏源、馮桂芬、鄭觀應、王韜等等，及一些辦洋務的官僚，如李鴻章、郭嵩燾等等，都屬此類。李鴻章有一段話，最可反映當時中國人對世界化大趨勢的認識。他說，泰西各國富強，「皆從各國交好而來。一國的見識無多，聰明有限，須集各國的才力聰明，而後，精日益精，強日益強。國與人同，譬如一人的學問，必要出外遊歷，與人交際，擇其善者，改其不善者，然後學問益進，知識愈開。國家亦然。或者格物的新理，製造的形式，其始本一國獨得之秘，自彼此往來，於是他國皆能通曉效法，此皆各國交際的益處。」[1]到了戊戌維新時期，運動的領袖人物康有為、梁啟超對世界化的認識已大大前進了一步。康氏主張，

---

[1]　《李文忠公全集·譯署函稿》第6卷第13頁。光緒戊申年（1908）金陵刊行。

對於西方列強之「新政、新法、新學、新器」，皆應「採而用之，則與化同」。[2]梁啟超則已認識到「今日地球縮小，我中國與天下萬邦比鄰」。[3]故絕不可自外於世界大勢。他們的追隨者們，更有人提出「一切制度悉從泰西」，[4]或「唯泰西者是效」[5]的主張。

　　與此差不多同時，正在奔走革命的孫中山，對西方政治、社會頗有親切觀察，正逐漸形成其效法西方列強，建立現代國家的想法。中國應走世界化的路，在孫中山那裏，也已成為自覺的意識。他領導的革命運動和梁啟超指導的立憲運動，都是基於世界化的眼光，力求建立一個可以與各國平等共處的「世界的國家」。「世界的國家」這個提法，是梁啟超在 1912 年，中華民國剛剛建立的時候，首先提出來的。但這正如黃遵憲所謂是「人人心中所有，而筆下所無」者，恰好由梁啟超的筆寫出來。中國應當成為「世界的國家」，實乃是當時略知世界大勢，而又力圖國家振興的人們所有之共識。所以，從戊戌維新到辛亥革命、民國肇建，是中國走世界化之路的第一個重要時期。

　　近代中國，世界化的第二個重要關節點，是五四新文化運動時期。

　　這一時期，由於第一次世界大戰爆發，中國人關注外部世界的程度較之任何時期都更為強烈。此次世界大戰與中國之世界化的進程有重要的關係。

2　〈進呈日本明治變政考序〉，《康有為政論選集》（上）第 222 頁，中華書局 1981 年出版。
3　〈論中國與歐洲國體異同〉，《飲冰室合集·文集之四》第 67 頁，中華書局影印本，1989 年。
4　易鼐：〈中國宜以弱為強說〉，《湘報》第 22 號。
5　樊錐：〈開誠篇〉(三)，《湘報》第 24 號。

　　第一，中國加入了世界大戰中協約國一方，戰後得以戰勝國的身份參加巴黎和會。會上雖然受到強國的欺壓，但這畢竟是自與列強交往以來，第一次比較主動地參與國際事務，並表達了一個主權國家的意志。此前，皆是中國完全被動地接受列強所強加的種種不平等條約。此次則最終拒絕了在損害我主權的和約上簽字，可算是中國第一次在列強面前說「不」。從此開始了爭取廢除不平等條約的一系列鬥爭。中國的世界化具有本質上全新的內容。

　　第二，西方列強耗精力於大戰之中，數年之中，使中國民族工業得以發展，為中國的世界化提供了新的基礎和新的起點。

　　第三，日本乘西方列強無暇東顧之機，不僅竊奪原德國在我山東的勢力範圍和種種權益，而且提出廿一條要求。從此，中國人意識到日本是最大最切近的威脅。便改變了自清末以來學習日本的熱心，更多地直接向西方國家學習和借鑒。留學歐美的學生逐漸取代了從前留日學生在各個方面引領現代化潮流的地位。中國在政治、經濟、教育、文化等各方面的世界化進程呈現出新的面貌。

　　第四，由於巴黎和會拒絕中國的合理要求，引發了五四學生愛國運動。這次運動喚起了農、工、商各階層的覺醒，使原已發生的新文化運動，以前所未有的規模把中國思想文化進一步推上世界化的軌道。

　　受五四新文化運動洗禮的一代中國人，都學會了用世界化的眼光來觀察國家民族的命運。凡是固守傳統，拒斥世界文化的人，都逐漸失去了人們的信任。此後儘管內亂、外患頻發，中國仍大體保持了開放的世界化的勢頭。第二次世界大戰為中國進一步世界化又一次提供了契機。但因大規模內戰的爆發，

而喪失了機會，49 年以後，因種種複雜的原因中國實處於半封閉的狀態。直到 70 年代末，鄧小平提出改革開放的方針，中國重新進入世界化的軌道。二十多年的經驗證明，只有開放，只有與世界各國和平交往，只有努力吸收世界一切先進的東西，才能使國家發展，進步。這二十多年的開放所造成的發展進步，不但大大超過以往的三十年，而且幾乎可以說，超過了以往近百年所取得的發展和進步。所以，70 年代以來的 20 多年是中國世界化進程最重要的一個時期。

二

關於人的解放，問題要複雜、深刻得多。蓋中國自秦漢大一統以後，君主專制極度發達。歷二千餘年，在至上君權籠罩下，天地君親師構成價值崇拜的核心系統，普通的個人，完全被淹沒。誠如梁漱溟先生所說，中國文化最大的問題，是「個人不被發現」。其實，中國傳統文化中，也並非完全沒有對個人，對個性的關注。先秦楊朱之「為我」不用說了，秦漢以後，也偶而有伸張個性的人出現。魏晉時期的嵇康，唐朝的李白，明代的李贄，清代的戴震等等都是例證。但必須承認，任何張揚個性的主張，在中國一向被主流思想所排斥，為官方所摒棄。到了近代，在與西方列強打交道，屢經挫辱，在嘗試變革（例如搞洋務）不獲成功之後，才有人從中西文化的比較中，重新覺悟個人、個性的重要。我們首次看到這種覺悟的跡象是嚴復於 1895 年所發表的〈論世變之亟〉這篇文章。大家知道，嚴復是向中國人比較系統又比較準確地介紹西方思想文化的第一人。他在這篇文章裏，在比較中西文化的差別時提出，中國與西國最大不同點在「自由與不自由異耳」。他又加以申說道：「夫

自由一言，直中國歷古聖賢之所深畏而從未嘗立以為教者也。
彼西人之言曰：唯天生民，各具賦畀，得自由者乃為全受。故
人人各得自由，國國各得自由。第務令毋相侵損而已。」他特
別指出：「西人自由，則於及物之中而實寓所以存我者也」。[6]這
裏的「存我」，實在是個性主義比較最精確的概括。

　　經歷戊戌變法失敗的慘痛教訓，梁啟超覺悟到，要取得變
革的成功，當先從變革國人的精神做起。變革國民精神最首要
最核心的問題是必須樹立個人獨立的意識。他說：「人而不能獨
立，時曰奴隸」。[7]稍後，他又進一步發揮：「吾以為不患中國不
為獨立之國，特患中國今無獨立之民。故今日欲言獨立，當先
言個人之獨立」。[8]「個人之獨立」實與嚴復的「存我」一脈相
承，都是提倡個性主義。梁氏作〈新民說〉，本質上是提倡個性
主義。但在清末內憂外患頻頻相逼的情況下，梁啟超與當時絕
大多數思想家一樣，常常又把國家的自由，民族的自由與個人
自由對立起來，而且更多地強調國家與民族的自由。

　　在近代中國，五四新文化運動是個性主義最發煌的時期。
只有到這時，先進的人們才真正弄清楚個性主義究竟是什麼？
才真正能把個人自由與國家民族的自由統一起來。

　　新文化運動最基本的肇因在於先覺者們痛感到，人們用鮮
血和生命爭得的共和國，實際上仍不是人民的共和國。人民在
民國的招牌下，仍受著種種專制的痛苦。尋其原因就在於人民

---

[6]　見天津《直報》1895 年 2 月 4-5 日。收入《嚴復集》第 1 冊，見該書第 2-3
　　頁。中華書局 1986 年。

[7]　見〈國民十大元氣論〉，《飲冰室合集·文集之三》，第 62 頁，中華書局
　　影印本，1989 年。

[8]　見〈十種德性相反相成義〉，《飲冰室合集·文集之五》，第 44 頁。中華
　　書局影印本，1989 年。

並未覺悟自己的權力。因此也不知道如何去爭取和保衛自己的權力。陳獨秀從而得出結論說:「所謂國民政治果能實現與否,純然以多數國民能否對於政治,自覺其居於主人的主動的地位為唯一根本之條件。」[9]要自覺為主人,且能主動地爭得和維護自己的權力,就必須能自主,能獨立。要能自主,能獨立,必得個性充分伸張才行。非常重要的是,這時期,知識領袖們給出了個性主義最平實、最恰當的界定。胡適在他那篇被譽為「個性主義的宣言」的文章——〈易卜生主義〉裏說:「發展個人的個性必須有兩個條件:第一,須使個人有自由意志;第二,須使個人擔干係、負責任」。[10]關於第一點,「須使個人有自由意志」,這是前人已講過的,無須解釋。第二點,非常重要。個人要對自己出於自由意志而發生的思想言行擔干係、負責任。這就是說,要接受社會的裁判。從前人們雖然說過,自由應以不侵他人自由為界。但終嫌籠統。胡適的說法,既通俗,又明晰,使人明白,個性自由,即個性主義,與從前種種所謂「自私自利」,「為所欲為」「人欲橫流」等等妄加的罪名毫無關係。同時也告誡還不夠成熟的青年們,對個性主義必須有一種戒慎的態度,要增強社會責任感。胡適的另一個貢獻是他把個人自由與國家、民族的自由統一起來。他對青年們說:「現在有人對你們說:『犧牲你們個人的自由,去求國家的自由!』我對你們說:『爭你們個人的自由,便是為國家爭自由!爭你們自己的人格,便是為國家爭人格!自由平等的國家不是一群奴才建造得

9　見〈吾人最後之覺悟〉,原載《青年》1卷6號,收入《陳獨秀文章選編》(上)見該書第107頁,三聯書店,1984年。

10　〈易卜生主義〉,原載《新青年》4卷6號,收入《胡適文存》卷4,見該書第35頁,亞東圖書館1925年第8版。

起來的！」[11]當時有許多人都注意到了這一點。他們明確指出，個人自由，個人權力，乃是國家自由，國家權力的本源和基礎。如政治學家高一涵指出：「蓋先有小己，後有國家，非先有國家，後有小己」。應是「為利小己而創造國家」，而非「為利國家而創造小己」。[12]陳獨秀也說：「國家利益，社會利益，名與個人主義相衝突，實以鞏固個人利益為本因也。」[13]蔣夢麟指出：「國家與社會者，所以保障個人之平等自由者也。」[14]其實，這些本都是常識，沒有什麼深奧難解之處。只因為數千年來專制主義者為便己恣睢暴戾，而編造謊言，把個人與國家的關係顛倒過來，弄成好像是每個人都是為國家而存在，不是國家為人民而存在。這些專制主義者，把自己打扮成國家的化身，從而達到統治奴役千千萬萬人的目的。

五四新文化運動最大的功績，就在於個性主義的提倡，解放了一代青年。他們學會了獨立思考，學會自己對自己的言論行動負責任，學會自己選擇生活道路。有的人投身革命了；有的人獻身於各項社會事業；有的人專心致志於科學與學術事業；有的則獻身於教育事業。總之，正是五四新文化運動淘洗出來的一代青年，成了中國革命與建設事業的中堅和骨幹。

我之所以把個性主義看成是中國社會轉型與實現現代化的一個核心問題，就是因為人的解放，人的創造力的發揮，才是國家社會發展進步的原動力。最近二十年的改革，國家社會所取得的飛速發展，完全可以說明這個道理。

---

[11]　〈介紹我自己的思想〉，見《胡適文存》四集卷五，又收入《胡適全集》第4冊，見該書第 663 頁，安徽教育出版社，2003 年。
[12]　〈共和國家與青年之自覺〉，《青年》1 卷 2 號。
[13]　〈東西民族根本思想之差異〉，《青年》1 卷 4 號。
[14]　〈個性主義與個人主義〉，《教育雜誌》第 11 卷第 2 期。

　　認識到世界化與個性主義是社會轉型與國家現代化的核心問題，就可以更加自覺地推進改革開放繼續深入發展，就可以使我國的現代化事業持續穩定健康地向前推進。

2006 年 1 月 20 日

近代社會轉型中政治與文化的互動

2007 年 6 月 29 日在北京師範大學舉辦的
「近代中國與近代文化」研討會上的發言

　　我們這裏談政治與文化的互動關係，其中的文化自然是指狹義的文化，是與經濟、政治、軍事等等相對應的文化。也就是將文化與政治等等放在同一層次上來考察。

　　如此，則政治是指國家各階級、階層、群體之間的權利關係；文化則是指在一定的社會條件下，人們的精神生活的樣態。

　　我們中國是後發展國家，近代以來遭遇到內外嚴重危機的挑戰。人們所關注的，最優先的問題是獨立、民主與富強，必須要從政治上為國家民族找到出路。所以，從清末以來，政治就開始主導文化潮流。隨著革命運動的高漲，立憲運動的高漲，文化領域相應地發生了明顯地變化。

　　因此，我認為，在近代社會轉型過程中，政治與文化的互動關係，第一個要點就是政治變革帶動文化革新。

　　革命黨要推翻滿清的君主專制制度，代之以民主共和制度；立憲派要改變君主專制制度，成為君主立憲制度。兩者本質上都是否定君主專制，實行某種形式的近代民主制度。當時比較進取的知識份子、青年學生、新軍官兵，以及一部分開明的官紳，都在一定程度上捲入了革命或立憲運動。與此相應的，統治中國兩千餘年的君主至尊，君權至上的觀念隨之動搖。明末黃宗羲作〈原君〉，對過分的君主專制權力提出批評。但他並

未否定君主權力，他的思想並未超出古代民本主義的範疇。直到清末，從戊戌維新運動前後開始，中國人始有比較明確地否定君主專制權力的思想。康有為認為，君主「亦一民」耳，只是「偶然在位」而已。梁啟超以為君與臣「皆同辦民事者也」，只是百姓所用之「總管」與「掌櫃」罷了。章太炎竟至公然罵皇帝為「載湉小丑」。可見，至清末，君主至尊，君權至上的觀念已經根本動搖。

人們都知道，孔子及儒家學說，因歷代君主之提倡，遂與君主專制制度結下不解之緣。由此，隨君主至尊與君權至上觀念之動搖，孔子與儒家學說的獨尊地位亦發生動搖。最早是西方傳教士對孔子及儒家學說提出批評與質疑；後來又有太平天國領袖們的反孔言論。但這些都還不曾對主流思想界發生大的影響。也是到了戊戌維新運動前後，主流思想界始發生對孔子及儒家學說的批評性的論說。康有為的《偽經考》及《改制考》兩部影響很大的書，按梁啟超的說法，「已夷孔子於諸子之列」。梁氏本人則公然喊出「吾愛孔子，吾尤愛真理」，已不認為孔子與儒家學說都是真理，亦僅為一家之言而已。章太炎批評「孔子之教，惟在趨時」，足以「淆亂人之思想」。許多新學雜誌，更尖銳批判孔子「砌專制政府之基，以荼毒吾同胞者二千餘年」，欲中國人進於幸福之地，「必先以孔丘之革命」，即必須先革孔子之命。

君權至上與孔儒獨尊，實在是中國固有的意識形態的兩大中心支柱。這兩種觀念的根本動搖，意味著中國文化將要發生根本性的變化。而這一變化很明顯地是由清末革命運動與政治改革運動帶動起來的。

　　當然，由政治變革——包括革命與和平改革——所帶動起來的文化革新，尚不止於這些。此外還有平民主義文化趨勢以及移風易俗的俗世文化運動的興起。這兩個方面——平民主義和移風易俗——乃是當時動員群眾積極參加政治變革運動的有效手段和途徑，所以，明顯地表現出政治變革帶動文化革新的實際歷史過程。

　　需要指出的是，這種由政治變革所帶動起來的文化革新，是有局限性的。一般地說，都免不了膚淺和簡陋之譏。關於這一方面，作為當事者之主要代表人物的梁啟超，有過非常中肯的反省和批評。大家可以看我的文章第 3-4 頁，對此有清楚的說明。

　　考察政治與文化的互動關係的第二個要點，是文化革新運動反過來推動政治變革的進程。這一方面，可以五四新文化運動為最好的例證。

　　新文化運動的發動，是基於政治變革的不成功。先覺分子們以為，政治變革之不成功，是因為人們的思想觀念不曾發生變化，所以他們要做改變人們的思想觀念的工作，也就是要搞啟蒙運動。而啟蒙運動的目的，還是要改造國家，落實獨立、民主、富強的目標。所以，儘管在發動新文化運動時，其領袖分子們是如何地避談政治，到後來，卻都不約而同地重回到政治的問題上來。

　　新文化運動最重要的實績，一是造成了比以往任何時候都更加開放的文化心態，二是以個性主義喚起了一代青年的奮起。

　　我在近年的多篇文章裏強調指出，現代化包含兩個最重要的趨勢，一是世界化，一是個性主義。新文化運動正是在這兩個方面取得了重大進展。

　　誰都無法否認，新文化運動一個基本出發點就是比照西方發達國家，而發現自己的不足，從而拼力引進西方的種種思想觀念，從文藝復興時代的觀念，直到馬克思的科學社會主義，展現了空前的文化開放的心態。而另一個重要的出發點，則是把人——主要是青年——從數千年專制主義的制度與倫理束縛中解放出來。他們所用的口號或手段就是個性主義。

　　在開放的文化觀念之下，引進了諸多新的政治學說，政治理念，從而造成了往後中國社會政治運動的多元取向，正統主義、自由主義和社會主義。在個性主義感召下，活躍起來的年輕一代，分別為這三種政治運動提供了新生力量。

　　我覺得，還可以從一個具體的方面看出，新文化運動給予政治的重大影響。

　　在清末民初，人們對民主政治的關注點，主要是人民的參政權問題，例如國會及選舉等。由於新文化運動大力強調人的解放，強調個人的自由與獨立，因此，在以後的政治運動中，人們的關注點有了明顯的變化，那就是，人們更多的關注基本人權的問題。20 年代初爭自由的運動，20 年代末 30 年代初爭人權的運動，40 年代參政會內爭取人民權利的保障的呼聲，都是這一新趨勢的明顯表現。

　　可見，文化運動不僅一般地影響到社會政治力量的格局，而且會影響到政治運動的內涵。

　　在考察近代中國社會轉型過程中，政治與文化的互動關係時，不能不注意到一個現象，就是在人們的社會生活中，在學術、文藝及各領域的具體文化活動中，存在著泛政治化的傾向。這可以看作是第三個要點。首先我們要承認，形成此種傾向有其歷史的必然性。由於近代中國所處的國際國內環境，中國人

所面對的歷史抉擇，政治問題具有突出的重要性和超越其他問題的緊迫性。所以，政治的優先性是無可置疑的。當然，泛政治化的傾向，在實際生活中也會產生某些負面作用，這是應當引起注意的。

　　在政治與文化的互動關係上，我們必須看到，政治的主導地位，用梁漱溟的話說，就是政治有辦法，文化才會有辦法。同時又要看到，文化對於政治的反作用，努力作好文化建設，幫助政治的健全發展。

新文化運動建立中國
與世界文化密接關係的努力

2007 年 7 月 4 日

　　我在這些年來，一直強調，中國的社會轉型，文化轉型，或者說，中國的現代化，最基本地，是沿著兩個方向走：一個是世界化，一個是個性主義。前者是融入開放的世界，後者是解放人，釋放人們的自主精神和創造精神。新文化運動最能明顯地體現這兩個大趨勢。我這篇文章主要是講前一個方面，即世界化的方面。

　　中國社會從封閉的或半封閉的狀態，朝開放的社會演變，朝世界化的方向走。這個趨勢，在清末就已經逐漸展現出來。不過，到了新文化運動起來的時候，中國與世界的形勢都發生了很大的變化。在此之前，中國認識世界，——當然主要是認識歐美發達國家，以及向這些國家學習新的思想、文化，——一個最重要的渠道是經過日本這個中介。這是大家都知道的事實，這裏無須多說。但 1915 年發生了日本向中國提出「二十一條」要求，當時的中國人都認為這是滅亡中國的條件，由此看出了日本具有深謀遠慮的侵略中國的野心。這樣，從前的老師變成了最危險的敵人。從此，主要通過日本學習世界先進文化，就不能不發生改道。

　　剛好，這以後，留學歐美的學生陸續歸國，他們從世界先進文化的策源地「取經」回來，其身價自然非留日學生可比。在往後的發展中，他們漸漸地成為引領世界化潮流的新一代知識領袖。

　　恰好這時，第一次世界大戰爆發，世界一些主要國家差不多都捲入其中。1917 年，在各種因緣湊合下，中國宣佈加入協約國對德作戰。這是自鴉片戰爭以來將近八十年裏，中國第一次多少有些主動地參與國際大事件。在這之前，中國每次都是被動地，被脅迫而捲入國際大事件中。這種新態勢，多少拉近了中國與世界某些主要國家間的距離，多少推動了中國世界化的進程。新文化運動就是在這樣的背景下發展起來的。所以，儘量地推動世界化，努力建立中國與世界文化更加密接的關係，乃成為這場新文化運動的內在驅動力。

　　我主要講兩個實例來說明這一點。

　　第一個實例，是蔣夢麟、胡適積極策劃編譯「世界叢書」。他們兩人都是杜威的學生，相繼於 1917 年的 4 月和 7 月自美回國。胡適就任北京大學教授，蔣夢麟加入商務印書館。北京大學與商務印書館，恰是當時國內兩個最重要，最有影響力的教育與學術、文化機構。他們即以這兩個機構為依託，聯絡各地（主要是北京、上海、南京和廣東）留學歸來的大學教授們，有組織地，有系統地翻譯介紹歐美文化典籍。用蔣夢麟的話說就是「邀集同志故交，以進步之精神，協力輸入歐西基本之文化」。這項計畫，初名之曰「高等學術參考叢書」，後又名之曰「二十世紀叢書」，最後乃定名曰《世界叢書》。這項計畫，由蔣夢麟提出，由蔡元培領銜，有胡適從中主持，又有陶孟和積極加入，應具有較高的號召力和影響力。《世界叢書》得商務印

書館的支持，獲得出版。雖出版數量不多（24 種），但它卻是
該館「刊行普通叢書之最早者」。且其後王雲五接續辦的《漢譯
世界名著》，實是繼續這部叢書的精神。這部「刊行最早」的叢
書，帶動了一個大力翻譯介紹西方文化典籍的潮流，也可以說
是帶動了中國知識界力圖建立中國與世界文化密接關係的持續
努力。

　　第二個實例，是《新青年》關於世界語問題的熱烈討論。
我個人認為世界語問題之發生，即是世界化潮流的一種反映。
清末，中國確已湧動一股世界化的潮流，主要是由革命運動和
改革運動帶動起來的。因為無論是暴力反滿的革命運動，還是
和平改革的立憲運動，都是借鑑西方的政治經驗，力圖在中國
建立起某種類似西方式的民主制度，以取代原有的君主專制制
度。這本身自然是一種西化傾向的運動，所以，毫不奇怪地，
它帶動了文化上的西化傾向的運動。世界語的問題就是在這種
背景下提出來的。當時提倡世界語的，恰是革命黨中一部分無
政府主義者，如吳稚暉等人。新文化運動起來，這是中國又一
波世界化運動，是一次更強勁的世界化運動。因此，世界語的
問題再一次被提出來，且有更多的人投入討論。

　　世界語的擁護者與反對者都是世界化潮流的推動者。區別
是，提倡世界語的人們，以為 Esperanto 這種有意地人為地製作
出來的語言，「文法簡賅，發音整齊，語根精良」，所以是最簡
便易學的語言，是最容易為全世界的人接受並通用的語言，是
最有資格充當世界語的語言。於是，他們即把 Esperanto 認作是
現成的世界語，可以利用來作加速推進世界化，加速實現世界
大同的有力武器。此外，他們還有一種非常激烈的主張，認為
中國的漢字是一無是處的，完全沒有存在價值的東西，應當堅

決地予以廢棄。漢字廢棄之後，即以他們認作世界語的 Esperanto
取代之。

　　反對世界語的人們認為，Esperanto 只是個別人製作，在一
定圈子內被使用的一種「私造的符號」，從沒有人實際說這種語
言。世界大同的趨勢，可能在將來會出現人類通用的語言，但
這種語言一定是在已有的語言的基礎上，漸漸進化，漸漸形成
的一種可供人們通用的語言，而絕不是某個人任憑己意，閉門
造車地製作出來的。他們尖刻地批評說，把個別人「私造的符
號」，即當作世界語，強行推廣，要人們接受，帶有專制主義的
意味，是反世界潮流的，是絕對行不通的。對於廢棄漢字，以
Esperanto 替代的主張，他們都不能贊同。他們傾向於嘗試使用
拼音的漢字，至於究竟是否用羅馬字拼音，可以從容試驗和
討論。

　　值得注意的是，在擁護和反對世界語的兩派中，都有人強
調這樣一點，即主張大家應該更關心各種實際的世界運動，和
各種文化融合的事業，而不必把時間和精力花在世界語的爭
論中。

　　總之，從世界語的爭論中，我們看到：(一)雙方原則上都承
認世界主義、世界化或人類大同的目標。(二)雙方都主張中國文
化應當與世界文化更緊密地聯繫起來。(三)由此可見，雙方的爭
論實質上是關於如何加速和加強中國與世界文化的交流與融合
的討論。所以，我們把這場爭論看作是新文化運動為建立中國
與世界文化密接關係的努力的一個實例。

　　　　　　這是 2007 年 7 月 4 日在中國現代文化學會舉辦的
　　　　　「開放的文化觀念」國際研討會上所作的發言。

思想如何變成物質的力量？

　　稍為熟悉馬克思著作的人都知道馬克思的一句名言。他說：「理論一經掌握群眾，也會變成物質力量。」這話之所以正確，不是僅僅因為它是馬克思說的，而主要是它經得起歷史的檢驗。這裏的理論，應作廣義的理解，泛指一切來源於實踐而有系統的思想。我在《中國近代思想史研究集刊》（第一輯）的〈前言〉中指出，「凡夠得上稱為思想的，起碼應具備幾個必要的條件：(1)有實際針對性，是針對客觀存在的實際問題而做的思考，不是胡思亂想。(2)有系統性，對問題的發生、發展及其利弊，應對的方法，都提出見解，不是散漫無稽的隻言片語。(3)有一定的影響，在社會上不發生任何影響的思想，在思想史上不可能佔有地位。」

　　我是研究思想史的，對思想在社會發展過程中所發揮的作用，自然是十分重視的。假如思想對於社會發展不起什麼作用，研究思想史就沒有什麼意義了。西方有學者認為，一切歷史都是思想史。這話有涉誇張，但不無道理。歷史是人創造的，而人是有思想的，人們都是按照一定的思想去行動的。儘管歷史所成就的模樣，並不是參與創造歷史的人們事前所預想的那樣。但也正因為歷史的創造者們思想各不相同，所以歷史才和他們每一部分人的想像都不一樣。由此，我們研究歷史的創造者們的思想，即追問他們是為什麼起而行動，又為什麼是那樣去行動，就不是沒有意義的。

思想是為應對現實問題而產生的。能夠產生思想的人，一般來說，不會是那些為求得起碼的生存而碌碌奔波的勞苦大眾，而通常是受過一定教育，有一定的知識積累，有比較穩定的生活來源，並可以享有超過一般生存線以上的生活的人。當然，即使這樣的人，也並非都能產生合乎我們前述三種條件的思想。思想需要訓練，沒有一定的訓練，很難產生有價值的思想。這就是為什麼迄今在我們所聞和所見的社會中，能夠提供出有價值的思想的人總是很少數。至於能夠稱得上思想家的人就更少了。

但重大的歷史運動，總是有很多很多人參加的。那麼，這很多很多人是被什麼樣的思想鼓動起來的？是如何被鼓動起來的呢？在我們上引的那句馬克思的話之後，馬克思又接著說：「理論只要（能）說服人，就能掌握群眾；而理論只要徹底，就能說服人。所謂徹底，就是抓住事物的根本。」在歷史運動中，事物的根本，照我的理解，一是大眾心理；一是時勢發展的大趨勢。把握到這兩點，看准了這兩條，就是抓住了事物的根本，就能掌握群眾，思想就能變成很大的物質力量。在我國清朝末年，政治腐敗，百業蕭條，外受列強侵凌，主權日削，國將不國，內部民不聊生，危機四伏。絕大多數人都感到，必須有某種根本的改變才能延續國命與民命。革命黨人和立憲派都看到了剝極而復的機遇，堅信必須根本上幡然改途，否則糜爛而已。雙方取徑不同，但根本改變制度、體制之意相近。所以，各能抓住一部分群眾，演出革命與改革的一幕一幕的歷史活劇：或則是屢敗屢起地發動武裝起義；或則是一波一波地掀起立憲運動的高潮。而到了 1910 年，立憲運動一再挫折之後，立憲派也認識到，革命之危機已不可免。梁啟超發表〈論中國

國民生計之危機〉與〈國民破產之噩兆〉兩文，表明他已敏感到清朝必將滅亡的趨勢。所以，後來立憲派陸續轉變到擁護革命的立場上來，形成兩大勢力聯合，迫使清帝退位。

　　清末革命與立憲兩大歷史運動，很可說明思想變成物質力量的道理及其機制。由於王朝的政治腐敗，官吏貪庸，政府失去公信力，人民遂有思變之心理。而時勢的發展趨勢是必須做制度與體制的某種變革。這是革命黨人與立憲派藉以發動群眾，吸引群眾參加革命運動或立憲運動的客觀基礎。在這種客觀基礎之上，革命黨和立憲派的領袖們逐步提出有系統的革命思想或立憲思想，再利用報刊、演說、相互間的串聯等方式和渠道，加以傳播，以影響和掌握群眾，使其加入到自己領導的運動中來。革命黨人還利用了明季以來深潛於民間的反滿心理，作為其動員群眾最有力的武器。而 1910 年後，立憲派之態度轉變，更明顯地說明，歷史運動的領袖分子，當他們敏感地覺察到時勢發展趨勢的變化和大眾心理的變化時，及時地修訂其思想、路線和策略，造成清末兩大社會力量的合流，迅速摧垮清王朝。這一點，更有力地顯示出思想變成物質力量的歷史真實性。

　　但是，人們不應誤解，以為只有正確的理論和思想才有可能和有機會變成物質的力量。事實上，錯誤的、有害的思想、理論也能變成物質的力量，因而造成巨大的社會災難。例如日本軍國主義者為實現其黷武和侵略的野心，也曾提出他們的思想和理論來影響和俘虜群眾，發動侵略戰爭。德國的希特勒及其納粹黨人們，也曾提出他們的思想和理論以影響和俘虜群眾，奪取權力和發動侵略戰爭。人們何以會接受他們的謬誤的思想理論的影響和受其毒害呢？這是因為，一方面社會時勢的發展並不是直線前進的，有時會發生曲折，甚至逆轉；另一方

面，大眾的心理並非總是健全的，在某些社會條件下，人們的心理會發生扭曲和病態。這時，謬誤的思想理論便會借機乘虛而入，在扭曲和病態的心理中發酵，像傳染病似的迅速蔓延開來。日本軍國主義者，利用了日本人民對天皇的迷信與崇拜的心理，以及廣大民眾幻想迅速改變貧窮困苦的境域的心理，發動侵略戰爭，給中國及亞洲許多國家的人民造成深重的災難，也給日本人民帶來巨大的災難。希特勒及其納粹黨人，利用了德國下層群眾對現狀的極端不滿的心理，加以謠言惑眾，遂得以奪權上臺，並進而發動侵略戰爭，造成世界性的大災難。

　　既然正確和錯誤的思想都有可能變成物質的力量，並造成重大的社會後果，人們就不能不對思想及其後果抱持非常謹慎的態度。而要使大多數的民眾能夠對某種思想有一定的鑒別的能力，最基礎的工作就是提高教育的程度。在教育不發達的社會裏，謠言和迷信總是有很大的市場。發展教育就是儘量地縮小這個市場。但這只是問題的一個方面，還有另一個方面，就是應當大力提倡言論思想的批評自由。馬克思說，歷史從矛盾的敘述中清理出來；真理通過辯論而益彰顯。通常，用謬誤的思想欺騙和愚弄群眾的人，最怕公開的討論與辯論。所以，在一個言論思想可以自由討論和自由批評的社會裏，謬誤的思想影響乃至俘虜群眾的可能性是最小的。

　　我們自命可以產生思想的高層知識份子，應當特別注意訓練自己的思想，隨時用事實來檢驗自己的思想，虛心聽取各種意見，在討論與辯論中，使自己更加接近真理，用真理的聲音去影響群眾，並在群眾的實踐中驗證自己的思想的真理性。

　　　　　　此文是為《河南社會科學》的徵文而寫，2007.10.12

人物散論

孫中山與胡適（論綱）

約寫於 1993 年 12 月

　　孫中山是中國近代對西方最有瞭解的一位政治領袖；胡適則是中國近代對西方最有瞭解的一位學者。前者是革命家，後者是和平改革論者。他們在年輩上雖屬兩代人（孫比胡長 25 歲），但所面對的中國問題是一樣的，而且他們之間既有親交，亦有思想上的關聯，試做一比較研究，不無意義。

一、兩人的家庭與教育背景

　1、孫生長於廣東濱海僑鄉，哥哥在海外謀生，可算僑屬。幼年略受私塾教育。稍長，隨母至檀香山略受西式教育。

　2、胡為內地安徽徽州績溪人，為小官吏之子，家有店業，亦沾有徽商氣息。幼年在家鄉受過九年傳統教育，略植國學根底。後留學回國，深受美國教育影響。

3、孫中山學醫學，後從事革命，是終身職業革命家。胡適學
　哲學，歸國一直服務學術教育機關，是學者、教育家和思
　想家。

二、兩人交誼：

1、第一次見面為 1919 年 5 月初，胡適在上海與蔣夢麟同去
　拜訪孫中山，當時正是五四運動爆發之際。兩人對五四運
　動分別有政治上和思想上的關係。無辛亥革命不可能有五
　四，無文學革命、新文化運動亦不能有五四。此次見面時，
　孫中山正在撰寫他的《孫文學說》，孫希望胡適對其著作
　能有所評介。孫中山的好學精神給胡適留下很深印象。北
　歸後，胡適曾在《每週評論》上為文介紹孫文學說。孫中
　山又曾請廖仲愷轉致意：要胡完成國語文法的創制。
2、從第 1 次見面到 1925 年孫中山在北京病危，中間不曾再
　見過面，侍病榻之側的國民黨人請胡適介紹中醫陸仲安先
　生為孫診病，胡偕陸大夫至醫院看孫先生，這是他們第二
　次見面，也是最後的一次見面。孫勉強同意讓陸大夫診
　脈，並服其藥。初雖似有好轉，然而終於不治。

　　孫中山初入京時，已病重，其行營秘書處曾致信胡適，打
聽清宗室某幾位親貴的名號。胡轉詢王國維先生，然後作了
答覆。

　　孫、胡兩人的直接交往僅限於此。

三、兩人的思想異同

　　他們思想上的交涉確相當不少。這裏就胡適對孫中山及若
干國民黨人的批評，略作分析，以現胡、孫兩人思想的異同。

　1、革命與改革的不同思想路線

　　孫中山與胡適都瞭解西方特別是美國的政治制度，在不同程度上也都以美國的政治制度為藍本，力圖在中國建立民主制度。但孫中山是革命家，他始終認為首先須以武力推翻現存制度，然後，按預設的目標、步驟建立民主制度。胡適則認為民主不是靠革命暴力能夠建立起來的，而應是逐步改革的結果。對辛亥革命，胡適基本上是肯定的。但在當時，梁啟超的立憲思想無疑比孫中山對胡適更有吸引力。在二十年代的混亂政治局面中，孫中山仍堅持以武力打倒軍閥，統一中國，然後在一個黨的領導下，通過訓政，走上民治之路。胡適則一直主張各派政治力量通過談判達到一定的妥協，推動民治的進展，《努力週報》貫徹了他的這一主張，但後來他自己也承認此路不通。

2、實驗主義與孫中山的知行說

　　胡適的哲學思想有其師承，他自己明確總結過，有兩個人對他影響最大：一是赫胥黎，一是杜威。前者主要是其存疑論，後者主要是其思想方法，以經驗統一知與行。

　　孫中山，我們很難確切弄清其哲學思想的師承關係，他的知難行易說，主要地反映出一個革命家在探索救中國的道路的過程中所得到的一種理論概括。就其針對中國知識階層一向缺乏實行的精神，喜歡坐而論道的毛病而言，是一個很富有啟發意義的思想。但從真理的普遍性角度來審視，說知難行易與說知易行難都只有片面的道理。胡適從理論上批評知難行易說時，主要指出它把知與行分作兩截，他主張知行統一，知行一貫，不分難易。所以他說「知難行亦不易」。胡適公開批評知難行易說時（1929），孫中山已逝世四年多了。所以，他主要還不是針對孫中山，而

是針對一些國民黨人。他看到知難行易說經過某些國民黨人的解釋和宣傳，太注重領袖與人民的差別，太強調領袖任知難，群眾任行易，有助長專制主義和愚民政策的危險。

3、對傳統文化的不同態度

孫中山早年長期在海外奔走革命，甚少涉及傳統文化的問題。晚年主要在國內的政治舞臺上活動，而且與過去奔走革命的情況略有不同，他面對建設一個新政黨，建設新政治、新國家的問題。所以，中國的現實社會環境以及傳統文化對他都有著無法避免的制約作用。孫中山晚年多次談到傳統文化、傳統道德的問題，都是相當肯定，相當認同的態度。所以有人說孫中山對傳統文化是從離異到回歸。胡適則不同，他對傳統文化一直持有比較嚴峻的批評態度。（但絕非像有些人說的那樣，是什麼「全盤反傳統」、「全盤西化」）

對此不同可以從下述幾方面略加分析。

①孫中山做為革命家和政治領袖，他始終面對一個動員群眾和組織群眾的問題。而群眾是傳統的最大載體。胡適是個知識領袖，是學者，他的思想較少受到下層群眾的直接制約。

②孫中山及其領導的革命黨人，從清末以來一直都把民族主義置於首位，而民族主義必然以認同傳統為前提。胡適雖不能說是反民族主義者，但他確有明顯的世界主義傾向。所以他不太強調文化的民族界限，而更著力於文化的自由交流。

③胡適的傳統文化根底來源於上層文化。他對諸子學很有研究，而諸子學對他也頗有影響。儒學中，他更注重那

些敢於創立新說的人，他一貫反對儒學一尊。孫中山不可能研究諸子學，傳統文化對他的影響，主要是兩千年被奉為一尊的儒學思想。

④孫中山的革命實踐一直與中國秘密會黨有關聯，他以洪秀全第二自視。他看到下層社會的散漫無紀，要革命，必須有紀律約束。會黨多有很嚴格的紀律，對叛離會規、會首，視為極大的犯罪。受此影響，在組織中華革命黨時規定了頗類會黨的那種極其嚴格的紀律。在討伐陳炯明時，強調其背叛孫中山的一面。其實，在民國的條件下，完全可以以其他的罪名去討伐像陳炯明這樣的地方軍閥，而不必用對個人是否忠誠來分別功罪是非。胡適當時批評國民黨人用「舊道德的僵屍」來對付陳炯明，並非完全沒有道理。

⑤孫中山是理想主義者，胡適是現實主義者。自理想的角度看，中國古代先賢提出的社會理想，道德綱目，的確美備。孫中山晚年多有讚譽之辭。胡適認為那些社會理想，道德綱目，並非中國所獨有，是人類共同的理想。問題是，在中國的社會實際中存在太多違反這些理想的東西。人們應當努力的不是讚頌過去，高唱理想，而應當用實際有效的方法為國家民族的復興打開一條可行的路。

自然，傳統本身是一種力量，善於運用傳統的力量來支持一種革命或革新的事業，這是革命家、改革家都應當注意的問題。孫中山作為革命家和革命領袖，他不能不隨時根據革命的需要，來調整自己的思想和策略，對於傳統文化的態度也是如

此。孫中山晚年較多地強調傳統文化的價值，是同五四後中國民族主義高漲，反帝反封建鬥爭的發展有密切關係的。

胡適常常被一些人視為「全盤反傳統主義者」和「民族虛無主義者」。這是沒有充分根據的。有些人可能是因為對胡適的言論著作缺少研究，根據道聽途說，或流行著作中所引的片言隻語而形成此種不正確的印象。有些則是出於學術門派的需要，喜歡以似是而非之論入人以罪。胡適從來是主張對文化遺產要加以整理，對傳統文化要採取評判的態度。他一生所做的學術工作，大部分都是實踐他的這種學術主張。當然，胡適在與某些頑固的保守傳統的人辯論時，有時說過一些過頭的話，致遭人批判，這是可以理解的。

　　　　此文是為 1994 年 1 月，由兩岸學界共同舉辦的
　　　　有關孫中山的研討會所準備的發言提綱。

略評孫中山晚年對傳統文化的態度

約寫於 1996 年

　　孫中山生前最後幾年，特別強調弘揚傳統文化。這是絕大多數研究者所同認的事實。對這一事實的解說各有不同。有的說是孫中山的思想向傳統回歸。[1]有的說是適應反帝國主義的民族主義的高漲。[2]有的說是出於適應新潮流，建設新中國的需要。[3]有的則具體指出是出於政策策略的考慮。[4]有的認為是孫中山為了糾正盲目否定民族文化傳統的偏向，以增強民族自尊心和自信心。如此等等。另外有些人則認為，孫中山本來就是中國古代相傳下來的「道統」的當然繼承者。

　　上述說法除了最後一種沒有提出令人信服的論證以外，都說出了相當的根據，因此不能不承認其有一定的道理。但我認為其中最主導的因素還是中國民族主義的進一步覺醒，反帝國主義的鬥爭進一步高漲。這一點，島田虔次先生在他的〈關於孫中山宣揚儒教的動機論〉一文中，曾加以強調，但其論證還有待進一步充實。[5]同時也還有一些次要的因素未曾引起研究者們的注意。本文實在是想做一點拾遺補闕的工作。

---

[1]　見章開沅：〈從離異到回歸〉，載《孫中山和他的時代》（下）中華書局1989 年。

[2]　見島田虔次：〈關於孫中山宣揚儒教的動機論〉，載同上。

[3]　見李侃：〈孫中山與傳統儒學〉，載同上。

[4]　見上引島田虔次及所引述的高橋勇次所著《孫文》一書。

[5]　見龔書鐸：〈論孫中山的文化觀〉，載《孫中山和他的時代》（下）中華書

一

民國成立後，孫中山一度以為民族主義、民權主義目標均
已達到，今後主要應致力於民生主義的目標。但不久，發生日
本派兵侵佔山東青島及膠濟路沿線地區，以後竟又提出滅亡中
國的「二十一條」。其侵略中國的野心越來越暴露。英、美、俄
等帝國主義國家也都乘機進一步向中國勒索利權。直到巴黎和
會，日本拒絕交還山東，引發了五四愛國運動。孫中山對五四
運動予以極大的注意，給予很高的評價。他的反帝思想亦由此
更加明確。在 1919 年 5 月 12 日的一封信裏，孫中山說：「此次
外交急迫，北政府媚外喪權，甘心賣國，凡我國民，同深憤慨。
幸北京各學校諸君奮起於先，滬上復得諸君共為後盾，大聲疾
呼，足挽垂死之人心而使之覺醒」。[6] 稍後，在答日本《朝日新
聞》記者問時，更直接揭露「日本武人，逞其帝國主義之野心，
忘其維新志士之懷抱，以中國為最少抵抗力之方向，而向之以
發展其侵略政策」。[7] 一年之後，孫中山在寫給時任日本陸軍大
臣的田中義一信中，毫不客氣地指出：「近代日本對於東亞之政
策，以武力的、資本的侵略為骨幹，……；而對於中國，為達
日本之目的，恒以扶植守舊的反對的勢力，壓抑革新運動為
事」。[8] 不獨日本如此，帝國主義列強，都不喜歡中國革命的力
量，總是支持反動勢力，壓抑和摧殘革命力量。在爭取海關「關
餘」和管理海關權的鬥爭中，孫中山對帝國主義列強支持北洋
軍閥政府，壓迫革命勢力的霸道行為，倍增憤慨。他在廣東省

局，1989 年。
[6]　〈覆陳漢明函〉、《孫中山全集》第五卷，第 54 頁。
[7]　〈答日本《朝日新聞》記者問〉，《孫中山全集》第五卷，第 72 頁。
[8]　〈致田中義一函〉、《孫中山全集》第五卷，第 276 頁。

第五次教育大會發表演說，特就此事，以激發大家反帝愛國精神。他說:「近日關於交涉，不惟力爭不來，其甚者，以前以(己?)分得之款，亦受公使團所支配。……關於明明是我國之財，尚須聽公使團之命令。此顯係民族主義未達目的所致。」[9] 這明顯表明，孫中山三民主義之民族主義，此時基本取向是反對帝國主義。陳炯明叛變事件發生，對孫刺激尤巨。他深知，陳之叛逆，實受國內外反動勢力所歡迎。港英當局實力援助陳的叛變行動，孫中山自然是知道的。所以，經此事變，孫表示，「從前所信仰的一切幾乎都失望了。而現在我深信，中國革命的唯一實際的真誠朋友是蘇俄。」[10] 他對日、英、美等西方帝國主義列強完全失去信任了。而在這之前，孫中山一直希望得到西方強國的援助。現在事實屢次證明，他們寧願援助各種反動勢力，而絕不肯援助孫中山和他的革命事業。孫中山終於得出結論:「中國人民最惡毒、最強大的敵人是帝國主義，帝國主義者本著『分而治之』的原則，豢養中國軍閥，嗾使他們互相混戰。各系軍閥也只有依靠帝國主義才能存在。如果我們把帝國主義者趕出中國，那麼，不必費多大力氣，就可以肅清國內的敵人。」[11]

　　五四運動當時的口號是「外爭國權，內懲國賊」，外爭國權是反帝國主義，內懲國賊是反對賣國政府。北京政府是受軍閥控制的，人們越來越清楚帝國主義與軍閥是兩個最主要的敵人，孫中山明確說「中國現在禍亂的根本，就是軍閥和那援助軍閥的帝國(主義)」。[12] 這兩個禍根互相勾結，而帝國主義是

9　見《孫中山全集》第五卷，第559頁。
10　〈與達林的通訊談話〉，《孫中山集外集》，第274頁。
11　〈與鮑羅廷等的談話〉，同上，第303頁。
12　〈在上海招待新聞記者的演說〉，《孫中山全集》第十一卷，第338頁。

更主要的敵人。這是五四以後，中國政治的關鍵之點。孫中山
是政治領袖，他的反帝意識，正是中國人民覺悟的集中表現。

　　孫中山正是從反帝救國的需要而大倡民族主義，又正是為
了恢復民族主義精神而大力提倡傳統文化的。

　　他說：「民族主義這個東西，是國家圖發達和種族圖生存的
寶貝。中國到今日已經失去了這個寶貝。」[13] 「要救中國，想
中國民族永遠存在，必要提倡民族主義。」[14] 又說：「大凡一個
國家所以能夠強盛的原故，起初的時候都是由於武力的發展，
繼之以種種文化的發揚，便能成功。」[15] 孫中山認為，要恢復
民族主義的精神，發揚民族主義的精神，首先要知道自己民族
所處的危險的地位。在《民族主義》的講演中，他詳細揭示了
中國所受外國帝國主義的政治壓迫，經濟壓迫的嚴酷事實，以
警醒國人。照他的看法，中國雖未亡國，但實際地位尚不如朝
鮮、越南。人家做一個國家的殖民地，奉一個國家為主人，做
一個國家的奴隸；而我們中國，要奉許多國家為主人，做許多
國家的奴隸，所以境況格外悲慘。所以，他強烈呼籲國人，趕
快覺醒起來。在知道自己民族的悲慘地位之後，要盡力恢復起
自己民族固有的知識、固有的能力、固有的道德。這些，實質
就是中國固有的文化，就是中國的傳統文化。

二

　　從歷史上看，講民族主義在國民黨人中是有傳統的。國民
黨的前身是同盟會，同盟會的主體，其前身是興中會。孫中山

---

[13]　《三民主義・民族主義》，《孫中山全集》第九卷，第 210 頁。
[14]　《三民主義・民族主義》，《孫中山全集》第 9 卷，第 188 頁。
[15]　同上，第 242 頁。

創立興中會是以民族主義為靈魂的。那時的民族主義包含兩個方面：一是「驅逐韃虜、恢復中華」，這是反滿革命，是對於異族統治謀反抗，謀恢復。這種反滿革命的思想，是帶有狹隘民族主義傾向的，是有大漢族主義成份在內的。但不能把興中會的精神歸結於此。在興中會的宣言中，明確講到中國受外國帝國主義蠶食鯨吞的威脅。興中會的目的就是要重新振興中國，所以取名「興中會」，具有反帝的性質。這是興中會民族主義的另一面。而且要看到，當時反滿的一個重要的理由，就是因為滿洲貴族不惜以中國人的生命、財富以取媚帝國主義，它變成了「洋人的朝廷」。後來同盟會成立前後，革命黨人同立憲派就反滿問題展開激烈辯論，雖立論多有不恰當處，但根本心理確有反帝思想隱含其中。但亦只是隱含而已，當時的革命黨人並無明確的反帝思想，從孫中山到他的戰友，都對列強──包括日本──懷抱許多幻想。直到民國成立前，革命黨人的民族主義主要表現形式仍是反滿。

　　民族主義思想必然張揚民族文化。民族主義有偏於保守的民族主義，有比較開放的民族主義，前者尤力倡保存和發揚民族傳統文化；後者較注意有批判有選擇地發揮民族傳統文化之可以適應現代需要的部分。革命黨人，因提倡反滿的關係，雖也有第二種情況，但主要表現為第一種形式。當時國粹主義的宣揚，南社的創立都能體現出這種傾向。國粹主義思潮的首倡者多同革命黨人有關聯，如鄧實、黃節、章太炎、馬和等，他們於 1904 年倡立國學保存會，翌年創辦《國粹學報》，明標宗旨為「研究國學，保存國粹」。[16] 至於 1909 年正式成立的南社，其初期倡辦諸人差不多皆是擁護反滿革命的知識份子，如柳亞

---

[16] 見《國粹學報》第 1 期。

子、劉師培、高天梅、陳去病等，南社宣稱：「欲存國魂，必自
存國學始」。他們且認為「中國文學為世界各國冠，泰西遠不逮
也！[17]《國粹學報》一直出刊到 1912 年初。而南社的活動則一
直持續到 1923 年。南社中人有一部分成為新文化運動的堅決反
對派。

　　這兩個例子可以說明清末革命黨人的民族主義怎樣密切相
關地引出熱衷於保存民族文化傳統的思想傾向。

　　早在同盟會時期即孕育起來的很強烈的鍾情於傳統文化的
思想傾向，到了五四以後，全國民族主義普遍高漲，國民黨人
中固有的熱中於宣揚民族傳統文化的傾向勢必更加強烈地表現
出來。孫中山作為革命領袖，當然最能敏銳體察到群眾的心理。
所以，此時期他比以往任何時候都更多地，並且是更有系統地
強調保存和發揚傳統文化。

　　總之，我認為，孫中山晚年特別強調弘揚傳統文化，既有
革命黨人固有的思想因素，也是出於反帝救國鬥爭的實際需
要。後者可能起著更大的作用。

---

[17]　見〈南社啟〉，初刊於《民籲報》1909 年 10 月 17 日。

譚嗣同的政治遺囑與清季的改革與革命

約寫於 1998 年

這個題目很大，我只想說明一個並不很複雜的道理。

我說的譚嗣同的政治遺囑，即指他戊戌年被捕前說的話。當時許多朋友都勸他逃走，保留一身，以圖繼續奮鬥。譚氏堅持不肯。他說，他想救皇上，已無可為力；想救康有為，已無須他用力。他覺得他已無事可辦，只有以死明志，以死喚醒國人。所以他說：「各國變法無不從流血而成功，今中國未聞有因變法而流血者，此國之所以不昌也。有之，請自嗣同始。」

對於這句話，過去人們都是這樣解釋的：說，譚嗣同的意思是說，改良的道路已走不通，今後必須從事暴力革命。我認為這種解釋是很片面的，是不正確的。它與一種長期流行的教條主義思想緊密相關，即把改革和革命截然對立起來，把改革稱作改良主義，認為改良主義是不根本改變君主專制制度，甚至是為了維護這種制度，只有暴力革命才是根本推翻君主專制制度。戊戌變法是改良主義，所以失敗；其失敗即證明了改良主義道路走不通，應該讓位於暴力革命。譚嗣同的政治遺言就是反映這一歷史趨勢。直到「文革」結束以後，李澤厚的文章仍作如是說。

我認為，以往的解釋既缺乏理論根據，亦不符合歷史事實。

關於理論方面，這裏不能充分展開來談。簡單地說，世界上凡是以一種新的社會制度取代一種舊的社會制度，都是革

命，而不管是以何種手段達此目的。實際上，這種社會制度的根本變革往往都是一個很長，很曲折的過程，往往是暴力與和平手段交相為用，互相補充。完全不流血的社會大變革，似乎沒有先例。同樣的，只用暴力手段，從來不可能實現破除舊制度，建立新制度。暴力革命只能解決政權更迭的問題；若奪取政權之後，不做紮紮實實的改革，社會就不可能進步，不可能發展，新的社會制度也就無從實現。古今中外的歷史，都可為證明。

理論方面，就簡單講這麼幾句。下面著重從史實方面來說明這個問題。

分兩個方面來談。

第一、譚嗣同的政治遺囑，實際上同時為清末革命派與改革派雙方所承認，所繼承。

梁啟超有一句話說得很好，他說：「譚瀏陽志節、學行和思想，為我中國二十世紀開幕第一人。」二十世紀開幕，中國一切有志救國之士，分別投入兩個營壘：一個是以孫中山為首的革命派，一個是以梁啟超為首的和平改革派。兩派中真正有信仰，有志節的人士，都很敬佩譚嗣同。許多年輕的革命黨人，如鄒容、陳天華等，實際是受到譚嗣同的精神感召而走上革命道路的。而梁啟超和他的一群朋友、學生等，對譚氏更是懷有同志情誼，對其勇敢赴義的精神深為敬仰。在 1903 年前的一段時間裏，梁氏一群人反滿情緒甚烈，可謂與譚嗣同的思想是相通的。所以我說，譚嗣同的政治遺囑是兩派都承認，都繼承了的。

第二、所謂譚氏的遺囑表明，改革的道路已走不通，必須改走暴力革命的道路，這也不合事實。事實上，戊戌以後，和

平改革的思想與運動，不但沒有退出歷史舞臺，而且又有很大的發展。清末轟轟烈烈的立憲運動是中國近代史上憲政運動的第一個高潮，在思想上和實踐上都達到了前所未有的高峰，造成很大的歷史影響。實際上，暴力革命與和平改革運動是清季歷史車輪的兩翼，是兩個輪子同時運轉，推動歷史前進，不是只有一個輪子運轉，更不是一個輪子向前推，另一個輪子向後拉。我關於清末立憲運動曾最早寫過幾篇文章，說明其歷史發展及其歷史作用。早在幾十年前，范文瀾先生即曾提及，說辛亥革命是革命黨與立憲派共同努力的結果。

　　我認為，我們應當正確地完整地理解譚嗣同的政治遺囑，他不是說，和平改革要不得了，今後只有靠流血革命，不是的。他要表達的是，改革是個艱難的過程，當需要流血的時候，不要害怕流血，不要回避流血。也就是說，一個真正立志改造中國的人，要有不怕犧牲的精神，要步步進取，一往直前。當改革遭遇到暴力阻止的時候，不回避以暴力去克服阻力，繼續貫徹改革事業。譚嗣同所說的改革，不是某些人所謂的「改良主義」，而是指根本變革社會制度。而要根本變革社會制度，和平手段與暴力手段都可以採用。

　　立憲派一般地說來是要儘量避免流血，主要靠和平改革的手段達到變革社會制度的目的。但當他們確認和平手段完全不可能的時候，他們也將被迫謀劃採用暴力手段。戊戌後的自立軍起事，梁啟超的江島之盟，立憲運動後期，即當國會請願運動遭到鎮壓時，他們著手謀劃組織民兵，籌建兵工廠，以救火會的名義訓練民兵，等等，都是在特殊情況下，改革派不拒絕採用暴力的明證。而且，在革命總危機來臨之際，立憲派曾努

力抓一批武裝力量在自己的手上，梁啟超還曾想策劃武裝的宮廷政變。

　　所以，不應把暴力革命與和平改革絕對對立起來，兩者是相互為用，互為補充的。譚嗣同的政治遺囑並不是意味著和平改革完全失敗，必須代之以暴力革命。他是昭告後來者必須更好地將和平改革與暴力革命結合起來，以求貫徹救中國，救眾生的目的。

《胡適說文學變遷》一書的導言

一

　　現在，凡受過教育，能識字讀書的人，無論男女，無論老少，差不多都能開口講話，提筆為文。而其所說的話，所寫的文，別人也能聽懂讀懂。這個事實真是太平常了。然而在八十年前，這還是一般人想像不到的。這個事實是怎樣造成的呢？原來這是五四時期的文學革命運動的功勞。

　　提起文學革命，誰都不應該忘記胡適，他首先起來倡導，並始終是文學革命的中心人物。

　　胡適首倡文學革命，其最主要的根據就是「歷史的文學觀念論」。所謂「歷史的文學觀念論」，一言以蔽之曰：「一時代有一時代之文學」，「古人已造古人之文學，今人當造今人之文學」。（〈歷史的文學觀念論〉）因襲古人，模仿古人，只能徒具形式而已，絕不足以表達今人的思想與情感。而文學貴在有思想，有情感。「文學無此二物，便如無靈魂無腦筋之美人，雖有濃麗富厚之外觀，抑亦末矣」。（〈文學改良芻議〉）

　　胡適認為，文學革命的最根本的目標是造成「國語的文學，文學的國語」。所謂國語，即以北方的口語為基礎，全國大部分地區皆通行，能為絕大多數國人所運用的白話。白話之能夠取得國語的資格，因為它已存在了上千年，而且有許多成功的白話的文學作品，為廣大人民所喜聞樂見。胡適指出，「白話之文學，自宋以來，雖見擯於古文家，而終一線相承，至今不絕」。

（〈歷史的文學觀念論〉）「白話之文學 種子已伏於唐人的小詩短詞」，至宋而「語錄體大盛，詩詞亦多用白話者」。（同上）元代之小說戲曲，更近於白話，明清小說，已可說是白話文學的典範了。所以，白話之成為國語，白話文學之成為國語的文學，實在是有其充分的歷史的根據，並非突如其來，尤非少數人憑空提倡所能致。

　　胡適在〈五十年來中國之文學〉這篇長文中，更具體論述了白話終於取代古文成為文學正宗的歷史過程。他指出，古文到了清朝道、咸時期，已現出沒落的趨向，曾國藩在打太平天國後，政治上有中興的抱負，在文學上也作了一番古文中興的事業。但正如他政治上的中興之夢歸於破滅一樣，它的古文中興的事業也失敗了。曾氏以後，因為時勢的驅迫，中國的文人學者不得不嘗試一種應用的古文，例如嚴復、林紓利用古文譯介西方的思想、文藝作品，梁啟超、譚嗣同利用古文作維新思想的宣傳，章炳麟利用古文撰述含有新觀念新方法的學術著作，而章士釗等人則利用古文做新式的政論文章。這些人都是嘗試把古文當作可以應用的工具。因為求其應用，故力求做到通順，使人明白。所以他們的古文同原來刻意雕琢的古文已不同了。胡適說他們是做「古文範圍以內的革新運動」。但他們的革新運動挽救不了古文沒落的命運。這些人的弟子們，要麼拘守師業，成了沒有出息的末流；要麼跳出古文的窠臼，做了白話文的同道，錢玄同、周氏兄弟（周樹人、周作人，他們在東京時也聽過章太炎的講學）便是。

　　如果說「應用的古文」還勉強能作通，勉強供給應用，那麼用古文作文學，便已是難乎為繼了。林紓的翻譯小說，尚能勉強供一時的需要，而當周氏兄弟用古文翻譯《域外小說集》

時，便完全沒有市場了。那時，社會上廣泛流行的是明清以來的白話小說。

　　一方面是古文愈來愈不適於用，它的文學愈來愈沒有市場。另方面，由於近代交通的發達，愈來愈需要一種全國到處適用的統一的國語，而白話正好適合這種需要。白話文學愈來愈廣泛地流行，成為普通人的精神必需品，這種時代背景為文學革命的展開準備了條件。

　　胡適指出，我國歷史上已多次發生文學的變革，但以往的變革都不是自覺提倡的結果，而是緩慢的自然的變遷，這在時間上未免太浪費了。清末以來，白話在應用領域已有很大的發展，但人們不曾自覺到白話文學有取代古文文學的資格，只是為了向群眾作宣傳的需要，他們才不得不作些白話文，真要做「美術的文章」，他們還是用古文。所以，清末的白話文並不曾導致文學革命的發生。為了達到以白話文學取代文言文學的目的，必須自覺地進行一場文學革命，即在自然進化的趨勢之上，再加上有意識的革命，以促其實現。這就是胡適提倡文學革命的初衷和理由。文學的自然的變遷和進化是文學革命的歷史的根據，而時代對白話國語的需要，對於白話文學的需要，則是文學革命發生的現實的理由。所以，在文學革命的開篇之作——〈文學改良芻議〉中，胡適宣言道：「以今世歷史進化的眼光觀之，則白話文學之為中國文學的正宗，又為將來文學必用的利器，可斷言也。」

二

　　胡適在文學革命的探索中發現，文學上重大的變遷，差不多都是文學形式的變遷。他在 1915 年到 1916 年同他在美國的

幾位同學朋友討論這個問題的過程中逐漸領悟到:「一部中國文學史只是一部文學形式(工具)的新陳代謝的歷史,只是活文學隨時起來取代死文學的歷史。文學的生命全靠能用一個時代的活的工具來表現一個時代的情感與思想。工具僵化了,必須另換新的、活的,這就是文學革命。」(〈逼上梁山〉)他舉例說,我國古代「以韻文而論:三百篇變而為騷,一大革命也。又變為五言、七言、古詩,二大革命也。賦之變為無韻之駢文,三大革命也。古詩之變為律詩,四大革命也。」至於當下提倡以白話文代替文言,亦正是文學革命之中心問題。他說:「文學革命的運動,不論古今中外,大概都是從文的形式一方面下手,大概都是先要求語言文字文體等方面的大解放。……這一次中國文學的革命運動,也是先要求語言文字和文體的的解放。」(〈談新詩〉)他又說:「我們認定文字是文學的基礎,做文學革命的第一步就是文字問題的解決。」(《嘗試集自序》)

因為認准文學革命的首要問題是解決文學的語言文字與文體的問題,具體地說,就是要以白話代替文言成為新文學創作的唯一利器,所以,胡適和他的同道者們能夠全力以赴,集中目標,努力奮鬥,只有短短幾年時間,就取得了大勝利。

當時和後來一些完全不懂文學革命為何事的人,曾責備胡適只注重文學形式的改革。其實,文學革命之所以發生,胡適之所以大力提倡,就是因為看到舊的文言已不適應千千萬萬的人們表達他們的思想感情的需要,也不適應表現一個其生活內容比以前不知要複雜多少倍的新時代的需要。反對白話文最力的林紓曾歎道:「海內讀吾譯者,往往以不可猝解訾其艱深。不知原書之難且實過之。理本奧衍,與不佞文字固無涉也。」其實,這正是古文不足以表現複雜深刻思想的自供狀。

在胡適看來，文學革命的發生，就是因為舊有的文學形式不適應表現新時代文學內容的需要。文字形式是文學的工具，工具不適用了，就應當改換新的。就這一點說，文學革命與人類史上的一切革命都是一樣的，都是新內容產生了，而舊形式束縛它的成長，新的內容衝擊舊的形式，打破舊的形式，創造新的形式，這就是革命。

文學的新內容大多來源於民間社會，而新的文學形式往往也是首先產自民間。早在 1916 年，胡適尚未歸國的時候，他在同梅光迪爭論文學革命的問題時，就已經注意到這個問題。歷史上文學的大變遷往往都是先在民間發生一種新的文學形式，經有眼光的文學家採集、加工，獲得了提高，逐漸為上層文人所認可，一種新的文學形式隨即產生。胡適極看重民間文學對於文學發展的重要性。他認為，「中國文學史沒有生氣則已，稍有生氣者皆自民間文學而來」。(〈中國文學過去與來路〉)由此，他認為中國新文學的內容問題，不可以懸空亂談，這是一個需要文學家在創作實踐中加以解決的問題。他希望有志於建設中國新文學的人們，努力到民間社會去觀察體驗，開闊眼界，廣集材料，再在此基礎上，利用新的文學工具，採用新的創作方法，才可造出國語的新文學。

三

歷史上文學的變遷，文學的進步，社會生活的發展和民間文學的活動是直接的推動力。但不僅如此，外來文學的影響也是一種助推的力量。古代的中國文學曾廣受周邊國家和周邊民族文學的影響。佛教的傳入即曾大大影響了中國文學。胡適在《白話文學史》裏曾鄭重討論漢唐時代佛教翻譯文學。他指出，

兩晉南北朝的文學，追求駢偶，說理不能明白，記事不能清楚，寫景表情就更不能自然了。由於佛教大規模傳入，佛經的大量翻譯，使原有流行的文體招架不住了。胡適說：「這樣偉大的翻譯工作自然不是少數濫調文人所能包辦的，也不是那含糊不正確的駢偶文所能對付的。結果便是給中國文學史上開了無窮新意境，創了不少新文體，添了無數新材料。新材料與新意境是不用說明的。何以有新文體的必要呢？第一，因為外國來的新材料裝不到那對仗駢偶的濫調裏去。第二，因為主譯的都是外國人，不曾中駢偶濫調的毒；第三，因為最初助譯的很多是民間的信徒；後來雖有文人學士奉飭潤文，他們的能力有限，故他們的惡影響也有限。第四，因為宗教的經典重在傳真，重在正確，而不重在辭藻文采；重在讀者易解，而不重在古雅。故譯經大師多以『不加文飾，令易曉，不失本義』相勉。到了鳩摩羅什以後，譯經的文體大定，風氣已大開，那班濫調的文人學士更無可如何了。」（《白話文學史》）這一大段話，說明佛教的傳入，佛經的大量翻譯和廣泛傳播，大大影響了中國文學的變遷。照胡適的看法，這種影響主要表現為三個方面：(一)翻譯佛教的大師們「用樸實平易的白話文體來翻譯佛經，但求易曉，不加藻飾，遂造成一種文學新體」。由此抬高了白話文學的地位。(二)「佛經的文學最富於想像力，……對於那最缺乏想像力的中國文學確有很大的解放作用。」「中國的浪漫主義的文學是印度的文學的影響的產兒。」(三)印度文學注重形式的佈局與結構，對中國文學也有影響。例如，「佛教的的散文與偈體夾雜並用」的方法，就對中國的彈詞產生影響。（見《白話文學史》第202－203頁）可以說，佛教文學的輸入對中國文學發生的影響是外來文學發生作用的一個實例。至於從清末到民國年間，西方文學的輸入，對中國現代文學所發生的影響那就更加醒目

了。文學革命初起時，胡適與陳獨秀即很強調介紹外來文學的重要。1916 年 2 月，胡適致信陳獨秀說：「今日欲為祖國造新文學，宜從輸入歐西名著入手，使中國人士有所取法，有所觀摩，然後乃有自己創造之新文學可言也。」（〈寄陳獨秀〉，載耿雲志、歐陽哲生編《胡適書信集》（上）第 69 頁）胡適以身作則，先後翻譯了法國、英國、美國、俄國等國著名作家的短篇小說 17 篇，介紹給國內。後來又做一次〈論短篇小說〉的講演，著重介紹了短篇小說的創作方法。他在〈建設的文學革命論〉這篇被譽為「文學革命最堂皇的宣言」一文中，也有很大的篇幅介紹西方寫實主義文學家們的創作方法。中國新文學的一些大家們，幾乎沒有一個不曾受過西方文學的薰陶。令我們遺憾的是，由於種種原因的湊合，似乎至今還沒有人對這一段中國文學受西方文學影響的歷史做出深入而簡明的總結。

　　胡適一生都關注譯介外國文學作品的事。他在 1928 年寫給曾孟樸的信中還不勝感歎，西方名著始終未曾做認真系統的譯介。1930 年，他組織的編譯委員會，曾擬有計劃，準備系統地翻譯西方第一流作家的作品。可惜時事多艱，他的計畫進展不大。但他提倡借鑒外國文學的主張終生以之，未曾稍變。

四

　　文學革命的發生有其自身發展的必然性，有時代的、社會的許多原因所促成。但文學革命的實現，文學革命的完成，往往還需要人們自覺的提倡，自覺的推動。五四時期的文學革命最能說明這一點。文學需要變革，從清末以來，少數有識之士即有所認識。但究竟新文學是什麼樣子？改革須從何處下手？人們並沒有清醒的認識。當胡適提出古文是已死或半死的文

字，應當以白話為文學的工具的時候，許多思想並不保守的人，還持懷疑和反對的態度。在這種情況下，一方面需要有對文學革命客觀趨勢的清楚的認識和堅定的信念，一方面更重要的是需要先覺者有實驗的精神和大膽嘗試的勇氣。在當時，胡適是唯一具備這兩方面條件的人。他在 1915－1916 年間，即下決心要為中國的文學革命充當一個開路的先鋒。他不怕朋友們的反對，不怕議論譏笑，認準了方向，義無反顧。他「單槍匹馬」地闖開去，不怕失敗，反覆試驗。他說：「施耐庵、曹雪芹諸人已實地證明作小說之利器在於白話。今尚需人實地試驗白話是否可為韻文之利器耳。」（〈致任叔永的信〉，1916 年 8 月 4 日）他這時已下定決心，「吾自此以後，不更作文言詩詞」。（〈致任叔永的信〉，1916 年 7 月 26 日）而且，他已為他將來的詩集取好了名字，即叫做《嘗試集》。到他 1917 年回國時，他已有了四十餘首白話詩。儘管這些詩，在支持他的文學革命主張的錢玄同看來，「未能脫盡文言窠臼」，但畢竟已開出白話詩的新路徑。

　　胡適的新詩集《嘗試集》於 1919 年出版。這在當時是一件頗為震動的事。這時，在白話詩的園地裏已不只是胡適一人了，已有了七八位朋友加入實驗的園地。胡適把他的詩集的出版看作是向全國的文學界提出了一份白話詩的「實驗報告」，請大家平心靜氣地發表評論。十幾年後，著名的文學史家陳炳堃說：「《嘗試集》的真價值，不在建立新詩的軌範，不在與人以陶醉於其欣賞裏的快感，而在與人以放膽創造的勇氣。」（陳炳堃：《最近三十年中國文學史》，第 227 頁）陳氏的評價可以適用於胡適關於文學革命的所有文字。即他的大膽嘗試、勇於實踐的精神，乃是文學革命成功不可少的條件。

　　　　　《胡適說文學變遷》，1999 年 8 月上海古籍出版社出版

寓居天津的飲冰室主人

　　梁任公先生民國時期絕大部分時間都居住在天津自建的寓邸。寓邸分舊樓、新樓兩部分。據任公先生的外孫女吳荔明所說，舊樓約建成於 1915 年，新樓約建於 1925 年。如此，則任公先生居住和工作時間最久的自然是在舊樓。任公的書房題為飲冰室。此室名並非始用於天津寓邸，早在任公流亡日本的第二年，即 1899 年，他就給自己的住室起名為飲冰室，是取莊子「朝奉命而夕飲冰」之意。任公自謂「內熱」，以飲冰自解，反映出清末為救國奔走的志士們的焦灼而力求自致冷靜的心態。

　　民國初年，任公先生出入政界，組黨、入閣，先後在袁世凱和段祺瑞的政府裏任過司法總長 和財政總長。皆因政局混亂，袁、段私欲膨脹，任公完全不能有所作為。

　　任公於 1913 年 9 月，熊希齡出任內閣總理，成立所謂「第一流人才內閣」時，入閣擔任司法總長，到 1914 年 2 月便辭職。接著又做了一段幣制局總裁，至 12 月也辭掉。從 1915 年起，任公絕大部分時間都住在天津。此後十餘年中，他在政治上所做的最重要的一件事，是與他早年的學生蔡鍔策劃反袁護國之役。

　　袁世凱於 1913 年鎮壓「二次革命」以後，接著就下令取消國民黨員的國會議員資格，隨後當上正式大總統，到 1914 年 1 月，更宣佈停止兩院議員職務，實等於解散國會。然後便修改約法，改行總統制，他成了獨裁的總統。此時，距離當皇帝，只差一步之遙了。於是，從 1915 年起，袁世凱便緊鑼密鼓地進

行復辟帝制活動。他安排爪牙四出活動，紛紛上請願書、勸進電，促其登基做皇帝。至 8 月 14 日，楊度、嚴復、李燮和、孫毓筠、胡瑛、劉師培等所謂「六君子」，成立「籌安會」幫助鼓吹帝制。任公先生實在看不過去了，寫了一篇〈異哉所謂國體問題者〉，準備公開予以批駁。袁世凱得知消息，立即派人以二十萬金為代價要求任公不要發表，任公未為所動。他在給女兒的信中說：「吾實不忍坐視此輩鬼蜮出沒，除非天奪吾筆，使不能復屬文耳。」文章發表後，空氣日益緊張。時被袁世凱削去軍權，召到京師予以嚴格監控的蔡鍔，得知老師反對帝制的信息，日夜籌思脫身之法，以赴津面師商大計。電影《知音》所述蔡鍔與小鳳仙的故事即發生於此時。據任公本人記載，在六君子結籌安會之第二天（8 月 15 日），蔡鍔即秘密抵津見任公，商定令蔡鍔伺機南下，發動雲南舊部起義反袁。蔡回京後，不露聲色，與袁虛與委蛇，暗中發電雲南舊部，令其有所準備。10 月，梁令蔡復召其舊部將領戴戡到京，蔡鍔與戴戡同抵津在任公書房即飲冰室中密商反袁具體步驟。蔡以託病赴日就醫之名，繞經日本南下。戴則經香港入雲南。12 月 25 日，蔡鍔正式揭櫫反袁的旗幟，宣佈雲南獨立。其有關文告皆任公先生事前預為寫定者。任公先生於 12 月中旬離津南下。幾經曲折於第二年 3－4 月間抵廣西，成為西南反袁護國運動的靈魂人物。反袁護國之役，可算是任公晚年政治生涯中的一大手筆，對於維護共和國體起了重大作用。

　　袁世凱垮臺後，1917 年 7 月，又發生第二次復辟——清室舊將張勳擁戴清室復辟。任公先生助段祺瑞在馬廠誓師，宣佈討逆文告，迅速摧垮了張勳的辮子軍，再度恢復民國。段祺瑞請任公擔任新閣的財政總長，這本是任公很感興趣的一個職

位。然而很快他就發現，仍是無可作為。乃於 11 月辭職回津寓居。次年 12 月下旬，偕數同道一起往遊歐洲考察大戰後的情形，並兼充參加巴黎和會的中國代表團的會外顧問。1920 年 3 月回國。此後，任公先生絕大部分精力用於著書講學。飲冰室再次成為他著書立說之所。從 1920 年到 1924 年，先後寫成並發表《清代學術概論》、《墨經校釋》、《中國歷史研究法》、《先秦政治思想史》、《中國近三年年學術史》等重要著作。這些著作都極有價值，頗受新、老學者所推重。1924 年，任公就任清華國學院導師，頗培養了幾位不辱師教的後輩學者。1925 年以後，以其夫人李蕙仙病逝，對任公的精神打擊不小，此後他自己的精神體力也不如以前，著述、講學都不能不有所節制。任公先生最後幾年的生活中，最大的樂趣是同自己的孩子們相互溝通，給他們寫信，給他們講種種人生的道理，也喜歡聽他們的種種傾述。任公先生不但是一位政治活動家，傑出的學者，誨人不倦的教師，而且是一位極具愛心的慈父。在他的言教、身教、涵融、薰陶之下，他的子女們個個長成，為國家社會做出貢獻，真是難得的典範。

　　　　本文曾在天津《今晚報》2001 年 8 月 31 日發表。

二十年來的胡適研究

今年是胡適先生誕辰 110 周年。今天我們邀請在京的三十幾位學界朋友來此聚會，以為紀念。這是很有意義的。

胡適是二十世紀中國最有影響的思想家和學者之一，他在思想、文化和學術的諸多領域，都有開創性的貢獻。這是對胡適有所研究的學者們的共識。但是，大約從五四運動後不久，胡適即開始受到一些人的批判，逐漸給他加上「買辦文人」、「封建勢力」、「賣國主義者」、「國民黨御用學者」、「投降日本」、「崇洋媚外」等等罪名。五十年代更有一場全國總動員的批胡運動。所以在半個多世紀的時間裏，胡適在大多數人們心目中，一直是個「反面人物」，是個只許批判而不能研究的人物。這種情況直到改革開放的年代來臨之際，才開始發生變化。以今天我們對胡適的認識與二十多年前人們對胡適的認識相比，真有隔世之感。認真地回顧和反思一下這個變化的過程，不但對胡適研究有意義，而且對認識整個改革開放的事業也很有意義。

一

早在 1975 年，鄧小平同志剛剛恢復工作的時候，人們已感覺到政治氣候將會起變化。因為民國史研究的需要，我開始認真查閱胡適留存在東廠胡同的檔案材料，這是內容相當豐富又極具史料價值的材料。我用了十個多月的時間，看了這些材料，對胡適的思想面貌開始有了全新的印象。據我所知，這批資料，

從未有人全面系統查閱過，這是第一次不是為了批判的目的，而是為了研究的需要而查閱這批資料。在當時，雖然還不可能根據這些資料把重新認識的胡適，公諸於世，但這為以後的研究準備了條件。

人們真正重新認識胡適，是從 1979 年紀念五四運動六十周年的時候開始的。那時，中共十一屆三中全會已經開過，為實事求是地研究中國近現代史提供了有利的客觀環境。記得，當年五月，北京和上海的一些重要學術刊物上都發表了重新研究胡適的文章。在紀念五四運動六十周年學術討論會上，專門研究胡適的文章就有四篇。差不多就在這前後，有的大學的文學系開始有文學革命的專題課，重點講述胡適在文學革命中的作用。從此以後，在我國的學術機關和大學裏，從事文學、史學以及哲學研究的學者，有越來越多的人做有關胡適的研究，每年都有十幾篇、數十篇乃至上百篇專題論文在各地的刊物上發表。從 1985 年開始，有研究胡適的專著問世，受到海內外學者的關注。到 90 年代初，已有若干種胡適的傳記出版，胡適研究真正開始形成氣候，成為學術界的一個熱點。就是在這種情況下，於 1991 年，在胡適誕辰 100 周年的時候，在胡適的故鄉安徽績溪舉行了第一次胡適學術討論會。參加會議的有來自北京、上海、安徽、湖北、廣東、河南、江蘇、遼寧、湖南、福建、浙江等地的學者六十餘人。會後出版的論文選《現代學術史上的胡適》一書，很受歡迎，三聯書店曾重印過一次。這大概是學術討論會的論文集唯一有再版機會的一種。

九十年代先後在績溪、北京、青島、上海開過四次規模不等的胡適學術討論會，還出版《胡適研究叢刊》三輯，都有很好的效果。研究胡適的專書出版得更多了。傳記、年譜、專題

研究有數十種之多。與此同時，出版胡適本人的著作，也成了多家出版社看好的一項工作。到目前為止，胡適生前出版過的著作，差不多都重新印行過，有些英文著述也被翻譯出版，有些散見各處的文章被結集出版。另外，胡適全集的編纂工作也正在加緊進行，相信不久即可面世。總之，現在任何人要想對胡適有個較全面的瞭解或者對任何問題想做一番專門的研究，都可以找到必需的資料。這是很大的一個進步。

二

　　過去二十多年的胡適研究，大家用力較多的是他的學術成就方面、文化思想方面以及生平活動方面，等等。相對來說，對於他的政治思想、哲學思想等方面的研究，其深度廣度都還很不夠。這是很自然的，可以理解的。我相信，今後在這些方面會有較大的進步。應該看到，在這些方面做更深入更廣泛的研究需要有更多的理論方面和知識方面的準備，也需要相關學科研究有更大的進步。大家都知道，我們的政治學科，起步非常晚，理論和資料的準備都非常滯後。胡適的政治思想既有西方政治思想學說的背景，也與中國固有的政治思想遺產有關聯。這兩方面若無充分的研究成果，對胡適的政治思想是難以解析清楚的。在哲學方面也是如此，誰都知道，胡適在哲學上受他的老師杜威的影響最大。但至今國內尚無人對杜威有全面深入的研究，杜威許多極有代表性，極具影響的著作尚未翻譯過來。至於與杜威思想有淵源關係的西方許多思想家的著述，我們的研究同樣是非常不夠的。胡適從中國思想史、哲學史中汲取了許多營養。這需要我們對中國思想史、哲學史有精深的瞭解。可是直到今天，一部真正有權威性的中國思想史、哲學

史還沒有出世。在這樣的情況下，一個胡適研究者，僅憑藉個人的努力，要想透徹解析胡適的哲學思想，也是不可能的。

我強調問題的難度，不等於說，現在完全無法從事這方面的研究，必須等到研究外國政治學說史與哲學史和研究中國政治學說史與哲學史的學者為我們準備好了條件之後才可以著手研究。我只是想說明，過去一個時期，我們在這方面進展不大的一個原因。對此項研究，不可只見其易而不見其難。毫無疑問，我們今後應當在這方面花更多的力氣，進行研究，並隨時關注相關學科的進展狀況，吸收和借鑒優秀的研究成果，提高我們的理論素養，增加知識積累，以便使我們的研究工作更紮實更深入和更有成效。

也正是由於我們對胡適的一些重要方面研究得還不夠深入，所以目前還缺乏高水準的綜合研究。我所謂綜合研究，是指，在較準確地把握胡適的多個主要方面，並清楚地認識胡適所處的歷史時代的前提下，把胡適的思想和活動與他所處的時代緊密結合起來，用胡適這個人物更深刻地說明那個時代；反過來，用那個時代更深刻地說明胡適這個人物。這顯然是有待各方面研究的深入才可能做得更好的。

三

無論如何，我們現在總可以說，經過二十多年的胡適研究工作，一個完全不同於大批判筆下的胡適形象，一個比較接近於客觀實際的胡適形象，已經逐漸顯現出來。在八十年代，可能只有很少數做過一定程度的專門研究的學者，才知道胡適基本上是個什麼樣的人物。到了九十年代，人文社會科學研究者中有相當一部分人，對胡適有了新的認識。而且，大學裏面的

文科學生，也有相當一部分對胡適有了一定程度的瞭解，其中有些攻讀碩士和博士學位的青年學子，還選定胡適作為他們學位論文的題目，這在二十多年前，根本是無法想像的。還有，胡適的故鄉的人們，改革開放以來，逐漸認清了他們這位鄉前輩的歷史地位，認真地做好胡適故居的保護和維修工作。還記得 1990 年我去績溪考察舉行第一次胡適學術討論會的條件時，他們的幹部和群眾都說：你們如果最後決定在首都北京舉行第一次討論會，我們沒有意見，若是在北京以外的其他地方開，我們是有意見的。這足以反映出他們對胡適有了嶄新的認識。今天，大家可以聽到來自績溪的朋友關於胡適故居已作為省重點文物保護單位，重加修葺情況的報告，大家會有更清晰的印象。

　　當然，要使過去遭到全面否定的歷史人物讓全社會一切能讀書能思考的人都改變認識，還是很不容易的。據說，最近某處新建一座紀念五四新文化運動的街頭雕塑，上面有毛澤東，有魯迅，有李大釗；還有曹汝霖、章宗祥，唯獨沒有五四新文化運動的主要領袖陳獨秀和胡適。這顯然是不尊重歷史，不正視歷史。我想，這或許不是個別僅有的現象，它反映了社會上仍有一些人，為教條所束縛，為成見所蒙蔽，不肯實事求是地看待歷史，不肯面對歷史進步的真象。不過我相信，歷史不會因為這一部分人的成見永久被掩蓋，被歪曲。歷史就是歷史，它是已成的事實，而事實終究會頑強地顯現它自己。

　　我們今天這次座談會與以往幾次胡適學術研討會不同。以往的幾次會議，我們請的都是對胡適做過較多研究的學界朋友。這次，我們請了許多平時不做胡適研究，但卻一直很關心胡適研究的朋友，他們很樂意參加這樣的活動。這反映了胡適

研究的進一步的發展，反映了對胡適認識的範圍更加擴大。過去我常說，胡適研究的發展進步，人們對胡適的認識的逐步加深，在一定意義上可以認為是反映改革開發的一個尺度。隨著改革開放的深入發展，胡適研究的進一步發展的前景，應當是很樂觀的。

最後，我還要說一下，胡適研究之能有今天，固然首先應歸功於改革開放的大環境，但是，我覺得我們也不應忘記有些可敬的朋友所給予我們的關心和支持。他們中有些是學術界的領導人，是老前輩，有些是從事胡適研究過程中遇到的好心朋友。這裏我想具體提到幾位有代表性的人。

首先我要特別感謝我們中國社會科學院已故前院長胡繩先生。當 1990 年，我向他提出，擬在 1991 年舉辦一次全國性的胡適學術討論會時，他明確地給予支持，並要我在史學片各研究所負責人的會議上講述我的想法，因而得到廣泛的理解和支持，使會議的籌備工作得以付諸實行。後來，當我向他談起編纂《胡適全集》的問題時，也同樣得到他的理解和支持。

其次，我要特別感謝已故的出版界老前輩王子野先生。子野先生長期在出版界擔任領導職務，是一位受尊重的前輩。子野先生是續溪人，其父輩與胡適有交往。子野先生在八十年代即非常關心胡適研究。當 1991 年的胡適學術討論會即將舉行之際，他答應親往參加會議，這在當時是對會議，是對所有胡適研究者的一種很大的支持。尤其是我個人，以一介普通書生，組織這樣一次必將受到各方關注的會議，能得到一位年高德劭的長輩親臨指導，心裏感到踏實多了。此次會議後，有關胡適研究的問題，我們繼續得到子野先生的許多關切和幫助。

　　第三位我想提到前績溪縣政協副主席顏振吾先生。他最值得感佩的是，他對胡適研究的熱情，對從事胡適研究的朋友們的真誠友誼，是他把我們這些原本不相識的朋友們聯繫起來，也是他幫助我們成功舉辦第一次胡適學術討論會，從中做了大量的協調工作。至今，沒有一個做胡適研究的朋友不對他懷有真誠的感謝與敬意。

　　第四位，我想提到一位臺灣朋友陳宏正先生。陳先生對胡適懷有深摯的崇敬之情。因此對於胡適研究有關的事情，他都極願參與，極願出力予以幫助，而從不希圖任何回報。這是很難得的，也是非常可敬佩的。

　　最後，我想提到胡適先生的長子胡祖望先生。祖望先生已是八十多歲的老人了。我於 1995 年第一次見到他。他對大陸上胡適研究的開展情況有一定的瞭解，他對所有胡適研究的活動，著作的出版，以及胡適著作的重新印行，全集的編輯等等，一概採取樂觀其成的態度，不提任何條件，不做任何要求。這種豁達的態度，是很難得的。據我所知，大陸上有不少關於人物的研究工作，因家屬方面的因素而遇到諸多困難，甚至有為此而打官司的。相比之下，胡祖望先生的態度真是令人起敬。

　　胡適研究今後的發展，仍需各方面的朋友的關心和支持。這次紀念胡適先生誕辰 110 周年學術座談會的順利舉行，就是得到北京東方英才教育文化研究中心和遼寧教育出版社的朋友們的大力支持的結果，還有兩位熱心朋友沈昌文先生和車前女士的大力幫忙，在此，謹向他們由衷地表示感謝。

　　　　　　　　　　2001 年 12 月 5 日在胡適研究會舉辦的
　　　　　　　　　紀念胡適先生誕辰 110 周年座談會上的講話

新世紀從頭說胡適

　　胡適（1891-1962）是近代中國最有影響的思想家和學者之一。其生前死後頗多爭議。胡適由僅供批判的對象變成學者們可以實事求是的研究對象才不過二十幾年。今天，在中國大陸、在台、港、澳及海外華人圈中，對胡適有所瞭解的人越來越多了，人們重新發現了胡適。

　　隨著中國改革開放的不斷深入，隨著世界化與民族主義新態勢的出現，在新世紀開始的今天，胡適的許多思想觀念令人感到相當親切。蒙《社會科學報》編者的盛情相邀，我願意在此就幾個可能大家都很關注的問題簡括地談談我的意見。

新文化運動的中心人物

　　五四時期的新文化運動，曾湧現了一大批領袖和精英分子。但他們所起的作用是不同的。我說胡適是新文化運動的中心人物，是基於以下事實：

　　(一)胡適首倡文學革命，使宣傳新思想的《新青年》迅速受到國人普遍關注，遂而演成全國規模的新文化運動。國內外多數學者都把 1917 年文學革命運動起來，視為新文化運動的開端。而文學革命雖然因陳獨秀的〈文學革命論〉一文而加強了革命的震撼力，但任何認真研究文學革命運動的人都能看出，胡適不但是文學革命的首倡者，而且在文學革命運動中，一切重要的論爭基本上都是圍繞著胡適所提出的問題展開的。如白

話國語的標準問題，白話之必然取代文言的道理，新詩的音韻問題，戲劇改革問題，小說創作問題……等等。

　　但胡適倡導文學革命的意義卻遠遠超出文學的範圍。白話國語的盛行並終於得到絕大多數國人的認同，從而為中國提供了普及和發展新教育的利器，為社會傳媒提供了便於傳播的利器，為社會全體成員提供了表達思想、交流思想的利器。不識字的也能開口講話，而不因鄙俚而遭排斥；略識字的人則能提筆作文。一整代青年蒙文學革命之賜，打開了走向社會的門徑。這一切，都為造成更廣大的公共社會空間，為推動社會進步準備了條件。所以，二十多年前我就說，對於文學革命的成功，白話國語的暢行，它的偉大社會意義無論怎樣估計都不過分。

　　(二)胡適倡導個性解放最力，他對「健全的個人主義」的界說和闡釋，大有功於思想革命、道德革命的深入發展。胡適於1918 年 6 月發表的〈易卜生主義〉一文，被譽為「個性解放的宣言」。他強調「社會最大的罪惡莫過於摧折個人的個性，不使他自由發展。」摧折了個人的個性，社會就一定缺少生機，就會進步緩慢，甚至停滯不前。胡適指出，發展個性「須有兩個條件，第一，須使個人有自由意志；第二，須使個人擔干係，負責任」。這就堵住了那些把個性解放說成是人欲橫流，為所欲為的頑固守舊者的口。中國專制主義、宗法觀念之影響人心實在太久太深，以至於一提「個性解放」，「個人主義」，許許多多以衛道自命的人，就深惡痛絕。即使普通人，只要未曾受到近代觀念的影響，也聞之卻步，搖頭歎氣。所以，胡適要強調解釋：個性自由必須個人擔干係，負責任，絕不是為所欲為。在使用「個人主義」的提法時，他特別加上「健全的」三個字。並指出，健全的個人主義才是真的個人主義，而通常人們所指

責的自私自利的個人主義，那是「假的個人主義」。真的個人主義就是個性主義，個性主義第一是要充分發展個人的才能，以便真正有益於社會。第二是要有自由獨立的人格。胡適強調，一個人只有首先使自己「成器」（有才能），才能真正有益於社會。用一種空蕩蕩的為國家、為社會、甚至是為全人類的利益的口號壓制個性自由，扼殺個人才能，往往是專制主義者慣用的伎倆。胡適明確指出，「自由、平等的國家不是一群奴才建造得起來的」。

提倡個性解放，提倡自由平等，自然會提倡女子解放，男女平等。胡適所寫〈論貞操〉、〈美國的婦人〉等文章在當時都曾產生巨大的影響。

個性解放的提倡，使一代青年受到巨大的鼓舞。胡適對「健全的個人主義」的界說與闡釋，無疑地大有利於我們這個專制主義、宗法觀念影響特別深遠的國家，為個人的解放，為新一代青年的健康成長爭得一個較大的空間。這同樣是推動社會進步的一個不可少的條件。

(三)創立新的學術范式，開啟新的學術趨向。胡適於 1919 年出版的《中國哲學史大綱》（上卷），受到學術界和大批青年學生的高度重視。用全新的方法，系統整理和研究中國思想學術和文化遺產，此書起了先驅和典範的作用。以後治中國哲學史和思想史的人，都不免受到這部書的影響。然而它的影響還不止於哲學史和思想史的範圍。他用同樣的方法，考證《水滸傳》及《紅樓夢》等古小說，用同樣的方法重新審視中國古史，影響了一代青年學子，引發了古史辨，以及文學史研究的新的學術趨向。胡適當時總結他的治學方法，簡括為「大膽的假設，小心的求證」十個大字。它在流行中不免發生某些流弊，但這

種方法確實影響了一代學風。謹慎用此方法做學問的一代青年學子，也確曾在各自的領域做出了可觀的成績。因此可以說，胡適在中國新學術的建立與發展方面，確曾發揮了不容忽視的作用。

　　(四)在新文化運動中，只有胡適明確提出了一個較為完整的綱領：那就是「研究問題，輸入學理，整理國故，再造文明」。這是胡適在 1919 年 11 月發表的〈新思潮的意義〉一文中提出來的。這確是一個較全面的建設新文化的綱領。注重研究問題，無非是立意糾正中國知識階級重虛文玄理而疏於實際的壞習氣，壞傳統。當戊戌維新期間，光緒皇帝感慨「西人日日治有用之學，國人日日治無用之學」亦正是針對此弊。為了面對實際，切實研究問題，需要借鑑一些新學理、新方法，故要輸入學理。這還不夠，要解決中國社會所存在的問題，離不開對中國傳統的研究和瞭解。所以要整理國故，要批判總結中國的文化遺產。只有這幾步功夫都做到了，才談得上建設中國的新文化，再造新文明。後來，胡適領導整理國故的工作，編譯西書的工作，就是實踐他的綱領的努力。只可惜在那個年代，沒有條件把這兩項工作長期堅持做下去。

倡導開放的文化觀念

　　在談到文化立場的問題時，胡適長期被大多數人誤認為是「全盤西化」論者。這種看法雖不正確，但確有來由。1929 年，胡適在英文《基督教年鑒》上發表〈今日中國的文化衝突〉一文，其中談到學習西方文化時，他用了 Wholesale westernization 一詞，潘光旦先生作書評，認為此字可解為「全盤西化」。1935 年，中國本位文化與西化問題爭論開始時，胡適在《獨立評論》

編後記裏表態說，他是贊成陳序經教授的「全盤西化」的主張的。但無論是潘光旦還是陳序經，都不認為胡適是「全盤西化」論者。我在近年寫的多篇文章裏也多次澄清胡適絕非「全盤西化」論者。

　　胡適的文化立場，最基本的是主張一種開放的文化心態。在他的博士論文《先秦名學史》的導言中，他就提出「怎樣才能以最有效的方式吸收現代文化，使它能同我們的固有文化相一致、協調和繼續發展」的問題。在批評梁漱溟等崇奉東方文化一派學人的時侯，他所強調的是，對自己的文化傳統要有所反省，對世界文化要採取開放態度，承認人類文化的基本一致性，因此可以互相借鑒，互相吸收。在上世紀二三十年代，中國反帝思潮極為高漲的時期，胡適擔心國人因民族主義感情的作用，不能冷靜地看待西方文化的長處和中國傳統文化的短處，不能虛心迎受那發展到較高程度的近代西方文化，作為改造、提高和發展我們自己的文化的參考和借鑒。因此他特別強調，中西文化的差別，在當時主要地表現為發展程度的不同。西方較早地走出了中世紀，擺脫了宗教教條的束縛和各種迷信，大體上沿著科學和民主的路向前走。而我們中國，還沒有真正走出中世紀，還受各種宗法、教條的束縛，還是迷信到處盛行的狀態。因此，應當極力提倡對自己的傳統要取反省的態度，對西方文化則要採取虛心學習的態度。其用心不可謂不苦。但在那個反帝運動高潮不斷的年月裏，他的話，他的用心，很難為大多數人所理解，尤難被青年人所理解，他一度背上「崇洋媚外」的罪名。平心而論，在中西文化問題上，是採取開放的態度好呢？還是採取閉門自賞的態度好呢？在事隔七八十年以後，任何一個有理性的人也不會反對開放的態度。

當 1935 年，由十教授的所謂「建設中國本位文化」宣言所引發的關於「本位文化」與「全盤西化」問題的論爭開始時，胡適雖然先表態擁護「全盤西化」的主張，但他很快就發現，這個提法的不確切和易遭誤解。因此，他改而提出「充分世界化」的命題。在這前後，他進一步闡明了他的開放主義的文化立場。主要的是下述幾點：

(一)任何民族的文化，都有其自身的保守性。它已滲透到民族生活中去，所以要談「文化的本位」，其實「就是那無數無數的人民」。這個本位是無論如何都毀滅不了的。也可以說，一個民族的文化，即使經歷再大的變遷，終不會丟掉它的全部傳統的。因此，沒有必要為民族傳統和文化本位的喪失而操心。

(二)在文化的轉型和發展過程中，不可能事先制定出一個可靠的客觀標準，指導文化可以變哪些，不可以變哪些，可以變到什麼程度，等等。因此，任何個人，任何政府都不足以勝任這個文化導師的責任，只能由人民，由上述「那無數無數的人民」，根據他們生活的需要去選擇去取。

(三)中國的文化歷史悠久，積累豐富。因此其保守的惰性也格外的大。故尤無必要擔心自家本位的喪失。應當特別提倡開放的文化心態，「讓那個世界文化充分和我們的老文化自由接觸，自由切磋琢磨，……將來文化大變動的結晶品，當然是一個中國本位的文化」。

可見，胡適的開放的文化心態是建立在對民族文化的自信心的基礎之上的。正因為他對自己民族的未來有充分的信心，故他能做到，在國內著重於嚴厲批評舊傳統，要人們反省、自責。到了國外，他則盡力介紹中國傳統文化中一切優秀的東西。表現了一位文化巨人才有的擔當精神與魄力。

走自覺的和平改革之路

胡適留學歸國時，原打算二十年不談政治。但到 1919 年五四運動之後，政治問題逼人而來之時，他也不得不漸漸地談起政治來了。他的基本主張，或是說基本的政治態度是「要自覺的改革而不要盲目的革命」。他在歷次有關政治問題的討論和爭論中，都一直堅持這一主張。這或許給人一種印象，似乎胡適是不問歷史條件，絕對反對任何革命的。其實不然，在理論上，他承認革命和演進都是實現歷史進化的一種形式，他也承認武裝暴動是革命方法的一種。在實踐上，他對辛亥革命，對民國十五六年的國民革命都曾表示同情。他所反對的革命，用他的說法是「那用暴力專制而製造革命的革命」，是「那用暴力推翻暴力的革命」，是「那懸空捏造革命對象因而用來鼓吹革命的革命」。在他看來，中國的問題決不是用暴力革命可以解決得了的。因為中國真正的敵人是貧窮、疾病、愚昧、貪污和擾亂。（批評他的人譏諷地簡括為「五鬼鬧中華」）要打倒這五大敵人「只有一條路，就是認清了我們的敵人，認清了我們的問題，集合全國的人才智力，充分採用世界的科學知識與方法，一步一步的做自覺的改革，在自覺的指導之下，一點一滴的收不斷的改革之功。不斷的改革收功之日，即是我們的目的到達之時。」這個目的，就是建設一個獨立、統一，民主、富強的現代國家。

胡適所容忍的可以表同情的革命，是在自然演進過程中加上人工的促進，是自覺的革命，是和改革與建設密不可分的革命。他所反對的革命則是不自覺的盲目的革命。他認為下層群眾挺身走險的革命是不自覺的革命；那種盲目追隨某種主義而起的革命，也是不自覺的革命。他認為這種革命者，不瞭解主義產生的背景及其真實內容，又不瞭解自己身處其中的國家社

會真實問題所在，只因欽慕某主義「理想的結果」起而革命，這樣的革命不能導致腳踏實地的改革與建設。

胡適認為，中國的問題只是貧窮、疾病、愚昧、貪污和擾亂，認為他所見到的中國的革命皆是簡單的以暴易暴，或是為欽慕好聽的主義而起的革命。這些說法，是多數人都無法接受的。因為中國當時所處的時勢，實在是「逼人上梁山」，革命是不可避免的。為此，胡適的主張受到嚴厲的批判也是很自然的。

不過，這裏有兩點是必須強調指出的。

(一)胡適認為，在廣義上，凡在歷史自然演進的過程中，加上人工的助力，都是革命。革命可有不同的形式，暴力革命只是其中的一種形式，不是只有暴力革命才是革命。自覺的改革，也是革命。這一點，是許多人長時期來不肯承認和不願意承認的。甚至相反，往往把和平改革視為反動，如過去對清末的改革運動，對民國時期的一系列改革運動即作如是觀。只是在最近二十幾年裏，經過一部分學者的努力，才對這種既不符合歷史實際，也無理論根據的偏見有所糾正。

(二)胡適認為，自覺的改革是推動國家社會進步發展，更具體地說，是建立民主、富強的現代國家必不可免的歷史過程。他批評一部分人迷信所謂「根本解決」，以為一旦革命（當然是指暴力革命——作者）成功，一切問題都可以迎刃而解。他堅信，新制度、新社會的確立，經濟的發展，文化的繁榮，人民生活的改善，必須經過一系列具體的改革和建設工作，一步一步地取得成功，漸次達到更高的水準。任何一次那怕是最徹底的革命，也不可能一下子「根本解決」這些問題。如果說，在革命戰爭的年代，許多人不能理解這一點，那麼在經歷了二十

幾年的改革開放的實踐之後，任何一個頭腦健全的人，都不會再拒絕承認這一點了。

理性的民族主義

胡適在美國留學時期曾一度醉心於不爭主義，以至於當他的女友韋蓮司想要赴歐洲參加盟國軍隊戰地救護工作時，他極力加以勸阻。他甚至認為，為了「保存自己」而不惜一戰也是錯誤的。但同時，他堅決反對任何種族歧視，尤其反對民族問題上的雙重標準。他強調，在國內是非法的事情，在國外也一樣是非法的；不應加諸白人身上的事，也不應加諸黑人、猶太人和中國人的身上。

回國以後，經歷許多國內國際的重大事件之後，他的不爭主義已不像學生時代那樣絕對化，而是更加理性。他一方面，不贊成任何簡單排外或民族復仇主義；一方面堅決反對侵略主義和任何民族壓迫，民族歧視的政策。在五卅運動前後，他主張通過外交途徑，要求英、日帝國主義賠償、道歉、並開始修改不平等條約。同時他表示不贊成過於情緒化的舉動。這是他理性的民族主義態度一次清楚的表現。

人們都知道，在九一八事變後，中國面臨嚴重的民族危機。一些人主張立即對日抗戰；一些人主張中國暫無抗戰的能力，要一面交涉，一面爭取國際同情，同時加強內部的建設，積蓄力量，等待時機再戰。胡適就是持後一種主張。為此，他曾蒙上投降主義，甚至賣國主義的惡名。誠然，在日本侵略中國時期，確有一些軟骨頭淪為漢奸，幫助日本人殺中國人。但那是極少數。胡適的對日態度是一種理性的民族主義態度。他認為，在平時毫無對付外來侵略的實際準備，一旦大敵來侵，即號召

同胞以血肉之軀去與有充分準備和使用現代武器的強敵去拼命是一種不負責任的態度。但他也不能容忍毫無作為，一味退讓的做法。他曾批評國民黨政府不做嚴重的抗爭，就答應從河北撤出各級黨部。而對在長城抗戰中壯烈犧牲的軍人們，他則表示由衷的敬意。他更是明確地堅決反對華北一部分軍人、政客，應日本人之要求，使華北特殊化的圖謀。為此，日本人曾誤以為，華北的反日學生運動都是胡適、蔣夢麟等人主使的。

可見，胡適不主張立即對日抗戰，是一種理性的選擇，與投降主義，賣國主義毫不相干。1937 年七七事變爆發後，在一個短時間裏，胡適仍存幻想，以為可以通過交涉避免全面戰爭。當事實告訴他，避戰已絕無可能時，他終於放棄了爭取和平的幻想，改而擁護抗戰，並勸告他的幾位「低調」朋友，轉變態度。從此，他開始為抗戰的外交奔走，並擔任戰時駐美大使四年。他在美國、加拿大，以及歐洲發表成百次演說，向西方各國介紹中國抗戰的世界意義和中國人定將抗戰進行到底的決心。同時揭露日本軍國主義的罪惡陰謀，指出日本軍國主義與德國法西主義一樣，所代表的是一種反和平、反人類的勢力，中國抗擊侵略的戰爭是保衛和平，保衛自由民主的生活方式的鬥爭。他還強調，反侵略各國應當努力準備建立戰後維護和平的國際機制。從此可見，他的擁護抗戰，不僅僅是從民族自衛的立場出發，而是有更深遠的理性思考。

從胡適的思想言行中，可以看出，在民族的問題上，他是個高度理性主義者。他反對民族歧視，反對強權主義，特別是反對強者方面採取雙重標準的立場，在今天仍有現實意義。與此同時，在弱者方面，他不贊成各種冒險的復仇主義，而主張自我改革，積蓄力量，做有計劃有準備的抗爭。這一點，同樣

具有現實意義。此外，他謀求建立有效的維護和平的國際機制，也是一種足資參考的合理構想。

民族問題是最容易牽動感情的問題。所以當民族間發生衝突時，人們往往義憤多於理性。在這種情況下，採取理性的立場往往不易被理解，故極需要有勇氣、敢於承擔責任的人。因為，要解決那最易牽動民族感情的問題本身，只有訴諸理性才能獲得解決。若訴諸感情，則只會加深矛盾，問題終難解決。在今天的世局裏，我們重溫胡適的理性的民族主義思想主張，應是很有教益的。

常新的話題

人類的思想總是因應對生存環境的挑戰而產生的。但有些最有影響的思想家，他們的思想往往超出一個短暫時代的範圍。他們觸及到人類生存的一些具有普遍意義的問題，揭示了某些有普遍意義的真理，昭示了某種較長期的發展趨向。因此，他們思想中的某些方面，某些內容，某些命題，在他們死後很長時間還會屢次被重新提起，被重新解釋。

胡適生於 19 世紀末，其一生活動都在 20 世紀，這是近代中國諸種矛盾衝突最集中最激烈的時期，充滿動亂戰爭和革命。人們苦苦追尋救國的途徑，建立一個獨立、統一、民主和富強的現代國家，是他們夢寐以求的目標。然而經歷許多次革命，抗爭，犧牲了許多人的生命，遭受過許多苦難，卻長期沒能實現這些目標。只是到了世紀之交的最近二十年，人們才看到了目標全面實現的真實希望。在這種時侯，回首檢視過去一百年的奮鬥歷程，檢視思想家們的思想遺產，人們開始有了新的認識。而胡適，因為曾遭遇到全面的大批判和徹底的否定，

因此他的思想主張彷彿是第一次被發現的一樣，吸引了無數愛思考的人們的注意。在革命戰爭的年代及其以後，全盤否定改革的思想是不對的。在和平改革的年代全盤否定過去的革命戰爭也是不妥當的。任何偉大的歷史活動，都是許許多多的社會的和歷史的條件聚合在一起所促成的。後來人的責任是總結這些歷史活動，從中汲取經驗與智慧。就胡適這個歷史人物而言，重要的是他為中國民族的命運曾經認真地誠實地思考過。例如，他對於如何擺脫專制主義、宗法觀念的束縛，解放人的創造力；應如何以開放的文化心態面對一個新的世界等問題所提出的主張；又例如，他提出只有不斷的自覺的改革才能把國家引向現代化之路的主張，他堅信只有理性的民族主義才能幫助我們確立較為合理的世界秩序的主張，等等，在今天都值得中國人和全世界的人認真的思考。

孔子說，君子當「不遷怒，不二過」。「不遷怒」者，不怨天尤人也；「不二過」者，不重犯曾經犯過的錯誤之謂也。我們學習歷史，總結前人的經驗與智慧，意義即在於此。

原載於《社會科學報》（上海）2002 年 12 月 19 日

兩代間的文化巨人——梁啟超

——在『梁啟超與近代中國社會文化』國際研討會上的發言

2003 年 10 月 13 日

從清末到今天，或者說，從梁啟超登上歷史舞臺的 19 世紀 90 年代起，到今天我們紀念梁啟超誕辰 130 周年的時候止，110 多年來，凡略知中國近代史的人，凡對中國近代思想、學術與文化有興趣的人，誰也不會忘記梁啟超這個人。他是很少數在歷史上能夠長久保持其影響力和感召力的人。他的書，在清末為廣大青年學子所喜讀，有很多次學潮的起因之一就是清政府和學校當局禁讀梁啟超的《新民叢報》。民國以後，他的書和文章仍然是青年學生手不釋卷的讀物之一。近 20 年來，他的著作再度成為青年學生爭購爭讀之書。

我想起 1989 年夏天那個特殊的際會裏，在大連曾舉辦一個暑期講習班，邀請各地專家專講近代歷史人物。我當時受邀為他們作關於胡適的演講。但那次受邀講梁啟超的人未到，主持其事的人不想讓聽講者失望（因為他們是交了費的！），臨時找到我，要我再講一講梁啟超。再三推辭不過，只好答應。於是在毫無準備，身邊一點材料都沒有的情況下，我為他們做了兩小時的報告。結果出人意外地贏得了長時間的熱烈掌聲。當時

主持人告訴我，因種種原因，此次講習班上空氣比較沉悶，只有你講胡適和梁啟超，才有這麼熱烈的反應。

當時我就明白，講胡適、梁啟超之所以有這麼熱烈的反應，這主要不是因為我講得好，而是因為我講的兩個人都是被埋沒好久了的文化巨人，在經過數十年的歪曲、詆毀和埋沒之後，人們重新發現他們，感到特別的親切和富有魅力。這使我更加堅信，我們研究歷史的人，有責任實事求是地為這兩位文化巨人的思想和事業做出科學的歷史評估。

10 年前，我和一位青年朋友合作寫一本關於梁啟超的書。我特別寫了一篇結語，對梁氏一生作一簡要的概括。我現在仍覺得，這個結語似乎沒有什麼需要修改的。

先從政治方面說，我在結語裏把梁氏一生分作兩大段。第一個時期是晚清二十年，他做了兩件大事：一是協助康有為發動和領導了戊戌維新運動。這是近代中國第一次自覺的政治改革運動，同時又是一次有深遠影響的思想啟蒙運動。這當然是應該充分肯定的。第二件是他指導了清末的立憲運動。這是力圖從政治上改造中國，並在一定程度上動員了相當一部分民眾積極參與的政治改革運動，目標是以君主立憲制度代替君主專制制度。只要不為狹隘的黨派立場所蔽，這同樣應該是給予充分肯定的。

第二個時期是民國成立後的十七年，梁氏主要做了三件大事：一是嘗試運用政黨政治，希望依靠政黨的力量控制國會，用國會的力量牽制袁世凱，使他走上憲政之路。這個嘗試當然是以失敗告終。但成敗不是論人論事的唯一標準。政黨政治的嘗試，在當時的中國，無疑是相當進步的。傑出的革命黨人宋教仁也是做此嘗試的重要人物，且為此獻出了生命。第二件是

反對袁世凱復辟，反對張勳復辟，維護共和制度。這不用說是
應予完全肯定的。第三件是積極主張參加世界大戰之盟國一方
對德宣戰。事實證明，這是使中國主動走上世界舞臺，並開創
主動外交的一個重要的契機。如果不為狹隘黨見所宥，是不能
不肯定其正面意義的。

　　以上說的是政治方面。下面談談梁任公先生在近代中國的
思想、學術與文化事業上的地位與貢獻。我想分三點來談：

（一）晚清啟蒙運動的重要領袖

　　在維新運動時期，他辦《時務報》，辦時務學堂，辦各種政
治結社性質的學會，開時代風氣之先，作為康有為最主要的助
手，他所發揮的作用是顯而易見的。

　　在戊戌以後的新政與立憲運動時期，他通過辦《清議報》、《新
民叢報》、《政論》、《國風報》等等，系統介紹西方政治學說、政治
制度、文化思想，以新民為己任，為改造中國奠定國民思想的基礎。
那個時期，許多新知識、新思想、新學說，都是經過他的筆下介紹
給國人的，那是他執輿論界之牛耳的時期，他影響了整整一代人。

（二）新文化運動的同盟者

　　民國初期，梁啟超主要投身於政治活動。當他的政治抱負
無法實現，不得已離開政治舞臺之後，他便把主要精力用於思
想文化方面。當五四新文化運動起來之後，梁啟超作為啟蒙思
想領袖的地位已被胡適、陳獨秀、魯迅等人所取代。但正如新
文化的健將們所承認的那樣，任公先生是他們的先驅，也是他
們的同道。梁氏擁護文學革命，擁護思想解放運動，承認個性

主義，並在中西文化相結合，以創造中國的新文化的問題上，提出了自己頗具特色的一套主張。我在提交本次會議的論文（〈五四後梁啟超關於建設中國新文化的思考——以重新解讀《歐遊心影錄》為中心〉）中，較詳細地論述了他的文化立場和主張，指出他的主張與新文化運動的主要領袖們的思想是基本一致的，這裏無須贅述。

（三）總結遺產，創新文明的巨將

人所共知，在新文化運動中，胡適提出過一個完整的綱領，那就是「研究問題，輸入學理，整理國故，再造文明」。實際上，近代史上那些致力於改造傳統文化和建設中國新文化的思想家和學者們，基本上都是這樣做的。只不過其自覺的程度和所成就的方面各有不同罷了。

梁任公先生從維新運動起，直到他辭世時止，他一直密切關注中國各種迫切的社會問題和國際問題。他是研究問題的能手，辛亥革命以前，他可以說是對中國的政治、經濟、文化等問題研究得最多，最深入，因而也是最有心得的一個人。正因此，恰恰是他，比較最及時，最準確地預見到了清政府垮臺的時限，而不是其他人。

在輸入學理方面，就不用說了，從《時務報》、時務學堂到《清議報》、《新民叢報》、《政論》、《國風報》那十幾年間，任公先生介紹的新學理、新思想比同時代的任何人都多。當然，在某些方面，他可能不如嚴復的深切，而且他受到日本學者的影響，不免有失西方思想學說的原色。但中國人能略知西學，其受梁任公之賜，肯定是最多的。

　　至於說到整理國故方面，梁任公晚年差不多把主要精力都用在這一方面。他所做的工作涉及到廣泛的學術文化領域。當然，他的方法或許有些地方不夠太精密。但他對先秦諸子思想的研究，對清代學術的研究，對若干重要古籍的整理研究，對傳統歷史學的批判總結，等等，都有其獨特的貢獻。他的以復古為解放的論斷，他對傳統與現代之間的關係的論述，至今對我們仍有借鑒的意義。

　　整理國故就是為了建設新文化的需要。正如若建築一座新的大廈，必須做好清理和夯實地基的工作一樣。離開對古代文化的批判總結，新文化的建設是根本談不上的。梁任公先生晚年曾醞釀過宏大的中國文化研究計畫，無奈社會環境和其他種種因素，令其無法實現。但他個人已經做的工作，是任何關心中國文化復興的人所不能忽視，所無法繞開的。我們後來人，應當在他的工作的基礎上，進一步拓展，並做深、做細。

　　任公先生是近代中國溝通兩代間的文化巨人。這裏說的兩代，不僅僅局限於狹義的兩代人之間，而且應理解為是在傳統與現代之間。任公先生就是在傳統與現代之間起著溝通作用的一位文化巨人。

　　當我們紀念任公先生誕辰 130 周年的今天，我們應當對這位兩代間的文化巨人表示深深的敬意！

梁啟超的科學觀

　　梁啟超從登上歷史舞臺的時候起，一直傾心於西學。在清末，他通過自己所辦的報刊大力介紹和宣傳西學，其中自然包括西方的科學。但也正因為其精力所注在介紹與宣傳，所以，也還未曾明確地形成他自己特有的科學觀。真正表現出他的科學觀，是在五四新文化運動起來之後。主要有三篇著述，特別值得注意：一是《歐遊心影錄》的〈科學萬能之夢〉一節；二是 1922 年他在科學社年會上的講演：〈科學精神與東西文化〉；三是 1923 年在科學與玄學的論爭中所發表的〈人生觀與科學〉一文。仔細分析這三篇文章，可看出梁氏對科學的看法是有所變化的。

　　在〈科學萬能之夢〉一文裏，梁氏因受歐戰大破壞的刺激，尤其是受到他所接觸到的西方一部分思想家、學者的悲觀情緒的感染，他著重指出科學大盛行，造成一種純物質、純機械的人生觀，缺少了意志自由，使人們多少丟失了善惡的責任感，引起社會與個人以及個人的內在世界與外在世界的嚴重衝突。在他看來，科學不能不對大戰的災難負一部分責任，也就是說，「過信科學萬能」，是一大失誤。他借西方人之口說出「科學萬能之夢破產了」。不過梁氏終究是一個有理性的學者，他特別聲明一句：「我絕不承認科學破產，不過也不承認科學萬能。」這就是他 1919 年冬天，根據對戰後歐洲的考察所得出的結論。

　　在〈科學精神與東西文化〉一篇講演裏，他的基調頗有些變化。五四運動爆發後，新文化運動達到了新的高潮，德賽二

先生在中國似乎是最受敬仰的兩個偶像。從籠罩在一片悲觀氣氛的歐洲回到新思潮狂飆突進的中國，梁氏對科學，即賽先生不覺間增加了幾分敬意。況且，他講演的場合是科學社的年會，他的聽眾都是科學家和一般敬信科學的知識份子。所以，梁氏在這篇講演裏，正面地講述他對科學的認識，指出：「有系統之真知識叫做科學；可以教人求得有系統之真知識的方法叫做科學精神。」他嚴厲批評了中國人以往對科學的誤解和曲解：一是把科學看得太低太粗，以為只是形而下的器藝之學；二是把科學看得太呆太窄了，以為科學僅僅是指科學所造就的種種結果，而不知道「科學本身的價值」。他強調，凡夠得上一門學問的，沒有不是科學的。若離開科學精神，任何學問都是做不成的。這是他對科學比較深切的認識。本著這種認識，他又嚴厲批評了中國人因不能正確認識和運用科學，所以在思想學術上便一直存在著籠統、武斷、虛偽、因襲和散失等五大病症。所以，通篇講演貫穿著宏揚科學精神的主調，沒有講一句貶低科學或是說科學有什麼局限的話。

第三篇〈人生觀與科學〉是 1923 年 5 月下旬寫出和發表的。是年 1 月，張君勱在清華學校作〈人生觀〉的講演，宣稱「科學無論如何發達，而人生觀問題之解決決非科學所能為力」，將科學逐出人生觀之外，遂引起地質科學家丁文江的反駁。張、丁二氏皆梁氏好友。不過張氏早於清末即追隨梁啟超，其思想與梁氏更為接近，交往亦更深。梁氏此文對二氏皆有批評，其基本傾向是科學只能解決人生大部分問題，一小部分，但卻是更重要的部分，科學是無能為力的。他主要是指情感的領域，如愛憎、審美之類。他認為這類情感，帶有不可認知的神秘性。他極強調這一部分對人生的重要。他說：「一部人類活歷史，卻

十有九從這種神秘中創造出來。」他的結論是:「人生關涉理智方面的事項,絕對要用科學方法來解決,關涉情感方面的事項,絕對的超科學。」觀察此後梁啟超的言論著述,可以認為,這是他的科學觀的最終表述。

梁氏何以會有這種二元式的科學觀呢?

我以為最基本的原因是在於他思想的不徹底性。梁氏是一位知識面很廣的學者,但鑽深研極的著述甚少;梁氏是一位傑出的宣傳家,而其思想多流於常識的範疇,甚少精深的追索。因此,梁氏夠不上一個哲學家。

梁氏把科學限制在一定的範圍之內,超過這一範圍,科學就無能為力。這等於是把人的認識能力限制在一定範圍內,相信有一部分問題是認識永遠不可及的,是超科學的。這在哲學上是不可知論的一個變種。我們認為世界上只有認識不完的事物,決沒有絕對的永遠不可認識之物。現代心理學、腦科學正在日新月異地向前發展。梁氏當年以為科學不可及的人類情感領域,有許多方面已逐漸被揭示出來了。梁氏在其〈科學精神與東西文化〉的講演裏,強調科學精神,強調科學本身的價值時,已很接近於承認科學認識無限發展的可能性。但在〈人生觀與科學〉的演講裏,卻明確地為科學劃定了界限。可見其思想的不能一貫,因而不能徹底的毛病。但梁氏一生,就其主觀而言,對科學始終是尊重的。1922 年底他成為中國科學社董事會成員。在他的引導和鼓勵下,他的子女們多半都從事科學工作,且各有所成就,這也可算是一個證明。

本文曾在 2003 年 11 月 12 日的《中華讀書報》上發表

梁啟超：中國現代化的啟明星

約寫於 2003 年

　　近十幾年來，有關中國現代化的討論，有關梁啟超的研究，都有較多的開展。但是我總覺得，還有些意思沒有真正說到關節。人們可以從各個方面理解現代化的含義，如經濟方面，政治方面，文化方面，人的思想觀念方面等等。前些年曾盛行所謂「四個現代化」的說法，有人認為應是「五個現代化」。其實照此方法去認識現代化，還可以說成六個、七個乃至十個現代化都未嘗不可。

　　我以為，一個國家現代化，最基本的是要解決兩個問題：一個是世界化的問題，一個是人的解放的問題。前者是講外部關係，後者是講內部關係。外部關係是要開放主義，要融入世界，要能及時地與世界一切先進的東西相溝通，相互吸收，相互磨勵，既能以世界文化補充增益自己，也能以自己之特長貢獻於世界。這是一個現代國家必須有的一種國際機制。內部關係是盡量解放人。所謂解放人，不是抽象的人性揭示，而是活現一個個具體的個人，使其個性得到伸張，使其創造力充分發揮，建立起一種既能發揮個人一切優長，又能整合全社會，凝聚全社會的一種現代機制。這也是一個現代國家所必須具備的。

　　近代中國人對必須世界化的大趨勢認識稍早，李鴻章等一代洋務官僚已大體有此意識。例如李鴻章說，泰西各國富強，「皆從各國交好而來。一國的見識無多，聰明有限，須集各國的才

力聰明，而後精日益精，強日益強。國與人同，譬如一人的學問，必要出外遊歷，與人交際，擇其善者，改其不善者，然後學問益進，智識愈開。國家亦然。或者格物的新理，製造的新式，其始本一國獨得之秘，自彼此往來，於是他國皆能通曉效法。此皆各國交際的益處。」[18]這是李鴻章光緒二年（1876年）時說的話，顯然應可被看作是適應世界化趨勢的初步覺醒。

但中國人對人的解放，即個性主義的認識要遲緩而且困難得多。直到甲午戰後，才有人提出個性主義的問題。應當提到的第一人是嚴復。他在1895年發表〈論世變之亟〉一文，其中扼要說到中西文化與中西價值觀的最大不同在自由與不自由。自由，就是在「待人與及物之中」要「存我」。這個「存我」，可以說是相當準確地表達了個性主義的思想。

對於世界化與個性主義，都有省悟，且始終把握不放，認識到這是建設現代國家必不可逃的路徑，則梁啟超是最早的代表人物。

1896年，梁啟超先後作〈西學書目表序例〉及〈西學書目表後序〉兩文，極力主張「國家欲自強，以多譯西書為本；學者欲自立，以多讀西書為功」。[19]為避免片面性，他又提出中西學必須相結合、相匯通。他說：「舍西學而言中學者，其中學必為無用；舍中學而言西學者，其西學必為無本」。[20]這聽起來雖然頗類「中學為體，西學為用」的主張。但其認定中西學必須融會貫通，這畢竟是世界化的一種眼光。1897年，梁氏在〈春秋中國夷狄辨序〉一文中，又以《春秋》張三世，其太平世「天

[18]　《李文忠公全集・譯署函稿》第6卷，第13頁，光緒乙巳年金陵付梓，戊申印行。
[19]　《飲冰室合集・文集之一》第123頁，中華書局影印本，1989年。
[20]　同上，第129頁。

下遠近大小若一」[21]的說法，以證世界化之必然趨勢，從而力駁「夷夏之防」的封閉主義的謬論。1899 年，他在〈論中國與歐洲國體異同〉一文中，則說道：「今日地球縮小，我中國與天下萬邦為比鄰，數千年之統一，俄變為並立矣。」[22]令人感到，他對世界化的趨勢有著某種緊迫感。

在戊戌以後，留亡日本的 14 年中，梁氏著述數百萬言，其中相當大一部分都是反覆論述中國處列強競爭之世，應如何急起努力，新我國民，開我民智，新我民德，強我民力，以適應世界潮流，成憲政之國家，並立於世界各國之林。梁氏不僅在思想言論上，而且在實踐行動上，也努力適應世界化的大趨勢，推動中國融入世界的進程。至民國肇建伊始，梁啟超就發表〈中國立國大方針〉一文。文章第一標題就叫作「世界的國家」（據我所見，「世界的國家」一詞，很可能是梁啟超第一個提出來使用的）。其文大旨稱：「今代時勢之遷進，月異而歲不同，稍一凝滯，動則陵夷。故有國有家者，恒兢兢焉內策而外應，若恐不及。然則今日世界作何趨勢，我國在世界現居何等位置，將來所以順應之以謀決勝於外競者，其道何由?此我國民所當常目在之而無敢荒豫者也。」[23]其世界化的自覺意識已十分清楚。

梁氏對個性主義的關注要比其世界化的意識稍遲緩。就所見而言，他是在戊戌維新運動失敗之後，才比較自覺地關注到這一方面。梁氏於戊戌政變後留亡日本，得見「彼邦朝野卿士大夫以至百工，人人樂觀活躍，勤奮勵進之朝氣」；[24]又讀福澤

---

[21] 《飲冰室合集·文集之二》第 48 頁。
[22] 《飲冰室合集·文集之四》第 67 頁。
[23] 《飲冰室合集·文集之廿八》第 40 頁。
[24] 見吳其昌〈先師梁任公別錄拾遺〉，《文史資料選編》第 36 輯，第 76 頁，北京出版社，1989 年。

渝吉之《文明論之概略》有關「精神文明」與「形質文明」的
關係的論述，深有感悟。乃作〈國民十大元氣論〉一文，認為
學習西方「求形質之文明易，求精神之文明難，精神既具，則
形質自生」；「真文明者，只有精神而已」。[25]從這些話當中，我
們可以領會到當時梁啟超對維新運動失敗的一種反省。他認
為，辦洋務，學西方種種器用；搞維新，求西法以變中法，此
皆屬形質文明。在中國人完全不解西洋精神文明之為何物，國
民精神毫無變革的情況下，欲求變器物，變制度，不可能取得
成功。因此，必須先變革中國人的精神。「求文明而從精神入，
如導大川，一清其源，則千里直瀉，沛然莫之能禦也。」[26]

那麼精神文明之最重要，最核心的應該是什麼呢？梁氏認
為，應提倡獨立精神，「人而不能獨立，時曰奴隸」。[27]要獨立，
就不可依附於古人，更不可依附於他人。〈國民十大元氣論〉一
文發表於 1899 年 12 月。這是一篇未完成的作品。一年半以後，
到了 1901 年 6 月，梁氏又發表〈十種德性相反相成義〉。此文
顯然與前文有內在銜接的關係。文中關於「獨立」之義，有大
進一步的發揮。他說：「吾以為不患中國不為獨立之國，特患中
國今無獨立之民。故今日欲言獨立，當先言個人之獨立，乃能
言全體之獨立。」[28]提出「個人之獨立」，實是梁啟超關注個性
主義的一個明顯標誌。在這篇文章裏，梁氏又申述「自由」與
「利己」之義。他指出「自由之德者，非他人所能予奪，乃我
自得之而自享之者也。」[29]又進一步說：「自由之公例曰：人人

<hr>

25 《飲冰室合集·文集之三》第 61 頁。
26 同上，第 62 頁。
27 同上。
28 「《飲冰室合集·文集之五》第 44 頁。
29 同上，第 45 頁。

自由，而以不侵他人之自由為界。」[30]這是西方思想家所常道者。
在談到「利己」之義時，梁氏把它與權利思想緊緊連在一起。
他說：「人而無利己之思想者，必放棄其權利，弛擲其責任，而
終至於無以自立。」[31]這就把自由、利己（權力與責任）與獨立
之義相貫通。他將個人之獨立，個性之申張，從根本上確立為
國民精神，或者說精神文明之最基本的，最核心的思想。有了
這種認識，他才有以後〈新民說〉關於權利、自由、自治、自
尊等等思想的進一步發揮。

在近代中國，五四新文化運動實在是中國現代化意識最輝
煌的時期。在這個時期裏，中國人對於世界化的觀念，對於個
性主義的認識，都達到了前所未有的高度。而此一時期裏，思
想界的領袖人物中，絕大多數都曾受過梁啟超的影響。胡適在
《四十自述》中明確指出梁啟超對自己的深刻影響。蔣夢麟在
自己的回憶錄裏，更明確認定，梁氏的思想影響了一整代青年。
過去，有些人曾誤以為新文化運動及其以後，梁氏思想倒退了。
其實，就其把握中國現代化的根本趨向而言，完全不能這樣說。
梁氏認定，中國應走世界化的路，應循著導揚個性主義的路，
這是根本之圖。

人們都知道，中國之決定加入第一次世界大戰之協約國一
方，最重要的策動者就是梁啟超。而梁氏之所以大力鼓吹加入
此戰，正是出於中國必須世界化，不能自外於世界大勢的考慮。
事實證明，這一決策對中國之進一步世界化確實起到了重大作
用：第一，中國得以作為戰勝國之一參加巴黎和會，雖然會上
備受強國欺壓，但畢竟第一次在國際場合主動爭取權利，發出

---

[30] 同上，第 46 頁。
[31] 同上，第 48 頁。

一個主權國家的聲音。從前，中國一直是被強制接受列強種種
損害主權的條件，完全處於被動地位。此次以拒簽和約為契機，
中國開始逐漸有了主動爭取權利的自覺。有此自覺，才談得上
以平等的獨立主權國家的身份參與世界化的進程。第二，戰爭
耗去許多西方大國的精力，中國民族工業第一次獲得較好發展
的機會，使中國有了世界化的新起點。第三，由於日本利用戰
時西方列強無暇東顧之機，乘虛而入，成了中國的最大威脅。
覺悟了的中國人，一改從前學習日本的熱心，開始更多地直接
向西方學習和借鑒。留學歐美的學生逐漸取代了從前留日學生
在各方面引領現代化潮流的地位。從而，中國在政治、經濟、
教育、文化等各方面的世界化進程具有了新的面貌。第四，由
巴黎和會上中國受到不公正待遇而引發了五四學生愛國運動，
此運動喚起了農、工、商各階層的覺醒，使原已發生的新文化
運動，以前所未有的規模，把中國進一步推上世界化的軌道。

　　梁啟超在第一次世界大戰後，遊歷歐洲一年多，總結其觀
察、體驗寫成《歐遊心影錄》一書。從前，不少人都把此書誤
解為梁氏思想退向保守主義的表徵。實則並非如此。我們按現
代化的兩個基本趨向來審視，梁氏實際上並沒有後退，只是更
貼近中國現實而已。這裏不能細論，只能扼要指出：第一，梁
氏繼續提倡世界化。在《歐遊心影錄》中，他再次強調「世界
主義的國家」觀。他認為，大戰之後，國際聯盟出現，「國家與
國家相互之間從此加一層密度了，我們是要在這現狀之下，建
設一種『世界主義的國家』」。既是「世界主義的國家」，人們就
「不能知有國家，不知有世界。我們是要托庇在這個國家底下，
將國內各個人的天賦能力儘量發揮，向世界人類全體文明大大

的有所貢獻。將來各國的趨勢都是如此」。[32]第二，更加強調個性主義。《歐遊心影錄》中說：「國民樹立的根本義在發展個性」。所以必須求得各個人皆能「盡其性」，是所謂「盡性主義」。「要把個人的天賦良能發揮到十分圓滿」。個人做到如此，才能真正獨立。而「就社會國家論，必須如此，然後人人各用其所長，自動的創造進化，合起來便成了強固的國家，進步的社會」。「這便是個人自立的第一義，也是國家生存的第一義」。[33]梁氏始終認定，只有個性主義大大提倡起來，俾個人的品性、才華充分發展，各盡其性，各盡其才，整個國家才會發達，社會才會進步。否則，談國家現代化只能是一句空話。

　　如果我們承認世界化和個性主義是現代化的兩個根本趨勢，則梁啟超是近代中國最早自覺意識到這一點的人，並且終其生一直堅持不放。從這個角度去觀察，我把梁啟超視為中國現代化的啟明星。

[32]　《飲冰室合集・專集之廿三》第 21 頁。
[33]　同上，第 24-25 頁。

胡適書信究竟有多少

　　我們都知道，胡適是個廣交朋友的人。因此，他寫給朋友們的信必定為數甚多。胡適又是在學術、教育、文化乃至政治等各界活動甚多的人，免不了要為各種公事而與有關人士聯絡，這方面的信件也一定為數不少。但我們現在所搜集到，所見到的胡適書信，中文的只有 2200 通左右，英文的約 800 餘通，兩項加起來才 3000 通左右。這與胡適書信的實際數量相差甚大。我們試估計一下胡適一生所寫的書信的數量。所幸，胡適本人為我們留下幾個有趣的統計材料可供我們參考。在《胡適留學日記》第 4 冊第 1086-1087 頁，胡適統計他 1916 年一年中共寫信（包括明信片）1040 封，則平均每天 2·84 封。在我編的《胡適遺稿及秘藏書信》第 14 冊裏，又有三項統計供我們參考：

(一) 1915 年 9 月 22 日－1916 年 7 月 12 日，胡適共寫信 671 封，則平均每天 2.28 封。

(二) 1918 年 8 月 21 日－11 月 21 日，共寫信 338 封，則平均每天 3.63 封。

(三) 1919 年 2 月 1 日－4 月 4 日，共寄出信件 311 封，其中有為其母喪而發出的謝帖 96 件，去掉此數，還有 215 封，則平均每天 3.41 封。

　　從以上四項統計看，胡適平均每天寫出書信少則 2.28 封，多則 3.63 封。我們姑且按最少的計算，平均每天 2.28 封，截頭去尾，只計 1911 年至 1961 年這 51 年的信件，則每年是 832.2

封，51 年共是 4.24 萬封。如果再加上他在上海讀書 6 年所寫的信件，即使每年以 100 封計算，也有 600 封。合在一起，總數達 4.3 萬封。這個數字實在有些驚人。我們且作更保守的估計。假定胡適後來因聲名太大，工作太忙，活動太多，寫信時間少了；再扣除純係禮節性的信函不計，即使每天按 1 封信計，51 年也有 18600 餘封。再加上上海時期的 600 餘封，則為 19200 餘封。這樣，我們可以說，按最保守的估計，胡適的書信也應有 2 萬封左右。

　　很可惜，這些書信的極大部分，因戰爭、動亂和不斷的政治運動的關係，可能已不復存在了。但總該還有一些可能會僥倖保存下來，它們或在某些私人手中，或埋藏在某機關未加整理的檔案之中。記得 1975 年我訪問錢端升先生時，我曾說，以他與胡適先生的關係，胡適寫給他的信應頗不少。他當時回答說，所有信件，在 50 年代初期的政治運動中即上繳組織了。數十年來，人事幾經變遷，如今很難按他的「組織」的線索去查找這些信件。我們只能祈禱，但願這些書信不致被當作廢紙燒掉，而是仍埋藏在我們現在無法知道的某機關或某私人的檔案中，也許將來會有重見天日之時。

原載於《文匯讀書週報》2005 年 4 月 15 日

從民族文化復興的大視角看胡適與魯迅

在我國，關於魯迅的研究，有長久的歷史。可以說，從魯迅去世的時候就開始了。而到解放後，更是以國家之力提倡之，扶持之。所以對於魯迅，中國人凡稍稍受過教育的，就沒有不知道的。而且許多人，對他還能有相當的瞭解。在文革期間，人們對魯迅語錄之熟悉，幾乎和對毛澤東語錄之熟悉差不多。《魯迅全集》已經出了好幾版。研究魯迅的專書、論文不可勝記。專門研究魯迅的刊物已出版了許多年。研究魯迅的人，是一個非常龐大的隊伍。至於對胡適的研究，則直到上世紀70年代後期才開始。而且只有很少的人做這種研究。中間還頗經歷過一些曲折。不過，改革開放的大趨勢是不可逆轉的；加上一部分學者有一點敢於擔當的精神和社會良心，終於堅持下來，並取得發展和進步。到今天，《胡適全集》也居然出版了（雖然不很理想）。研究胡適的專書也有幾十種，論文千篇以上。多少作過一些研究，寫過一些東西的人至少也在百人以上。

胡適與魯迅，這兩個人對近代中國的思想、學術與文化都產生了巨大的影響。對於魯迅的影響，人們早已認同了。對於胡適的影響，近年來，也逐漸為越來越多的人所承認。在這種情況下，人們逐漸關注這兩位文化巨人之間的關係到底如何。這方面的研究，其實早在上世紀90年代就開始了。這只是指的在國內；在國外，在80年代就有人做這種研究了（普林斯頓大學的周質平教授有關胡適與魯迅的比較研究的文章發表於1984年）。

　　本世紀初，應上海社會科學院院報之邀，我寫了一篇題為〈新世紀從頭說胡適〉的文章。其中有一個重點是論述胡適是新文化運動的中心人物。相信會有一些人不同意我的意見。大家知道，過去，一談新文化運動，必首先提到陳獨秀、李大釗、魯迅，有時完全不提胡適；有時提到他，卻只是作為一個灰色的配角。我的看法同傳統主流意見相距甚遠。今天我不想再重複討論這個問題。我想從民族文化復興的大視角看胡適與魯迅的關係。

　　首先還是要略為交代一下兩人交往的基本線索。兩人因《新青年》與新文化運動而結緣。有直接交往大致是 1918 年到 1926 年。這期間，在《魯迅日記》中提到胡適者，據陳漱渝先生統計有 40 處；但在《胡適日記》中提及魯迅者則只有十幾處。魯迅致胡適的書信，現存者有 8 通；胡適致魯迅者，則無一倖存。（現存的只有 1926 年 5 月 24 日在天津一家飯店裏，胡適寫給魯迅、周作人和陳源三個人的一封信。）在魯迅的作品中提及胡適者有 30 餘處；在胡適作品中提及魯迅者也有 10 餘處。我總的印象是凡涉及推動新文化運動的事情，兩人是一致的，或是大體一致的，是相互聲援的。迨新文化運動漸漸分裂之後，涉及政治問題時，魯迅對胡適的批評相當尖刻。但在談及文化或學術問題時，兩人的立場和態度還是大體一致或是相近的。上世紀 50 年代，在批判所謂「胡風反革命集團」時，胡適詳細閱讀有關材料，他得出結論說，「魯迅是我們的人」[1]；「魯迅若還活著，也是應該被清算的！」[2]「魯迅若不死，也會砍頭

[1]　耿雲志：〈魯迅是個崇尚自由的人——關於周策縱先生的兩首小詩〉，見《文匯報》2001 年 12 月 1 日《學林》第 654 期。
[2]　胡適致趙元任的信（1955 年 10 月 23 日）見耿雲志、歐陽哲生編《胡適書信集》（中）第 1255 頁。

的！」[3]若照魯迅對胡適的批判，他們簡直就是「深仇也似的」
敵人；若照胡適的晚年結論，則他們在思想文化領域，其實是
同一營壘的人。

那麼，到底如何呢？這就是我在本文中所要討論的問題。

一

讓我們從新文化運動談起吧。

新文化運動是如何起來的呢？是由於辛亥革命後所建立起
來的共和國徒有其名；經數年之混亂無序，直到兩度復辟。先
覺者省悟到，無量頭顱無量血，只是改換了政權的名號，並未
真正建立起新的制度。因為人們的思想觀念並未發生根本的變
化。除了只佔國民之極少數的先覺者之外，絕大多數的人，所
想，所說，所做，大體仍舊是老一套。民初著名記者黃遠庸說：
「愚見以為，居今論政，實不知從何處說起。……至根本救濟，
遠意當從提倡新文學入手。綜之，當使吾輩思潮如何能與現代
思潮相接觸，而促其猛省。而其要義，須與一般之人生出交涉。
法須以淺近文藝普遍四周。」[4]黃氏指出，中國需要一場類似歐
洲的文藝復興運動，以改變人們的思想觀念。而且他預言到，
這場文藝復興運動將從文學革命入手。陳獨秀在說到民初政象
時說道，「自國會解散以來，百政俱廢。……此時全國人民，除
官吏兵匪偵探之外，無不重足而立，生機斷絕，不獨黨人為然
也。」[5]在這種政治狀況之下，「充塞社會之空氣，無往而非陳

---

[3]　胡適致雷震的信（1956 年 4 月 1 日）見同上書，第 1262 頁。

[4]　黃遠庸：《遠生遺著》下冊，卷四，第 189 頁，商務印書館 1984 年增補影
　　印版。

[5]　陳獨秀：〈致《甲寅》記者函〉，見《陳獨秀文章選編》（上）第 66 頁，

腐朽敗焉；求些少之新鮮活潑者，以慰吾人窒息之絕望，亦杳不可得。」[6]他把希望寄託於普通多數之民眾，尤寄希望於青年。在政治上，當求「自覺其居於主人的主動地位」，在思想上，當以「獨立、平等、自由為原則」[7]。半生熱衷於政治改革的梁啟超也感到，政治上已無從下手，乃決心從事於思想運動。「吾將講求人之所以為人者，而與吾人商榷之；……吾將講求國民之所以為國民者而與吾人商榷之。」[8]

胡適於 1917 年夏天回國。他的感受正與上述幾位相同。他在〈歸國雜感〉中說：「七年沒見面的中國，還是七年前的老相識。」[9]正因此，他打定主意，「二十年不談政治」，「要想在思想文藝上替中國政治建築一個革新的基礎」[10]。魯迅雖不曾有這般明確的記述，但他曾在多篇文章裏談到這時期他的悲哀、寂寞與憤懣。還在清末時期，他就已經立意，棄醫從文。一當文學革命運動起來之後，魯迅與《新青年》的同事們發生聯絡，並融入這個群體之中。在往後的發展中，他成了新文化運動的一個主將，一個大將。這都不是偶然的。魯迅與胡適，同其他的先覺者們一樣，感受到同樣的時代脈動，暫時避開混沌的政局，投入引領民族復興的文化變革運動之中。可以說，是時代的使命把胡適與魯迅兩人一齊推上了歷史舞臺的前端。

三聯書店，1984 年出版。

[6]　陳獨秀：〈敬告青年〉，見《陳獨秀文章選編》（上）第 73-74 頁，三聯書店，1984 年出版。

[7]　陳獨秀：〈吾人最後之覺悟〉，見《陳獨秀文章選編》（上）第 107、108 頁，三聯書店，1984 年出版。

[8]　梁啟超：〈吾今後之所以報國者〉，見《飲冰室合集·文集之三十三》第 54 頁，中華書局，1989 年影印本。

[9]　《胡適文存》卷四，第 1 頁，亞東圖書館，1925 年第 8 版。

[10]　《胡適文存》二集卷三，第 96 頁，亞東圖書館 1925 年再版。

二

在新文化運動中，魯迅與胡適兩人的步調是基本一致的。

新文化運動是由文學革命揭開序幕的。而文學革命之「首舉義旗的先鋒」是胡適。胡適倡導以白話代替文言，成為創造中國新文學的利器，實現「國語的文學和文學的國語」。這是一場遠遠超出文學革命範圍，具有極其廣泛而深刻的社會意義的革命。它有利於人的思想解放，有利於人們之間的思想交流，有利於社會團體的發達，有利於群眾的覺醒與社會動員。魯迅敏銳地瞭解這場革命的意義，憑藉他深刻的洞察力和天才的藝術創造力，接連寫作了〈狂人日記〉、〈藥〉等等一批極具藝術力量的白話小說，以顯示出「文學革命的實績」。當一些保守的文人和舊營壘中一切敵視新事物的人們，力圖扼殺白話文學的時候，魯迅又和胡適站在同一條戰線上，頑強地鬥爭。胡適依其一貫的作風，充分理性地闡發白話文學必將取代文言文學，成為中國新文學的正宗的歷史必然性，及其對中國社會進步的意義。魯迅則甚至「要上下四方尋求，得到一種最黑，最黑，最黑的咒文，先來詛咒一切反對白話，妨害白話者」[11]。胡適是白話詩的倡導者和身體力行的先驅，他把他自己結集出版的第一部白話詩集《嘗試集》交魯迅幫助刪削。魯迅自己雖不寫白話詩，但他是白話新詩的熱烈的贊助者。可以說，在文學革命的問題上，魯迅與胡適兩人是志同道合的。

新文化運動的核心內容是人的解放，個性解放的問題。在這一方面，胡適與魯迅兩人有著更深刻的一致性。首先應指出，在這個問題上，魯迅夠得上是一個先行者。還在清末的 1908

---

[11] 〈二十四孝圖〉，《魯迅全集》卷二，第 251 頁，人民文學出版社 1981 年版。

年，魯迅在留學生所辦的刊物《河南》月刊的第 7 期上發表〈文化偏至論〉一篇長文，大力伸張個性主義。他指出，生存於列國競爭之世界，一個民族要爭存圖強，「其首在立人，人立而後凡事舉；若其道術，乃必尊個性而張精神」[12]。但也要指出，魯迅在其文中，把他當時所知道的世界上幾個最著名，然而其色彩大異的思想家都羅列在一起，如叔本華、尼采、施蒂納、易卜生等等。這其中，除了易卜生以外，叔本華的唯意志論，尼采的超人哲學，施蒂納的極端無政府主義的「唯一者」，都與新文化運動中所提倡的「健全的個人主義」有著很大的區別。

　　胡適在〈易卜生主義〉、〈非個人主義的新生活〉、〈美國的婦人〉等文章裏，清楚地闡述了他所提倡的健全的個人主義。他指出，健全的個人主義，即真的個人主義，就是個性主義。個性主義的特點，「一是獨立思想，……二是個人對於自己思想信仰的結果要負完全責任」[13]。這層意思，他在多篇文章裏反復強調過。只有獨立思想，才會有獨立的人格，才會有個人意志的自由。沒有個人意志的自由，是奴隸，不是一個真正意義上的人。但個人意志的自由必須有一定的限度，否則就會侵及別人的自由。一旦侵及別人 的自由，就會產生相當的社會後果。所以，在強調個人獨立，個人意志自由的同時，還要強調個人必須對自己的思想和行為的後果負完全的責任。胡適的貢獻不僅是給個性主義，或者說是健全的個人主義提出了一種比較可以避免誤解的嶄新的界說；而且還在於他明確地指出了個人自由與集體，乃至國家、民族的命運的關係。他說：「真實的為我，

---

[12]　《魯迅全集》卷一，第 57 頁，人民文學出版社，1981 年版。
[13]　〈非個人主義的新生活〉，《胡適文存》，卷四，第 174 頁，亞東圖書館 1925 年第 8 版。

便是最有益的為人。把自己鑄造成了自由獨立的人格,你自然會不知足,不滿意於現狀,敢說老實話,敢攻擊社會上的腐敗情形,做一個『貧賤不能移,富貴不能淫,威武不能屈』的斯鐸曼醫生。」[14]只有把自己鑄造成器,才能有益於人,有益於國家、民族;否則,所謂愛國,所謂貢獻於社會,便皆成空話。所以,胡適說:「現在有人對你們說:『犧牲你們個人的自由,去求國家的自由!』我對你們說:『爭你們個人的自由,便是為國家爭自由!爭你們自己的人格,便是為國家爭人格!自由平等的國家不是一群奴才建造得起來的!』」[15]

　　魯迅主要是以其文學創作來表達他個性解放的要求的。他對舊社會、舊思想淘空人們本有的性靈所做的控訴,在多篇小說中,都得到生動的表現。如〈狂人日記〉、〈藥〉、〈明天〉、〈故鄉〉、〈阿Q正傳〉、〈祝福〉等等。有時,他也在一些文章中直抒其要求個性自由,反對各種強制的干預的主張。如〈我們現在怎樣做父親〉、〈論雷峰塔的倒掉〉、〈關於知識階級〉等等。

　　在涉及女子解放這個具體的社會問題時,胡適與魯迅的一致性就更加明顯了。

　　胡適從1918年7月在《新青年》上發表〈貞操問題〉一文起,陸續發表了〈論貞操問題〉、〈論女子為強暴所污〉、〈美國的婦人〉、〈李超傳〉等文,詳細論述了女子在接受教育、婚姻、家庭、財產、社會以及在貞操等問題上,均應與男子處於完全平等地位的思想主張。而且應當指出,他是站在人的解放這一高度上來論述女子解放的問題的。魯迅在胡適的〈貞操問題〉

---

[14]　〈介紹我自己的思想〉,《胡適論學近著》第一集,第634-635頁,商務印書館1935年版。
[15]　同上,第635頁。

一文發表之後一個月，緊接著在《新青年》的下一期上，發表
了〈我之節烈觀〉。他的文章顯然是對胡適的〈貞操問題〉一文
的回應。其主要意思也是強調節與烈，女子與男人應該完全平
等。但魯迅以其最擅長的文學手法，對片面鼓吹女子節烈的封
建衛道士們加以極其辛辣的諷刺。

在對待傳統的問題，對孔子及儒家思想的態度問題，以及
對青年問題等等，總之，在關乎新文化運動中各種重要的和最
引人注意的一些問題上，胡適與魯迅基本上都是站在同一立場
的。他們都是這個偉大的歷史運動中立下不朽功勳的人物。

三

過去，人們一直認為，新文化運動過後，胡適與魯迅兩人
就分道揚鑣了。魯迅走上革命的道路；胡適走上反動的道路。
說魯迅走上革命的道路這不錯，說胡適走上反動的道路就很不
正確了。但可以說兩人在政治問題上往往態度不同，甚至相反，
這是事實。他們之間不是革命與反動的區別，而是擁護暴力革
命與堅持和平改革之間的區別。這頗有點兒像清末孫中山與梁
啟超之間的區別。孫、梁之間的區別，過去也是被人們說成是
革命與反動的區別。直到改革開放之後，經過我們一部分學者
費了很大的氣力，用大量確鑿的歷史事實和深入的理論分析，
才逐漸讓人們看清歷史的本來面貌。胡適與魯迅，兩人同中共
領導的革命有著直接的關係。因而，要改變人們習慣的成見就
更加不易了。在這裏我們不能詳論這個問題。我要指出的是，
儘管胡適與魯迅在涉及現實政治問題時，態度很不同，甚至截
然相反。但在涉及民族文化的一些基本問題上，他們其實是很
相近的。

　　人們都知道，胡適是主張學習和借鑒西方文化的。他毫不隱諱地認為西方文化是先一步發展成為近代文化的；而中國文化，大抵還停留於近代以前的狀態。中國人要走現代發展的道路，向西方學習和借鑒是再自然不過的事。他堅決反對一切保守主義，反對向後看，尤其反對企圖開倒車的思想和主張。為此，他被人說成是全盤西化論者，是崇洋媚外的民族虛無主義者。誠然，胡適為批評一切折衷主義論調，確曾一度用過「全盤西化」的提法。但他很快就發現這個提法的不確切和易滋誤解，而改用「充分世界化」的提法。（我曾指出，「充分」兩個字是不必要的。）世界化就是對外開放，就是讓中國的文化與世界文化充分接觸，充分交流，在這種接觸與交流之中，互相切磋、琢磨、融會，發生化學作用，汰去一切不適用的，沒有價值的東西，產生一種適應新時代的新文化。他在〈試評所謂「中國本位的」文化建設〉一文中說：「我們肯往前看的人們，應該虛心接受這個科學工藝的世界文化和它背後的精神文明，讓那個世界文化充分和我們的老文化自由接觸，自由切磋琢磨，借它的朝氣銳氣來打掉一點我們的老文化的惰性和暮氣。將來文化大變動的結晶品，當然是一個中國本位的文化，那是毫無可疑的。如果我們的老文化裏真有無價之寶，禁得起外來勢力的洗滌衝擊的，那一部分不可磨滅的文化將來自然會因這一番科學文化的淘洗而格外發輝光大的。」[16]這種開放的文化建設主張，是胡適一貫堅持，從未改變過的。

　　魯迅在這個問題上，與胡適極其接近。他也是一貫反對各種保守主義和折衷主義，堅持開放的文化觀念。1935 年，當圍繞著「本位文化」與「全盤西化」的問題展開論爭的時候，魯

---

[16]　《胡適論學近著》第 556-557 頁。

迅雖沒有直接參與爭論，但他在此時期所發表的文章中仍不乏表現其開放的文化思想的內容。其著名的〈拿來主義〉一文就是顯著的例子。文章一開頭就批判「中國一向是所謂『閉關主義』，自己不去，別人也不許來」。大門被槍炮打開以後，自己的東西開始「送出去」，別人的東西也有「送進來」。然而，這「送出去」與「送進來」者，多半不是自覺的，主動的。魯迅主張「我們要運用腦髓，放出眼光，自己來拿」，實行「拿來主義」。自己去拿，就是主動去交流。「沒有拿來的，人不能自成為新人；沒有拿來的，文藝不能自成為新文藝。」[17]這些話是論爭之前幾個月說的。論爭展開之後，魯迅有一篇〈在現代中國的孔夫子〉的文章。他一如五四時期一樣，對孔夫子為歷代統治集團所利用的東西加以攻擊、批判。

我們還應注意到，當對所謂「本位的文化建設宣言」進行批判進入高潮時，曾有一篇很有分量的聯合宣言發表。其中簽名者既有與胡適關係緊密者，也有與魯迅關係極密切者。這也是很可說明問題的。

所以，我們完全可以說，胡適與魯迅，即使在他們因政治態度不同而關係惡化之後，在以批判的態度對待舊傳統，以開放的態度對待西方文化的問題上，他們仍然基本上站在同一條戰線上。

四

魯迅比胡適長十歲，但仍可說他們是同一時代的人，都是在清末革命與改革交相激盪的歷史環境中成長起來的一代人。那時，魯迅到日本留學；胡適先是在上海新式學堂讀書，繼又

---

[17] 見《魯迅全集》卷六，第38、39、40頁。

到美國留學。當時人注意到，到日本留學的青年，多傾向於反滿的暴力革命；到歐美留學的青年多傾向於和平改革。這種差別完全是由客觀環境造成的。日本當時是大批中國政治流亡者的聚散地，是反抗清政府的志士們的主要大本營。到那裏留學的青年不能不受其影響。再則，日本較西方各國，離中國最近，國內種種腐敗和民不堪命的情形，都能及時地多渠道地傳到日本，令在那裏的青年學子們倍增義憤，激化其革命情緒。而到歐美留學的青年所遇到的環境，則與日本大不相同。那裏基本上是一派和平發展的景象。學校都很正規。有心向學的青年進入其中，多能為其學術氛圍所感染。加之，離開故國甚遠，不易被國內種種不堪的政象所擾。所以，不易滋長革命情緒。魯迅與胡適在這兩種截然不同的環境中讀書，其思想狀況亦遂不同。魯迅歸國後，一段時期或從事於教書，或在教育部任職，未得機會充分表露其革命的言行。一當新文化運動將全國的大部分青年學生和一部分其他階層的人士的革命情緒鼓動起來之後，魯迅的革命精神立即煥發出來。直到他去世，他都一直同最革命的黨派、青年和群眾站在一起。胡適則不同。從發動文學革命起，終其一生，都堅持和平改革的立場。

　　過去，人們在教條主義籠罩之下，一直把改革與革命看成是勢不兩立的東西。這嚴重影響了人們客觀、正確地瞭解中國近代史上的許多問題。革命者和改革者有著根本的共同點，即他們都不滿於現實，都要爭取一個新的社會；不過所選擇的道路，所取的方法、手段不同而已。再者，政治是最具相對性的東西；而思想、文化對一個民族來說，在相當長的一個時段裏是穩定的。魯迅自覺地充當思想文藝戰線上的一個革命戰士，所以，他緊隨著革命的階級、黨派、團體的路線、政策走。他所擁護的，和所反對的，都是革命的階級、黨派、團體所擁護

的，和所反對的。胡適不贊成激烈的革命，是溫和的改革派，他又有著巨大的思想影響力，客觀上有不利於革命的階級、黨派、團體的作用。所以，他被自居於革命戰士的地位的魯迅所不容，對他進行攻擊、批判，乃是很自然的事。但是，對於中國民族應當走現代化的路，應當爭取建立一個自由、民主的新社會，應當使中國人成為有自尊，有獨立人格，有自由思想，有自主創造力的的新人，應當使中國文化成為融會中西的新文化，……在這些對國家民族的長遠發展具有基本意義的大問題上，他們兩人一直保持著大體一致的立場。這其中最基本的原因是他們本質上都是崇尚自由的人。

　　1925 年 12 月，胡適在給陳獨秀的一封信中說：「我們兩個老朋友，政治主張上儘管不同，事業上儘管不同，所以仍不失其為老朋友者，正因為你我腦子背後多少總還有一點容忍異己的態度。」那時，陳獨秀已是共產黨的總書記，是中國最革命的人們的第一號領袖。胡適仍相信他的這位老朋友，還和他一樣，頭腦中還保留著一點容忍異己的精神。後來的事實也證明，陳獨秀確仍保持著對自由民主的基本信仰。對於魯迅，大體上也有類似的情形。在國內展開大規模批判胡風之後，胡適從所披露出來的當年魯迅最親密的戰友胡風的「罪狀」材料中看出，魯迅和胡風一樣，其實都是崇尚自由的人。[18]就是這一點對自由的崇信和爭自由的勇氣，使胡適與魯迅兩人，儘管政治態度不同，儘管私人關係越來越疏遠，但在民族文化復興的大方向上，卻是保持基本一致的立場。

　　　　　2005 年 10 月 29 日在「魯迅與胡適」研討會上的發言，
　　　　　　　　　　　　　　　11 月 10 日追寫成文。

---

[18]　參見〈魯迅是個崇尚自由的人——關於周策縱先生的兩首小詩〉，《文匯報》
　　2001 年 12 月 1 日《學林》第 654 期。

孫中山民族主義思想的歷史演變

　　孫中山是近代中國民主革命的偉大先驅。他既是一位革命家，也是一位思想家。他的思想就是著名的三民主義。三民主義中排在第一位的是民族主義。這是與他所面臨的時代，中國民族所處的緊迫的危機環境密切相關的。

　　清朝末年，中國屢受列強的侵凌，喪師失地，巨額賠款，租界、海關、領事裁判權等損害主權之事，所在多有。腐敗的清政府竟「量中華之物力，結與國之歡心」。這在孫中山等一代革命家們看來，清朝廷及其王公貴族，是把漢族的天下，當作禮物，隨便送給外國，以苟延其統治壽命。因此，有的革命家把清朝廷說成是「洋人的朝廷」。他們認為，要想保住國家，免於滅亡；要想使國家富強起來，不再受人欺侮，首先就要起來革命，推翻滿清「異族」的統治。為此，他們要宣傳和動員群眾。本來，自明亡之後，一直就有「反清復明」的思想潛藏於民間，還有原於此種思想凝聚起來的下層社會組織即所謂會黨散處各地。鑒於這種情況，反滿的思想遂成為宣傳和動員群眾最方便的思想利器。

　　我在兩年前的一篇文章裏，在討論中國近代思想史上的幾個問題時，論到民族主義，指出，近代中國人的民族主義思想，曾經歷了三個發展階段，或者可以說，可分析出三種境界。第一個階段，或者說是第一種境界，是以「排異」為主導的狹隘民族主義。這既可於早期對西方「蠻夷」的態度上看出來，也可從後來革命黨人反滿的意識中看出來。第二階段，或者說是第二種境界，是以建立近代民族國家為目標的民族主義。這種民族主義最早是由梁啟超表達出來的。同盟會成立後，一部分

革命黨人也開始進入這一境界。第三個階段，或者說是第三種境界，是以爭取建立各民族平等相處的國際新秩序為目標的民族主義，這是最高形態，或者最高境界的民族主義。五四時期，中國的先進分子大都秉持這種民族主義。

我對孫中山的研究，雖然開始很早，但對他的民族主義進行歷史的考察，實是近兩年的事。我發現，孫中山的民族主義思想的歷史發展，也可以驗證我對中國近代民族主義三個發展階段，或三種境界的論斷。此次的論文報告，就是從這一角度對孫中山的民族主義進行歷史的考察，歷史的分析。

孫中山從開始其革命活動時起，非常清楚的表現出以反滿為主要特徵的民族主義。他為鼓動群眾，曾號召「殺滿洲佬，復明之江山」。即使在向外國人說明其革命思想時，他也毫不掩飾其排滿的思想。如到 1903 年的時候，他在寫給外國人看的一篇文章中說：「滿胡以異種入主中原，……當入寇之初，屠戮動以全城，搜殺常稱旬日，漢族蒙禍之大，自古未有如是之酷也。」所以，漢族人民，「復仇之念，至今未灰」。直到同盟會成立，孫中山這種以反滿為內容的民族主義，都沒有任何變化。這可以說是他的民族主義的第一個發展階段。

同盟會成立，孫中山提出「驅除韃虜，恢復中華，創立民國，平均地權」的綱領。其中包含了建立民主共和國的內容。所以，從本質上說，這以後，孫中山的民族主義應是屬於以建立近代民族國家為目標的民族主義。但有一種很明顯的情況，表明孫中山此後相當一個時期裏，都不曾完全擺脫反滿的狹隘民族主義。如直到武昌起義前夕，1911 年 6 月，他在一次演說中還強調「滿政府立心之狠毒」，大講「凡非我族類，其心必異」。

　　為什麼已經具有民族建國思想的孫中山，仍長期不能擺脫反滿的狹隘民族主義呢？這可從三個方面加以說明。(1)革命黨搞武裝起義，基本的依靠力量主要是會黨。而會黨之參加革命，主要的思想基礎，甚至可以說是唯一的思想基礎就是反滿。所以，孫中山不能不繼續堅持反滿的民族主義。(2)在當時的中國，建立統一的近代民族國家的主要敵人是帝國主義列強。而孫中山當時對列強存有幻想，他一直謀求列強支持他的反滿革命。所以，他當時不可能提出反帝內容的民族主義。(3)在辛亥革命時期，孫中山領導的革命派與梁啟超領導的立憲派之間，一直存在著激烈的思想鬥爭。為與後者劃清界限，孫中山必須突出其反滿的一面。這就是為什麼說，孫中山基本上具備了民族建國的思想以後，卻仍然不能擺脫以反滿為主要內容的狹隘民族主義。

　　推翻清朝，建立民國後，孫中山一度認為民族主義的目的已經達到。所以，二次革命後，在日本成立中華革命黨時，他定的黨章，由原來的三民主義變成了二民主義，即只提民權主義和民生主義，沒有了民族主義。直到五四運動之後，孫中山才重新明確確定民族主義是其革命奮鬥的重要目標。一方面，他充分同情、支持學生及各界反帝愛國運動。另一方面，他在對內對外講話中，都明確申明反對帝國主義的立場。這一類言論很多，不必一一列舉。還有一個重要的表現，就是在1919年10月，中華革命黨重新改組為中國國民黨時，黨的〈規約〉明確以「實行三民主義為宗旨」。這是大約七年半的時間，孫中山基本不談民族主義之後，重新確立民族主義的革命目標。

　　從五四運動起，到國民黨改組完成，這四五年時間裏，孫中山反覆談論到以反對帝國主義為主要內容的民族主義問題。

他特別強調，滿清雖已推倒，但「已失之國權與土地仍操諸外國，⋯⋯如海關則歸其掌握，條約則受其束縛，領事裁判權則猶未撤銷」。而且英佔威海，日佔旅順，德佔青島；而德國敗後，青島及山東問題卻仍受制於日本。這些現象都說明，中國還沒有取得獨立。中國人民必須團結起來，一齊奮鬥，廢除不平等條約，收回主權，「使中國在世界上成為一獨立國家」。這些材料說明，到此時，孫中山的民族建國的民族主義，已達到充分成熟的地步。

需要注意的是，孫中山之以民族建國為目標的民族主義充分成熟之時，亦即其民族主義進達第三發展階段之日。就是說，孫中山自五四運動以後，因受第一次世界大戰及蘇俄革命的影響，逐漸認識到中國革命與世界弱小民族的命運有著緊密的聯繫。而且這時期孫中山與蘇俄的黨和政府有很密切的交往。而當時蘇俄是極力以國際主義相號召的。由於對戰後世界革命形勢的新認識，以及與蘇俄打交道的新體驗，孫中山開始相信，聯合世界上以平等待我之民族，以推翻帝國主義的侵略、壓迫制度，建立各民族平等相處的國際新秩序是可能的。所以，進入上世紀二十年代以後，孫中山的民族主義，便明顯地進入以爭取建立世界各國、各民族平等相處的國際新秩序為主要內容的民族主義。如他說：「民族主義即世界人類各族平等」；「使中華民族與世界所有各民族同立於自由平等之地」；要「聯合世界上以平等待我之民族，共同奮鬥」。等等。

在討論孫中山的民族主義思想的發展演變時，有一個問題需要加以澄清。即孫中山是否有大漢族主義傾向的問題。

民國建立後的一段時期，孫中山多次談到合五族為一家的問題。如他說；「合漢、滿、蒙、回、藏諸地為一國，即合漢、

滿、蒙、回、藏諸族為一人」；又如他說：「合全國人民，無分漢、滿、蒙、回、藏，相與共享人類之自由」；「合漢、滿、蒙、回、藏為一家，相與和衷共濟」。等等。這些話，基本上都是講民族統一，民族融合的意思。但怎樣實現民族統一，民族融合，他當時沒有進一步詳細說明。直到五四以後，在面對嚴峻的反對帝國主義的鬥爭的情況下，孫中山在進一步闡釋其民族統一和民族融合的思想時，有時說得不夠清楚，不夠準確，顯露出一些大漢族主義的色彩。如他說：「務使滿、蒙、回、藏同化於我漢族，成一大民族主義國家」。他的意思，民族統一，民族融合，必須以漢族為中心，為主體。他認為「蓋藏、蒙、回、滿皆無自衛能力」，所以，強大我民族之能力，就要「使藏、蒙、回、滿同化於我漢族」。使其他民族「同化於我漢族」，這種說法肯定是不對的，是含有大漢族主義的意思。但我們能不能據此就認定孫中山此時是個大漢族主義者呢？我認為不能。因為與此同時，孫中山講過如下一類的話。如他說：「現在說五族共和，實在這五族的名詞很不切當。我們國內何止五族呢？我的意思，應該把我們中國所有各民族融成一個中華民族。」他又說：「吾黨所持之民族主義，消極的為除去民族間之不平等，積極的為團結國內各民族，完成一大中華民族。」尤其要指出，在國民黨一大宣言中，孫中山對其民族主義作了比較更準確的表述。宣言說：「於反對帝國主義及軍閥之革命獲得勝利以後，當組織自由統一的（各民族自由聯合的）中華民國」。從這些言論當中可以明顯地看出，孫中山決不是個大漢族主義者。

我認為，孫中山這時期出現一些帶有大漢族主義色彩的言論，是他在一段很長的時間裏緊張從事反對軍閥，亟求國家統一，維護共和法統的鬥爭之後，面對嚴峻的反抗國際帝國主義

的鬥爭局面，在不曾認真思考民族問題的情況下所發生的，不是不可以理解的。應當看作是他對於民族統一和民族融合的一種不夠準確的表述。

總之，孫中山作為近代中國一位最重要的政治領袖，他在民族主義的問題上，與大多數先進分子一樣，基本上經歷了從「排異」的狹隘民族主義，到以民族建國為主要內容的近代民族主義，再到以建立各民族平等相處的國際新秩序為主要內容的民族主義，這樣三個遞進的發展階段。孫中山民族主義思想，是一份值得加以總結和繼承的思想遺產。

這是 2006 年 11 月 4 日在香港大學，由《紫荊》雜誌社等聯合舉辦的紀念孫中山誕辰 140 周年的學術報告會上所作的報告

會議講話

在第一次胡適研討會開幕式上的講話

1991 年 11 月 7 日，安徽績溪

各位朋友，各位同志：

今天，我們在這裏舉行建國以來第一次胡適學術研討會，國內許多對胡適素有研究的專家來到這裏進行學術交流，還有關心和支持這次研討會的各方面的朋友參加今天的會議，特別是年高德劭的老前輩王子野同志也親自參加這次研討會，這是對我們極大的支持。我代表胡適學術研討會的組織委員會，向王老及各位朋友表示熱烈的歡迎！

我們這次研討會能夠在這裏順利舉行，得到績溪縣委、縣政府和有關人士的大力支持。我們謹向他們表示衷心的謝意！

大家知道，胡適是中國現代學術和文化史上具有廣泛影響而又爭議甚多的人物。在五四新文化運動中，他曾起過非常重要的作用，在文學、史學、哲學等諸多領域都有過開創性的貢獻。但由於大家都知道的原因，過去一個很長時期，人們對他只有批判而無研究。從十一屆三中全會以來，在改革開放的大

背景下，有些學者開始注意對胡適做實事求是地研究。十餘年來，研究胡適的有關論著相繼問世，在海內外產生了良好的影響。儘管在一些具體問題的認識上，在海內外學者之間，以及在海內學者之間仍有不同的意見，但研究討論的空氣已經初步形成。我們有理由相信，今後的胡適研究，將會在比較正常的學術研究的氛圍下，不斷深入，取得更大進展。

朋友們，這次研討會的主題是有關胡適的學術思想、學術活動及其成就和影響。我們希望大家緊緊圍繞這個學術主題，充分地展開討論，相互切磋。胡適是一個有多方面影響的，很複雜的歷史人物，充分認識這樣一個人物，不是一件很容易的事情，不是一下子能夠做到的。所以，需要大家本著科學的態度，持續地進行實事求是的探討。學術研究應當避免華而不實的浮泛的感想之論；應當力求做到充分地佔有材料，立論有據，紮紮實實。

朋友們，由於胡適在中國近現代思想史和學術史上的重要地位和廣泛影響，我們努力推動胡適研究，對於進一步全面、深入、系統地瞭解中國近現代思想史和學術史，是非常必要的。所以，我希望這次會議能夠在促進中國近現代思想史和學術史的研究方面發生積極有益的作用。

參加這次會議的，有史學、哲學、文學等許多不同學科的學者、專家，通過討論，彼此交流，取長補短，對我們各自的研究工作，也必將發生有益的影響。

最後，我祝到會的各位朋友身體健康！

預祝會議取得圓滿成功！

在《西方民主在近代中國》一書
出版座談會上的發言

今天是星期天，中國青年出版社，為我們的《西方民主在近代中國》一書的出版特地舉辦這樣一次座談會，用意極好，我們十分感謝。多位專家，抽出寶貴的時間來參加座談，事前又須抽出時間閱讀這本部頭不算小的書，盛意極為可感。

我先簡要說明幾點：

(一)本書是作為一項課題的研究成果推出的。十年前，我當時甚感人們對民主的認識非常模糊，對我們中國近代一百多年來，人們對民主到底有過怎樣的認識？為嘗試建構民主制度做過何種努力？成敗如何？簡言之，近代中國在民主的認識與實踐方面到底為我們留下怎樣一筆遺產？對此，人們更是知之甚少。鑒於此種情況，我提出應研究近代中國人對民主的認識與實踐，對中國人為建立近代民主制度而奮鬥的歷史做一番總結是非常必要的。此議提出後，當時社科院的領導同志甚表同意，很快就作為院重點課題確定下來。但因經費不足，所以，後來又申請社科基金立項。這就是這個課題的由來。

(二)民國以來，研究中國民主史的書頗有一些。除了中國人的著作外，外國學者也有幾本。他們有的是研究民主思想史，有的是研究憲法史，有的是研究民主制度史，有的是研究民主運動史。我們這本書是把中國人對民主的認識與建構民主制度

的實踐結合起來寫，也就是把思想與制度結合起來寫。這是前人沒有做過的。這可算是本書的主要特點。

這樣寫起來自然難度更大些。我們只能就我們的水平力所能及地做一番嘗試。希望這一嘗試能引起學界的興趣，今後有更深入的更系統更全面的研究成果出來。

(三)本書是寫中國人對西方民主的認識與實踐。所謂西方民主，就是通常我們說的資產階級民主或資本主義民主。按照我們現在的瞭解，中國共產黨人所追求的無產階級民主、社會主義民主，或現在最常用的提法——中國特色的社會主義民主，無論表現於文本上，還是表現於實踐中，它都是與西方民主完全不同的東西。這種不同性質不是今天才有的，是歷史上一直貫穿下來的。在共產黨取得全國政權以前，在革命根據地建立的政權，也完全不同於西方民主。在工農蘇維埃的時代不用說了。就是在抗戰時期，共產黨領導的政權與西方民主也不是一個東西，例如，抗戰時期根據地所實行的「三三制」。這種「三三制」的政權形式，在當時的中國，無疑是一種進步，而且在團結和動員各階級、各階層共同抗戰的艱苦鬥爭中也確實發揮了好的作用。與國民黨政權相比，其進步性質與進步作用尤為明顯。國民黨就不肯，也不敢實行「三三制」，一味堅持一黨統治。但這種「三三制」與西方民主制度並不是一回事，它們有實質上的區別。按西方民主制度來說，政府的組織形式，是由一黨組閣還是兩黨或多黨聯合組閣；都與其民主基本原則無關。因為它主要依靠三權分立達到權力制衡的目的。再有，在實行「三三制」時期，曾規定，如果共產黨員被選人數超過三分之一，須退出，將名額讓給黨外人士。這同樣與西方民主原則不相干，甚至還有些不相容。所以，我經過研究和思考，在

寫《西方民主在近代中國》這本書時，必須解決這個問題，即不能把中國共產黨人對民主的認識與實踐，與一般地對西方民主的認識與實踐混淆起來。為此，本書只寫對西方民主即資產階級民主，或資本主義民主的認識與實踐，不寫中國共產黨人為在中國創立人民民主或社會主義民主的奮鬥過程。這一點，不作認真考察，往往不易瞭解。所以本書前言中特別著重地說明了這一點。

　　(四)本書是歷史性著作，而非理論性著作。考慮到西方民主在近代中國這一問題，前此的研究一直不很充分，加之數十年的左傾教條主義的統治，許多問題沒有實是求是地加以研究，有些重要的問題被埋沒了，有些重要的歷史被歪曲了。因此，本課題著重解決的問題，首先是西方民主在近代中國到底經歷了怎樣的命運，也就是前面第一點提出的問題。解決這個問題必須先要厘清史實，在此基礎上做一些必要的分析。因此本書沒有任何離開史實的抽象議論，沒有特別討論理論。

　　(五)本課題在十年前即已立項，何以到今天才成書出版呢？這是我本人要特別表示歉意的。由於我是課題主持人，課題進度拖後，當然首先是我的責任。但我要說明，課題拖期，不是我偷懶，或是任何人偷懶，而是別有原因。大概主要有三個情況，使我無法把主要精力用於本課題。一個是本所收藏的胡適檔案的整理和編輯工作。我一向主張成批量的檔案文獻及其他歷史資料，都應儘早著手做系統整理，有條件的應爭取出版。我很不欣賞某些機構和個人，把原始資料視為私產，加以壟斷，不肯示人。學術資料亦屬社會公器。應當儘量為研究者提供利用上的方便。為此，首先應做科學地整理，編制目錄，便於檢索，在可能情況下，予以公開出版。胡適檔案資料數萬件，涉

及數千人，內容涵蓋政治、經濟、教育、文化、學術各個方面。雖屬私人檔案，但其歷史價值、學術價值極高。早在八十年代，我就一直奔走，爭取創造條件，系統整理和選編出版，直至九十年代初，才幸運地找到機會。此事是我發起，我又是研究這個問題的，我當然得親自主持其事。我請了幾位退休的老同志，整整忙碌了四年才大功告成。

另一個情況是 1994 年起，我被抓差，擔任近代史研究所的副所長，費心費力費時，五年之中，使我對本課題的研究工作蒙受很大的影響。

最後一個情況是，從 98 年起，受命參加社科院「論民主」課題組的工作，直到 2000 年下半年，才基本完成我所承擔的任務。

由於上述的幾個情況，致使《西方民主在近代中國》一書遲至今年初才出版。雖然晚了些，但卻趕上一個好時機。我相信，這本書所討論的問題，所提出的見解，人們會感到興趣的。

(六)最後，我必須說明，這個課題難度非常大。我們雖然盡了力，但畢竟水平有限，客觀上也存在一定的困難，缺陷肯定是有的。比如，書中本可以對西方民主思想和制度及其歷史發展作一簡單的概括，作為全書的緒論。但這個工作太難，目前我所見的敘述西方民主史的書。（主要是翻譯過來的），都不甚滿意。我們獨立地去做這項工作，絕非易事。與其寫出來不夠清楚，不夠準確，還不如不寫。

至於書中不能盡如人意的地方還會有不少。我希望這部書真能起到拋磚引玉的作用。

2003 年 3 月 9 日

在民國史研討會開幕式上的講話

2004 年 7 月 26 日於寧夏銀川

(一) 深刻認識中華民國史研究的重大意義和迫切需要

　　中華民國史（1912-1949）是中國近代轉型期一個非常重要的歷史時段。

　　明末清初曾呈現過一些社會變化的跡象。但清以武功定天下，這些變化未能繼續下去。加之統治極嚴，文化精神被拘滯於文字訓詁與文章辭藻，如光緒帝所說：「西人日日治有用之學；而國人日日治無用之學。」所以新的機制未能順暢地發展。經歷兩次鴉片戰爭，中法戰爭，直至甲午戰爭，才真正震動了中國社會，不是少數先覺者，而是中人以上皆開始探索民族國家的出路。用新制度代替舊制度，用新的經濟、政治、文化代替舊的經濟、政治、文化，這就是大多數人的共識。只是在方法、途徑上有分歧，有爭論。

　　辛亥革命的結果，一個共和國的架子搭起來了。過去，人們常說，辛亥革命只是推翻了一種專制的形式，即君主專制，並未建立起民主制度。新文化運動的領袖們是這樣說的，我們大體也是這麼看。這麼看沒有錯，但不可作簡單化的理解。

　　中華民國的創立，很大程度上動搖了原有的專制制度的基本結構，整個社會鬆動了。鬆動就有利於新的社會因素發育成長。民國初年，言論、出版自由，發展資本主義經濟的自由，

應該說是相當寬鬆的。只是由於經常處於戰爭、革命和動亂之中，不得充分發展之機會。

晚清也好，民國也好，中國人的基本奮鬥目標是建立近代民族國家。這是同盟會的革命黨人、立憲派、國民黨人、共產黨人、自由主義者最大的共識。

建立近代民族國家至少包括以下最基本的內容：就是獨立、統一、民主、富強。這些目標，在有些國家可以通過資本主義道路去實現；在中國，則選擇了社會主義道路，我們要在社會主義條件下實現建設獨立、統一、民主、富強的近代民族國家的任務。

獨立，我們已經做到了，但不是說再無事可做了。

統一，尚未完全實現。

民主，我們還有很長的路要走。

富強，我們比過去是好多了，但作為 13 億人口的大國，我們同那些真正富強的國家相比，還有很大的差距。

歷史是連續的，革命只是漸進過程的中斷；革命之後，還要繼續歷史已經開始的過程。要在社會主義條件下，完成建設近代民族國家的任務，或者說，要建設獨立、統一、民主、富強的社會主義現代國家，我們必須在前人已做的事業的基礎上，繼續奮鬥和創新。中華民國史的研究，在一定意義上，就是讓我們認清我們事業的確實基礎。毛澤東曾說過這樣的意思，要知道歷史的昨天，才會瞭解今天；瞭解了昨天和今天，才能更好地預見明天。可見，盡可能充分地研究中華民國的歷史，對於我們建設社會主義現代國家的事業是絕對必要的。

（二）建設好中華民國史研究的隊伍

　　既然研究中華民國史意義重大，迫切需要，那自然就必須建設好研究的隊伍。

　　現在，全國研究民國史的力量有很大的成長和發展，除北京以外，上海、武漢、南京、廣州、天津都有一些這方面的人才。不過，對他們的情況，我瞭解得不多。這裏，我僅就中國社會科學院近代史研究所的民國史研究室來談談我的一些想法。

　　誰都知道，中國社會科學院近代史研究所是最早建立民國史研究隊伍的地方。早在 1972 年 10 月，中華民國史研究組就誕生了。當時只有十幾個人，真用得著《沙家浜》裏胡傳揆的話說，就是，只有十幾個人，七八條槍。為什麼說十幾個人，卻只有七八條槍呢？因為這十幾個人當中，有幾個是大學畢業後還沒來得及開始業務工作，缺乏必要的訓練；還有幾個是長期做行政工作的，也不能立即做研究和寫作。大家都從資料工作做起，經過五年多的訓練和積累，到 1977 年才開始進入以撰寫《中華民國史》為中心的軌道上來。

　　八十年代前半期，民國史研究室的人數曾達到最高峰，有40 多人。但其中大多數只能做資料的整理和編輯工作。後來，有人陸續離休、退休。從 80 年代末到 90 年代初期，民國史的隊伍整體走上以研究為中心的軌道，以研究帶動寫書工作。現在民國史研究室的人員雖不算多，但各個都具備研究的能力，可以說是人強武器也精。如果說 70 年代那七八條槍還只是一些很普通的步槍，那末，如今這十幾個人，十幾條槍都是現代化步兵武器，都是 Ak47 自動步槍、衝鋒槍之類。我這不是說笑話。現在以中青年為主幹的這支隊伍的素質的確比 70 年代的那支隊伍要強，他們都受過系統的訓練，具備外語能力。還要指出

的是，在 70 年代，人們的思想還受著種種束縛。當時寫《中華
民國史》，還只能是寫所謂「統治階級的興亡史」。今天的民國
史研究者，對於民國史的認識，要更加全面，更加深入得多了。
所以我說現在的民國史研究室，可以成為一支承擔重大研究任
務的基本力量。正因如此，民國史研究室首批被定為重點學科。
這既是對這個學科的重視，也是對這支隊伍的肯定。

　　我是民國史研究室的老人，當年最初成立中華民國史研究
組的十幾個人當中，大部分已經離休或退休，有幾位已經去世
了。現在仍留在崗位上的，就只有我一人了。我現在所在的思
想史研究室也是首批重點學科，我當然要把主要力量用在思想
史學科方面。但鑒於我同民國史研究室的特殊淵源，我對民國
史研究室的工作，任何時候都採取極力支持的態度。希望民國
史研究室加倍努力，團結合作，造成一個強有力的民國史研究
中心。

(三) 確立健全的研究態度

　　歷史研究可以為現實服務，而且實際上，人們總是帶著某
種主觀動機去研究歷史，看待歷史的，這是無法避免的。但歷
史終究是客觀的，它是過去已成的事實，無可改易。人們研究
歷史是為了從中汲取經驗和智慧；可是，有些人卻往往學不到
什麼。這是因為他們太喜歡讓歷史為自己服務了。他們按照自
己的需要，隨意包裝歷史，改竄歷史。這樣，當然就學不到什
麼了。

　　歷史之能成為一種科學，就是因為它應該是真實的。有真
實的東西可以求得，有真理可以追求，才有科學可說。那麼，

要想接近真理，求得真理，最大的忌諱就是先入為主的成見。換句話說，要求得歷史的真實，必須做到實事求是。

民國史只是昨天的事情。一方面，會有許多歷史的恩怨還在糾纏一些人的頭腦，容易影響他們對歷史的客觀態度。但另一方面，對於昨天的事情，大部分情況下，是可以搞清楚的。只要肯下工夫去搜集材料，又不帶偏見地去研究這些材料，揭示這些材料的內在聯繫，就能夠把事情梳理清楚。當年創造歷史的人們之間的恩怨，不應影響今天研究歷史的人們去探尋歷史真實的態度。只有從真實的歷史中，才可有望得到有益的經驗與智慧，才能對我們應對今天的挑戰提供借鑒。

最後再重覆一句：研究中華民國史意義重大，迫切需要；中華民國史大有可為。願與諸君共勉之。

在第一屆中國近代思想史

國際研討會上的講話

　　各位女士、各位先生、各位朋友：

　　經過近兩年的醞釀和籌備，中國近代思想史第一次國際研討會今天在這裏開會了。很高興有來自海內外這麼多學者來參加這次研討會，這中間有很多是各自領域的領袖級學者。這就保證了我們這次研討會不但內容豐富，而且可以達到較高的水準。為此，我代表這次會議的組織委員會和所有參加籌備工作的朋友們，向各位表示熱烈的歡迎和衷心的感謝。

　　我們搞思想史的朋友都知道，思想史是內容更豐富，意義更深刻的一門學科，它一向都會吸引有思想，有智慧，有高尚志趣的學者來這塊園地施展他們的才華。西方有一位學者說，一切歷史都是思想史。此話確有一定的道理（當然，不應作機械的、絕對化的理解）。我們在政治史、經濟史、文化史、教育史、學術史以及藝術史等等領域中所遇到的各種矛盾和各種異說，差不多在思想史中都會有所反映。況且，歷史是人創造的，而人是有思想的。為了要揭示歷史活動的深層次的各種機制，就不能不研究人們的思想。就這個意義上說，思想史也確有可以涵蓋並深化一切專門史的功能。說這些話，很容易讓人覺得這是同行圈內的自相誇飾。不過，我們大家對自己的研究事業存一點高其志趣的優越感，應該不會有什麼壞處。

　　朋友們，中國近代思想史是個有待深入開掘的富礦。這裏可以引人發生研究興趣的問題實在太多了。並且即使前人已經研究過的問題，因為種種歷史的原因，不免存在著某些偏頗、片面性、誤讀甚至曲解的地方，仍須我們重新加以檢視，重新加以探討。

　　近年來，有關思想史研究的對象和方法的問題，也提出了一些新的說法，這可能是思想史學科走向繁榮的徵兆，值得欣慰。我覺得，提出新的說法只是第一步，更重要的是需要學者們按自己的理解，用自己的方法寫出新的研究成果來。這樣才能檢驗應用不同的理論，不同的方法從事思想史研究的利弊得失。當年，達爾文的進化論若沒有《物種起源》一書，就不可能有那麼久遠的影響；馬克思的學說若沒有《資本論》等著作行世，也不可能產生那麼大的影響；胡適一生講治學方法，但如果沒有《中國哲學史大綱》、《紅樓夢考證》等著作發表，則他的「大膽的假設，小心的求證」的方法也決不會對一代青年學子產生那麼大的影響。我們殷切期待有不同見解，欣賞不同方法的朋友們，能按自己的意思，深入研究，大膽創新，寫出不同以往，不同於他人的著作來。也只有這樣，才能使我們中國近代思想史這塊園地百花盛開，爭奇鬥豔。

　　在學術範圍裏，從古到今，無論中外，在任何一個學科裏都一直充滿著分歧與爭論。思想史學科因其內容豐富，意義深刻，所以分歧與爭論也格外紛繁複雜。一位美國報人說，根據他一生的經驗，他認為，在哲學的論爭中，百分之九十都只是名詞的爭論。後來，他的兒子又補充一句，說他老爸犯了數學上的錯誤，那另外的百分之十其實也是名詞上的爭論。我相信，大家都會看出，他們的說法過分誇張了。我們說，在思想史或

任何其他學科裏，歷史上的爭論有相當一部分是具有實質意義的。但由於人們對問題認識的廣度與深度不同，有時未能真正揭示問題的實質；相反，卻在枝枝節節，甚至只是名詞概念上糾纏。這種現象是難於完全避免的。

　　我們這次研討會，內容涉及整個近代思想史學科，大家對某些問題有不同的看法是很正常的。所謂研討會，就是要研究和討論。研究，就是還沒有定論；既是沒有定論，所以要研究，要討論。在討論中各種意見互相切磋，從這種深入討論，互相切磋的過程中，大家都會得益。研討會的目的就是為大家創造機會，瞭解不同的理論、方法和見解。八十年代，在一次研討會上，某位年長的學者在大會上說，在學術討論中，大家要求同存異。到會間休息時，我向這位長者說，在學術研討會上，恐怕不應提倡求同存異。政治家到一起談判時，應該求同存異；學者們到一起討論學問，恐怕求異比求同更重要。我們希望在這次研討會上，大家在互相尊重的前提下，坦誠相見，遇有不同意見，可以充分展開討論。學術爭論不是為辯勝求快，而是力求把各自的觀點說得更明確，更精確。在這過程中，我們應力求正確理解對方的真實意思。新儒家有一個說法是不錯的，叫做「同情的理解」。只可惜，我所知道的幾個新儒家學者，對他們所崇敬的先賢們，他們能做到「同情的理解」，而對於持不同意見的同時代的同行學者，卻做不到「同情的理解」。這是不足為訓的。

　　我們這次研討會，涉及整個近代思想史學科範圍，各位專家的論文涉及到從鴉片戰爭前後直到五四運動前後，乃至抗日戰爭時期一百年左右的時間裏，各種人物、各種流派、各種思潮及各個領域的問題，在分組的組合，報告人和評論人的安排

上，頗有些難以克服的困難。希望大家理解並勉力支持會議的
工作。這次是中國近代思想史學界同行的第一次聚會。（這裏我
想順帶說明，此前，曾舉行過與思想史有關的多種專題性會議，
但以整個中國近代思想史學科為內容的會議，這次的會議確是
第一次。）大家借此次聚會，互相認識，建立聯繫。以後，我
們再舉行研討會，將儘量專題化，縮小範圍，縮小規模，以便
與會的學者能夠充分對話，使討論更集中，更深入。

　　這次會議得以在臨近世界著名的風景區張家界附近舉行，
是得到了吉首大學的朋友們的鼎力支持。我個人並代表組委會
謹向吉首大學的游校長和其他各位領導表示衷心的感謝！

　　最後，預祝研討會取得圓滿成功！

　　預祝大家在這裏過得愉快！

　　謝謝！

2004 年 8 月 18 日

在傅斯年與中國文化國際研討會

開幕式上的講話

2004 年 8 月 25 日，山東聊城

　　各位女士、各位先生、各位朋友：

　　「傅斯年與中國文化」國際研討會，經過兩年的籌備，今天在這裏隆重開幕，有來自海內外眾多專家學者聚集一堂，這是一件十分令人高興的事。

　　傅斯年先生是五四新文化運動的一位健將，是一位思想深刻的學者和卓有成就的歷史學家、教育家。同時，他又是一位少有的學術組織家，他對中國現代學術體制的創立與發展做出了突出的貢獻。

　　這次研討會既是對傅斯年先生的紀念，也是對他留給我們的豐富的思想學術遺產的學習和研究。我本人對傅先生非常崇敬，這不僅是因為他的思想和學術成就，而且更重要的是他的人格魅力。我記得十幾年前，我在南京歷史檔案館查閱資料時，遇到一位當年畢業於臺灣大學的美籍學者，他同我說起傅斯年先生當年的事蹟時，不禁流下眼淚，我深為感動。這件事很可以表現出傅斯年先生的人格所產生的巨大感召力。

　　傅先生是一位卓越的愛國者，在當年日本帝國主義發動侵華戰爭之時，傅先生摒棄雜務，集中精力編寫出《東北史綱》，

以史家天職向世人宣示，祖國神聖領土終將回到祖國懷抱的決心。當華北危急之際，他又與北平教育界領袖們一道，砥柱中流，隱然為民族築起一道精神長城。

傅先生在抗戰時期，一方面，艱苦奮鬥，維護國家學術事業；一方面，同腐敗政客作鬥爭，直以天下為己任，表現出中國士大夫的風範。這些，都會長久地留在人們的記憶中，成為鼓舞整個民族奮進的精神資源。

傅先生留學歸國後，即參與創辦中央研究院歷史語言研究所，他傾其心力，使這個研究所成為我國人文社會科學第一個真正具備現代水準的專業研究機構，產生了極大的示範作用。

傅先生在學術方面的貢獻是多方面的。他的古史研究，特別是他對歷史語言研究方法的提倡，在國內學界，有開闢先路的作用。

我特別欣賞他的思想家的銳敏的洞察力。在五四新文化運動中，他參與創辦並實際主持的《新潮》雜誌是與《新青年》齊名的引導新文化潮流的思想陣地。傅先生以其深刻的觀察力，洞燭先機，在運動高潮剛剛過後，——嚴格地說，運動的高潮還並沒有過去的時候，——他就對運動作出深刻的反省。就目前所見的材料而言，他對問題的觀察、分析與判斷，在廣度和深度上，超過了同時代的任何人。難怪胡適先生後來回憶這段歷史時，總是稱讚傅斯年比他的先生們表現得更為成熟。我為此次會議貢獻的一篇文章，就是主要談這方面的問題（即〈傅斯年對五四運動的反思〉，載《歷史研究》2004 年第 5 期），這裏，我不詳細講了。

這次研討會上，會有許多學者就傅斯年先生的各個方面提出有深入研究的見解，經過互相交流，互相切磋，使我們大家

對傅先生的生平思想和志業有更進一步的認識。研究歷史人物，一方面，固然是要盡可能全面地弄清楚他的生平事蹟、思想事業，以便給他一個盡可能接近真實的歷史定位。但這似乎不是最重要的。我想，更重要的是，在認識前人的思想事業的情況下，從而更清楚我們今天應該努力的方向。同時，並感受前人的人格力量，作為激勵我們前進的動力。

　　我希望，通過這一次研討會，能對我們當代學人在學術和人格兩方面都能產生有益的影響。

　　祝研討會取得圓滿成功！

　　謝謝！

第二屆中國近代思想史國際研討會開會詞

2006 年 8 月 21 日山東煙臺魯東大學

各位女士，各位先生，各位朋友：

時隔兩年，第二屆中國近代思想史國際研討會今天在此開會，有來自美國、澳大利亞、比利時、奧地利、日本、韓國，以及香港、臺灣和內地的 60 多位學者前來參加會議，我謹代表此次會議的組委會和參與會議籌備工作的人員，向大家表示熱烈的歡迎！

在兩年前舉行的第一屆中國近代思想史國際研討會上我曾說過，以後我們再舉行研討會，將儘量專題化，以便與會學者能夠充分對話，使討論更加集中，更加深入。我們是這樣做了。這次研討會以中國近代史上的民族主義為主題，就是希望使討論更加集中，更加深入，使與會的學者能夠比較更為充分地對話。

無論對中國近代史持何種立場和觀點，大概都不會否認民族主義是這一段歷史中最富影響力的思想主題之一。中國近代的歷史就是以反對西方列強的侵略戰爭為開端的。以後經歷一百多年的曲折和艱辛，才真正取得完全的民族獨立。這期間，所有革命或改革的仁人志士，無不是民族主義者。最有代表性的革命黨的領袖孫中山，他主張的三民主義，第一項就是民族主義。改革派的最有代表性的人物梁啟超，他是中國近代民族主義的第一個權威的闡釋者。甚至最熱中於世界主義，而且被

指為全盤西化論者的胡適，其實也是近代中國最理性的民族主
義者。他於第二次世界大戰期間，為民族的偉大抗日戰爭的需
要，放棄終生不入政界的志願，挺身出任駐美大使，為抗日外
交奔走。

　　在近代中國，有覺悟的人士都認識到，只有爭得國家獨立，
國家民族才有出路，才會有爭取富強的機會，也才會有一步步
建立民主制度的機會。在這個意義上確可以說，民族主義在近
代中國，是第一個重要的思想動力。

　　在近代中國的歷史上，民族主義經歷了一定的發展過程。
從排外的狹隘的民族主義到以民族建國為目標的近代民族主
義，再到以爭取各民族平等相處的國際新秩序為目標的民族主
義。在這個歷史過程中，有豐富的經驗教訓可供我們總結。一
切經驗教訓，經過科學地總結，就變成寶貴的思想財富。

　　當今世界上，有某些學者認為，民族主義是一種純消極，
純負面的東西，是引起世界不安定的東西。這種看法有時也多
少影響到對歷史上的民族主義的估價。我個人不贊成這種看
法。我認為，在實現世界大同的人類理想之前，各國家，各民
族的存在是有其天然的合理性的。因此，各國家各民族，在不
損害其他國家和民族的權利的前提下，努力維護和發展本國和
本民族的權利，乃是完全正當的。我們反對盲目排外的狹隘民
族主義，但不反對以民族建國為目標的民族主義；我們反對弱
肉強食的民族擴張主義，但同時擁護以爭取建立各民族平等相
處的國際新秩序的主張；我們反對各種情緒化的非理性的民族
主義，但提倡理性的民族主義。

　　我在這裏順便提出這些見解，主要是表示我們組織這樣一
次以民族主義為主題的研討會是有其客觀的根據的，絕無將意

見強加於人的意思。希望各位學者本著自己的學術立場和學術訓練，充分發表意見，積極參與討論，讓我們的研討會開得熱烈而成功！

　　謝謝！

2006 年 8 月 21 日

開放的文化觀念──

紀念新文化運動九十周年國際學術研討會開會引言

　　尊敬的各位教授，各位朋友：

　　我們中國現代文化學會主辦的紀念新文化運動九十周年，以開放的文化觀念為主題的國際學術研討會，經過半年的籌備，今天在這裏順利舉行。我和我們學會的同人衷心地歡迎各位朋友不遠千里萬里來到這裏，給我們以極大的支持。

　　我們這次研討會有幾個明顯的特點：

　　第一，我們是專門為紀念新文化運動九十周年而舉辦此會。在此以前，無論是中國大陸，還是在海外各地，都只舉行過紀念五四的學術研討會，而從未聞有專門紀念新文化運動的學術研討會。我一直以為，五四愛國運動與新文化運動雖然有著非常密切的關係，但終究不是一回事。五四運動是一場政治運動；而新文化運動則是一場對固有文化進行批評和反省，同時努力追求中國文化與世界文化相互密接，相互融合的一場文化革新運動。兩者是有區別的，不應因為他們有密切關係，就將兩者混為一談。對於我們中國民族來說，從長遠處著想，很可能這個新文化運動比較五四運動具有更為深遠的意義和影響。就我所知，我們這次會，很可能是迄今為止，第一次專門為紀念新文化運動而舉行的學術會議。

　　第二，大家來到這裏就會發現，我們這次研討會，是一次規模很小，但層次很高的研討會。與會學者不超過三十人，但

所有與會學者都是各自領域裏有影響力，有權威性的學者，都是學術精英，或者說是領袖級學者。這就使我們的研討會可以達到較高的學術水準，並且能夠產生較大的影響。我個人一直希望舉辦這樣規模小而層次高的研討會，這樣可以使討論更加集中和深入，與會者不必分組，可以始終參與整個研討會的全過程。我想，這樣的研討會，其效果無論對會議而言，還是對每一位與會學者而言，都是比較更好的。

第三，我們這次研討會是純粹的學術聚會，一切與學術本身沒有關係，或沒有密切關係的通常的會議形式，我們都一概免除。我們不設主席臺，沒有開幕式和閉幕式，在我作這樣一個簡要的引言之後，立即進入學術討論。我相信，這樣的組織方式，會得到與會的各位朋友的認可。

在講了此次會議的幾個特點之後，我想再就本次會議的主題略說幾句。

我們提出這樣一個主題，大體基於以下的考慮：

一、在中國長期的君主專制時代，包括有清一代，通常情況下，文化是處於封閉或半封閉的狀態。這有兩方面的原因：一方面是統治集團有意推行一種國策，為維護自己的統治地位不動搖而加意固守官方的意識形態，不容許任何新奇的東西來干擾，所以在思想文化方面實行對外封閉的政策。但這只是一方面，還有另一方面，這一方面對於大多數國民來說，可能更有影響力和束縛力。這一方面就是，數千年來，由於中國文化從未受過在整體上比它更高的外來文化的挑戰，所以大家有一種牢固的文化優越感，從不知道，也從不承認在中國之外，還有更高度發展的文化。因此，對於自己不瞭解的外來文化，總是本能地以蠻夷視之，不肯平等看待，更不肯虛心學習，養成封閉的文化心態。

　　二、鴉片戰爭後，封閉的國門被打開了，中國人封閉的生存狀態改變了，隨之，封閉的文化心態也慢慢地發生改變。先是極少數的人，在某些層面上，逐漸認識西方文化的某些長處，產生學習、效法的願望。隨著形勢的發展變化，例如經貿往來的增加，人員交流（使臣、留學、遊歷等）的增加，西書的翻譯等等，改變認識的人越來越多，涉及的層面越來越廣，越來越深。直到新文化運動起來，中國人，主要是一部分知識份子，開始具備了比較成熟的文化開放的觀念。他們已不再為所謂「夷夏之防」或「中體西用」之類的觀念所束縛，克服了中西文化問題上的種種困惑，達到了較深刻的文化覺醒。他們認識到，中國人必須學會與自己從前所不瞭解的新世界打交道和共處，學習一切於己有用的東西，變換自己的觀念，創造適應新時代的新文化。這就是中國人走出封閉，漸漸形成開放的文化觀念的歷史過程。這個過程中，有許多經驗教訓值得我們記取，加以反省和總結。

　　三、我們中國民族的歷史經驗和世界各民族的歷史經驗都證明，開放有利於每個民族文化的發展進步，有利於各民族共同構建和諧有序的世界，有利於人類文化的總體進步。

　　因此，我們紀念新文化運動，要繼承和發揚文化開放的思想傳統。要充分理性地認識世界化發展的大趨勢，在融入世界的過程中，充分攝取，積極貢獻，在世界的發展中，謀求自己的發展，用自己的發展去豐富和推動世界的發展。

　　這就是我們舉辦這次研討會的基本想法。

　　我真誠地希望此次會議取得成功！

　　祝願各位朋友在這裏過得愉快！

2007 年 7 月 3 日

在第三次吳佩孚生平
與思想研討會上的講話

2007 年 9 月 15 日山東蓬萊

　　會議主席和各位朋友：

　　今天在這裏舉行第三次吳佩孚生平與思想研討會，各路英雄豪傑來的頗不少。我是第二次參加這個會。前一次是第一次與各路英雄豪傑見面，不好空手而來，曾趕寫了一篇不長不短的文章。這一次，我得到通知的時間太晚了一點。我本月 8 日才從外地考察回來。所以無論如何是寫不成文章了。我這次到這裏，就是給英雄豪傑們擂鼓助威，給會議捧場，特別是給唐錫彤校長加油。大家知道，吳佩孚研究在煙臺這個地方興起，是同唐錫彤校長的大力倡導和身體力行分不開的。所以，吳佩孚研究之有今日，我們首先應當感謝唐校長。自然，我們也要感謝煙臺地方的領導，這裏的一些企業家的支持，以及各路英雄豪傑對此事的支持。

　　人物研究是歷史研究極其重要的一個方面。歷史是人創造的，所以，研究創造歷史的人，是研究歷史的一個非常重要的途徑和基本的方法。中國古代歷史學典籍，其中最受人重視，被引用得最多的是其人物傳的部分。這是大家都知道的。

　　歷史的創造是所有人都參與的。但因歷史發展的程度的限制，在歷史上起到重要作用，並在歷史上留下痕跡，可供我們研究的，通常只有很少數的人。近年來，經常聽到一些主張重視普通大眾的研究的呼聲。這種呼聲是有道理的。但若實現這一點，還需要做長期的艱苦的努力。到目前為止，人們對大眾群體的歷史活動的描述，仍只限於一些特別的群眾運動的場景；對於深層的大眾生活的瞭解仍然是很有限的。對於大眾的生活與活動同歷史變動之間的真實關係，仍缺乏深切的瞭解。所以，對那些在歷史上起過重大作用的個別歷史人物的研究，仍然是我們研究歷史，認識歷史的一個極其重要的方面。

　　吳佩孚無疑地是在歷史上起過重要作用的人物。然而，過去因受教條主義的束縛，歷史人物的研究存在極大的片面性。首先是用簡單的二分法，把歷史人物分為正面人物與反面人物。然後對正面人物，極盡歌頌之能事，對所謂反面人物則極盡批判之能事。歷史高度簡單化，歷史人物則高度臉譜化。這樣寫出的歷史，與真實的歷史往往相距甚遠。由於較長時間盛行這種教條主義的歷史研究，嚴重妨礙了我們正確地和全面地認識歷史。許多歷史材料被淹沒甚至被人為地毀滅，以致我們今天研究某些重要的歷史人物受到材料缺乏的困擾。對此我是深有體會的。比如，我研究胡適，按照胡適自己對幾個時期個人發出信件的統計，我估計，即使是最保守的估計，他寫給別人的信，至少應有兩萬封左右。而現在我們所能見到的，包括英文書信在內，也只有四千封左右，相差實在太遠。造成這種情況的最大原因是長期的把胡適作為大批判的對象，沒有人去系統全面地搜集他的材料，有人明明與他的關係密切，手上有胡適的書信或其他材料，但懾於政治運動的壓力，不敢保存胡

適相關的材料，有的「上繳組織」，有的悄悄毀滅。我在 1975
年曾訪問過錢端升先生。我問他，您的手上應有許多胡適寫給
您的信，現在還有嗎？他說，當時都交給組織了。這是一個非
常真實而典型的例子。吳佩孚又何嘗不是如此？假如從北伐戰
爭後，就有人沒有顧忌地去搜集材料，研究吳佩孚，那麼，我
們今天研究吳佩孚，至少在搜集材料上，會省許多力氣。

　　由於唐校長及其他許多朋友的努力，幾年來，吳佩孚研究
已初具規模，這是令人高興的。今後的任務是繼續廣泛地搜集
材料，像傅斯年所說的，要「上窮碧落下黃泉，動手動腳找東
西」。在材料不斷豐富的基礎上，運用正確的理論和方法深入地
加以研究。

　　據我個人的體會，研究一個歷史人物，最好是能夠把握到
這個人物一生的基本追求是什麼。把這個認識清楚了，對這個
人物一生的思想、活動就會有貫通的瞭解。而有了這種貫通的
瞭解之後，反過來，會幫助我們對他個別時期的個別思想主張
與活動有更深層的瞭解。比如研究孫中山，必須把握住他一生
追求在中國實現其三民主義的理想這個基本線索。又比如研究
梁啟超，誰都知道，梁啟超的政治主張經常改變。但萬變不離
其宗。他一生最基本的追求是在中國實行憲政。他曾說，如能
實行憲政，君主、民主無所不可；如不能實行憲政，則君主、
民主，無一而可。又比如研究胡適，胡適一生的基本追求是在
自由民主的條件下，再造中國文明。我們緊緊抓住這些人物一
生的基本追求，就能夠對這些人物有貫通的瞭解，就能夠對
該人物各個時期，各個場合的各種思想和活動做出逼近真實
的揭示。

　　研究歷史人物還要特別注意他的時代背景，要著力弄清他和他所處的時代的關係。用時代去解析人物；又用人物去解析時代，兩者相得益彰。清末民初是中國近代轉型期中非常重要的一個時代。這個時代的歷史課題，壓倒一切的中心議題是謀求獨立、統一、民主和富強。所以這個時代裏一切有志有為之士，無不是懷抱這些理想，或其中的某一種理想矢志奮鬥的。說到這裏，我們就更加明白，何以要努力把握歷史人物的基本追求的道理。我個人認為，吳佩孚作為一個重要的歷史人物，他也有他對時代議題的理解，他也有他的理想抱負。至於他的理想抱負是什麼，這需要在充分研究之後才能得出比較準確的結論。

　　一個人一生志向的確立，與其家庭出身、教育背景、師友關係有著非常密切的關係。目前，對於吳佩孚這些方面的研究，已有很多人在用力。希望能有進一步的發掘和整理。

　　由於改革開放的大環境的確立，由於眾多學者的艱苦努力，現在，已經有越來越多的人，擺脫教條主義的束縛，能夠比較客觀地看待歷史，比較客觀地看待歷史人物。這是從事吳佩孚研究的有利條件。我相信，通過大家的共同努力，吳佩孚的研究會不斷取得進步，不斷取得新的成績。而通過吳佩孚研究，人們會更進一步認識那個時代，那段歷史。因此，會直接有益於中國近代史研究的深入。

　　謝謝唐錫彤校長，謝謝大家！

　　祝會議取得圓滿成功！

2007 年 9 月 15 日

關於近代思想史上的自由主義

　　張書記和聊城大學的各位朋友，來自全國各學府的朋友們：

　　我是第三次來到聊城參加學術會議，前兩次都是有關傅斯年的研討會；今天再次來到這裏與各位同行朋友相聚，感到非常高興。聊城和聊城大學，我每來一次，都感到面貌一新，環境優美，人心向上，令人鼓舞。

　　我們此次會議討論的主題是中國近代思想史上的自由主義，就是把自由主義作為一種歷史現象加以梳理和考論。自由主義是一種觀念，也是一個思想流派，也還是曾經在近代史上發生過作用的一派政治力量。對他們作歷史的研究，我個人以為，以下幾個方面是應當給予注意的。

　　近年來，學者們很注意對名詞、術語作觀念史的探討，以彰顯其思想史和文化史的意義。所以，首先我覺得應該考察在近代以前，在西方自由主義引介以前，在漢語文獻中「自由」的原始意義，及其被使用的種種語境。這樣，當西方自由主義被引介到中國時，詞語與概念如何對接，原始語意發生怎樣的轉換，就比較容易凸顯出來。不僅如此，我們對中國古代相關思想資源進行整理，有利於更深刻地理解中西文化異中有同和同中有異的真實關係。

　　有一個很有趣，很值得注意的現象，在秦漢以後的著述文獻中，「自由」二字常常是與否定詞「不」連用。如《禮記・少儀》篇中有「請見不請退」一句，漢代著名經學家鄭玄注云「去止不敢自由」。《三國志・吳書》之〈朱治朱然呂范朱桓傳第十

一〉謂:「桓性護前,恥為人下,每臨敵交戰,節度不得自由。」
柳宗元詩:「破額山前碧玉流,騷人遙住木蘭舟。東風無限瀟湘
意,欲採蘋花不自由。」王安石詩:「風吹瓦墜屋,正打破我
頭。……我終不嗔渠,此瓦不自由。」我想,類似的例子還可
以找出很多。這裏,「自由」一詞的本義是自主;自主就是有自
由意志。這與近代自由的概念意義是很接近的。不自由,顯然
就是不自主的意思。古人著述中常以「不自由」連用,這個語
言現象說明,在秦漢以後的大一統的君主專制社會裏,不自由
是人們所見所感受的一種常態的現象。反過來說,那麼,自由
就是一種脫離正統,脫離主流的非常態的現象,或者說是異端
的現象。

　　當然,我們不能由此就武斷說,中國人歷來就沒有自由思想。

　　應當說,在先秦時代,也就是在大一統的君主專制制度確
立以前,中國人追求自由的思想還是相當發達的,雖然他們不
是用「自由」這個詞來表達的。比如著名的楊朱「為我」的主
張,就是非常可貴的自由主義思想。楊朱的為我思想曾遭到儒
家代表人物孟子的激烈抨擊。孟子說,墨子兼愛是無父,楊子
為我是無君,無父無君就是禽獸。孟子為此,開了中國大批判
的先河。孟子有意歪曲了楊朱的思想,說他的為我思想是「拔
其一毛以利天下而不為」,就是極端的自私自利。尊儒的學者都
尊信孟子之說。但據《韓非子》、《淮南子》及《呂氏春秋》等
書的記載,楊朱「為我」的本義是「拔其一毛,利之以天下而
不為」,意即本屬我之所有,雖以天下之大利相交換,亦不為。
這很接近於近代群己權界的觀念,是自由思想的一種非常質樸
的表述。秦漢以後,難以再見這種自由思想的表達。但實際為

爭取思想自由的抗議聲音與行動還是時有表現。如漢代的王充、魏晉的嵇康以及明代的李贄等等。

我的意思是，近代以前，中國雖未曾發展出成熟的近代自由思想，但可與近代自由思想相銜接的思想因素和可供近代自由思想生長的土壤，並非完全不存在。

這是研究近代思想史上的自由主義時，應當予以注意的第一個問題。

第二個問題是，中國人主動引介西方近代自由主義思想之後，自由主義作為一種觀念，一個思想流派，和一種政治力量，他們曾經歷了怎樣的發展歷程。我估計，提交此次會議的大多數論文都會著重在這個問題上發抒高見。所以，我在這裏不必多談；我只想強調幾點。第一，嚴復是第一個正式引介西方近代自由主義原典思想的學者，關於他對密爾《論自由》的翻譯態度，歷來有爭論。我的看法是，嚴復在相當程度上比較準確地傳達出了密爾的思想。但同時，他對此種思想與中國固有思想的衝突是確有顧慮的。他想在引介此種思想的同時，儘量緩和其對中國固有思想的衝擊作用。他把書名定為《群己權界論》就是明證。群己權界，確是自由思想中的一個要義，但不完全；而且，在西方，自由之最要義，是它作為一種最高的價值追求。至於史華茲說嚴復認為自由是尋求富強的手段或途徑，據此，說他曲解了密爾的原意，這固然有部分的合理性。但那個時期的中國知識份子，對攝取外來文化，皆基於此種富國、強國的意識。所以，史華茲之說，算不上什麼重大發現。第二，引介西方自由主義，正當中國民族危機與國內政治危機交相煎迫之時，所以無論是翻譯者嚴復，還是宣傳者梁啟超，都曾經長時間在個人自由與國群自由之間彷徨困惑。梁啟超甚至明確說，

應當追求國家和群體的自由，而不應追求個人的自由。這個問題直到新文化運動時期才大體得到解決。啟蒙思想家和政治學家們分別從自由的價值和國家與「小己」的關係上論證了個人自由的不可讓渡。他們指出，爭個人的自由，即是為國家爭自由，爭個人的權利，就是為國家爭權利。他們還指出，國家是由個人積成的，先有個人，後有國家；國家是為個人而存在，不是個人為國家而存在。他們基本上是在個人優先的基礎上統一了個人自由與國群自由的關係。在這個方面，新文化運動的主要領袖們是認同西方自由主義原典精神的。第三，從新文化運動到抗日戰爭前，自由主義作為一種思想流派，曾經明確地表達出自己的聲音和訴求。如 1920 年代的〈爭自由的宣言〉，1920 年代與 1930 年代之交，爭人權的奮鬥，以及抗戰前對自由民主政治的堅持等等。第四，抗戰時期及戰後一段時期，在國共既合作又摩擦的態勢下，自由主義作為中間力量得到成長。這是自由主義從一種觀念的存在，轉變成為一種政治力量的存在。這是中國歷史上空前未有的重要現象。但隨著國共間合作關係逐漸被戰爭所取代，自由主義作為一種政治力量，其生存空間亦隨之漸漸消失。

　　在我們梳理自由主義的這段歷史時，很明顯地會發現一個問題，即在近代中國的歷史上，作為思想的自由主義，在我國的教育、思想、文化等領域，曾發生了不容忽視的影響。但作為政治力量的自由主義，它所發生的影響，幾乎可以說是微不足道的。我相信這個問題一定也會引起學者們的興趣。

　　第三個問題是，自由主義在近代中國何以不能持續保持自己發育成長的空間。在我們扼要地概述了自由主義在近代中國歷史上，從開始引介到成為一種政治力量，以及這種政治力量

的漸漸消失的歷史軌跡，自然就會提出這個問題。這個問題需要從中國的社會結構、經濟結構、政治體制、文化傳統以及國際環境等諸多方面做深入細緻的研究，才能得出令人信服的結論。這個問題在這裏無法展開，我很願意與諸君共勉，努力進行探索。

因為這個階段一直很忙亂，沒有來得及寫出一篇論文拿到會上來與各位切磋。所以在這裏扼要地談以上幾點意見，或者說提出以上幾個問題來供大家思考和批評。

最後，我祝各位在這裏過得愉快！

祝會議取得圓滿成功！

謝謝！

本篇是作者於 2007 年 11 月 3 日在聊城大學舉行的關於近代史上的自由主義的學術研討會開幕式上的講話。

七十歲生日會上的講話

　　今天，思想史研究室的同事和中國現代文化學會的同事，以及我的學生們，為我舉行慶祝生日的聚會。我本不贊成。一則，七十歲不算是個大生日。古人說「人生七十古來稀」；實則，今天「人活九十不足奇」。二則，舉行聚會，要花費許多時間，免不了人力、物力的耗費。所以，我不贊成。但我一個人拗不過大家，生日會還是舉行了，只是在我的堅持下，儘量縮小了規模。我想，既然舉行這樣一場聚會，我們就利用這個機會，大家在一起說些心裏話，互相切磋，互相砥礪。梁任公說，人生的任何一種際遇，都可當成訓練自己的學校。我們今天大家在一起，就像上一堂討論課一樣，力求發生一些積極有益的作用。

　　方才大家的發言，對我說了不少讚揚的話。在這樣的場合，自然難免有一些過譽之詞。我知道你們出於一片誠意。我的看法是，對一個人講一些稱揚的話，無論說者和聽者，都應當把它當作我們努力的目標，而不可自命當之無愧。一個人在生命旅途中，總會遇到毀譽榮辱的問題，要能以平常心，冷靜地對待之。聞過當之譽，不矜不驕；聽失實之毀，不慍不餒。如此自待，可無大過。

　　我從大學畢業來到近代史研究所，到現在已經43年多，這在一生中可算是一段很長的時間。回想起來，我的時間和精力，約而言之，可分成三部分：一部分被太多的政治運動佔去了；一部分被家務瑣事佔去了；剩下的一部分用來做學問。所以，

我總覺得自己讀書不多，積累有限。所幸，我大體是在改革開放以後，才真正開始做學問，所以較少受到教條主義的惡劣影響，較少走前人走過的彎路。這樣，儘管時間少，能力有限，還是做了一點點比較有價值的工作。主要有兩項工作和一個探索。兩項工作，其中一個是我為和平改革的政治運動正名，使它從完全被批判，被否定的地位，變成被肯定的地位。經過一些同道們的努力，如今，這差不多已成絕大多數學者的共識了。另一個是我為胡適正名。從前，胡適的頭上被扣上了許許多多的大罪名，不但政治上完全被否定，而且其思想、學術也一概被說得一無是處。我有幸在近代史研究所工作，有機會最早閱看這裏所留存的胡適自己保存下來的全部檔案，再加上我有一點哲學的訓練和文學的修養，使我在充分佔有材料，充分研究胡適的著作和相關人物的著作之後，能夠全方位地透視胡適，為人們提供出一個比較更真實的胡適。經過眾多學者的努力，到今天，仍然全盤否定胡適的人，恐怕是像珍稀動物一樣少了。因為胡適在近代思想、教育、文化各領域的地位太重要了，影響太大了。所以重新認識胡適，勢必連帶的要重新認識中國近代的思想史、教育史和文化史，於是，整個中國民族文化生命的近代系譜就不能不相應地有所調整。正因此，為胡適正名是個較之前一項工作更加費力，也需要更大的勇氣和毅力的工作。一個探索，是指自八十年代以來我對中國近代文化轉型問題的研究。對於這個問題我特別加以關注的，一是人們的文化心態問題，一是整個文化的發展趨向問題。文化心態，簡言之，就是要理性與開放。發展趨向，根據我的研究，最本質，最重要的就是世界化與個性主義。我所理解的世界化，是自覺地、主動地參與世界文化的交流與創造，用世界文化來豐富自己的

民族文化，又用自己民族的優秀文化去豐富世界文化，兩者經常地處於良性互動之中。這只有在開放的文化觀念之下才有可能實現。我所理解的個性主義，是充分地尊重個人，盡量發揮個人的創造力，這樣來保證社會充滿生機活力，不斷提高人民福祉。

我自己以為，這兩項工作和一個探索，都有利於國人開眼看世界，有利於深化內部的改革，有利於解放民族的創造精神。

跟我接觸較多的人都知道，我是一個頗內向的人，特別不善交際，沒有公關的能力。所以我不曾為大家爭取更多的課題費，更不能為年輕的朋友多創造一些出國交流的機會。為此，頗感有些慚愧。然而，儘管如此，許多中青年的朋友，包括我的學生們，仍然願意跟我一起工作，有時是做一些難度很大，甚至可能是費力不討好的工作。所以，我很感謝大家。在當前這樣的大環境下，能有我們這樣的一個群體，在金錢與權力高奏交響曲的喧囂聲裏，能保持我們這樣一個小小的寧靜世界，這應當是值得我們引為欣慰的事。自然，這樣的小世界在各個地方，各個部門，各個單位都會有一些。

做學問不可能不需要一定的物質條件，而且應當說，條件越好，對研究工作越有利。但做學問肯定還需要一些物質條件以外的東西，若沒有一點高尚的追求，學問是肯定做不好的。

我很羨慕比我年輕的朋友，你們今天儘管也有各種困難，但畢竟比我們那個時候要好多了。我常跟人說，恨未早生 20 年，恨未晚生 20 年。早生 20 年，可能也會有一番轟轟烈烈的生活。晚生 20 年，受教育的條件和做學問的條件要好得多，或許可以更多做一些有價值的工作。我現在雖然還沒有退休，但工作的精力畢竟不能和以前相比了。從前，有一位很有名的人，

就是戊戌年，為了給皇帝上書而大鬧禮部公堂的王照，王小航先生，他在民國時期說，自己是七十歲的人了，已無救國的責任。其實，他仍有一腔關愛國家民族的熱腸。我現在的心情與他老人家有點相像。我對史學的進步與發展，特別是思想史學科的進步與發展，對我們研究所的進步與發展，當然也是關心的。但這些畢竟主要要靠你們，要靠你們中青年的朋友們了。所以，我真誠地希望大家珍重，把自己的工作做好。也希望大家互相勉勵，互相提攜，把集體的事情也都做好。

我衷心地感謝大家來出席我的生日會！祝大家都交好運！

序與前言

為擬議出版的某書所寫的序

約寫於 1999 年

大約兩年前，山東某出版社的朋友提出要我為他們編寫一本中國現代社會思潮的書，當時我正忙，無力及此。我向他們推薦劉志琴教授會比我更勝任此事。如今，志琴教授已完成此書，甚可感佩。但她卻堅持要我寫幾句話，再三推拖，延遲四、五個月。日前見面時，彼仍堅申此意。不得已，乃有此文。

我未及看書稿，只能借作者給我的機會，談談我的一些未必成熟的想法。

近年來，國內學者注意近代社會思潮的研究，出現了不少引人注目的成果。例如吳雁南先生等主編的《中國近代社會思潮》，皇皇四卷，二百餘萬言，對近代中國一百餘年（1840-1949）中出現的各種社會思潮進行了相當全面而有系統的論述。此外還有幾種研究中國近代社會思潮的書，皆各有其特色，恕不一一列舉。

　　中國近代史的開端即始於外患逼人，內憂深重，迫使有心人急思補救，以圖轉危為安，轉弱為強。因此，種種社會思潮，推其原始，都不過是對內外危機的一種應對方案。有的比較正確，有的不很正確。其正確與否的程度與思想者所處的地位（立場），學識經驗，思想訓練密切相關。但一種思想主張，能演成一種社會思潮，則必定對其社會弊病的認識，及其所提出的解救方案，能得相當一部分社會人士的認同，再由這些認同者通過種種傳播手段去加以宣揚，由是方可形成社會思潮。這樣看來，各種社會思潮，在其形成過程中，總會多少包含某些合理的成分。只是一旦演而成潮，可能就會被某種政治勢力、政治集團加以利用，去為其自己的政治目的服務。在這種情況下，一種社會思潮，才會明顯凸現出政治功利性。我們通常判斷某種社會思潮的進步性、保守性、革命性、反動性，恐怕都是指的這種情況。

　　所以，我想，研究社會思潮最好是作動態的研究，作追蹤的研究。首先探明它如何發生，最先提出此種思想的人是如何說法？以後尊信它的人們又是如何宣揚它？在宣揚的過程中發生何種變異？後來曾否為某種政治勢力、政治集團所利用？他們利用它要達到何種目的？產生了何種社會效果？如此等等。做這樣的研究自然是非常費力的。但我想只有這樣的研究才能忠於歷史，才能不誣古人，才能真正有益於今人和後人。

　　從前，左傾教條主義盛行的時期，人們習慣於一種思想模式：一旦有一種可以認作最進步最革命的思想產生，或可以認作最進步、最革命的人物登上歷史舞臺，則一切不認同此種思想，不認同此種人物的其他思想、其他人物，就都成為批判的對象，否定的對象。例如，孫中山登上了歷史舞臺，提出了革

命的三民主義，於是其他人的各種改革的思想，憲政的主張，憲政的運動就都被看成是反動的，一概加以否定。又如，五四以後，馬克思主義迅速傳播，中國共產黨誕生了。於是，其他的思想，其他的政團，就都成了批判的對象。待毛澤東成了中共領袖以後，不但非共產黨人、非馬克思主義者皆不足道，即黨內毛澤東以外的人，往往也遭到不恰當的貶抑，直至有些更遭受到批判，遭到否定。這種極端狹隘、極端片面的思想方法，給我們造成了什麼後果，早已是人所共知的了。

　　古人論政、論人，講「忠恕」之道。其實，為學亦當講「忠恕」之道。忠者，不欺；恕者，有容。不欺方可信於人；有容乃可成其大。何謂也？忠於史事，不誇誕，不掩飾，做到語語有根據，自能令人信服。承認自我以外的思想、人物有其存在的價值，其有益於我者，盡取而有之，使自己的思想更健全，更富有生命力，此不即古人所謂「有容乃大」嗎？

　　古今中外，凡偉大的思想家皆善於從前代和同代人那裏吸取一切於己有益的東西。我們研究社會思潮史，似應抱此「忠恕」的態度，去總結近百年中國社會思潮迭相興替的歷史，以求既可顯現真實的歷史，又可以從中汲取前人的經驗與智慧。我總覺得，由於我們長期不講「忠恕」之道，不能正確對待歷史，亦不能正確地對待現實，結果，失去了許多寶貴的東西，更重要的是失去了許多寶貴的時間。我們今天所想到的事情，所悟出的道理，有許多，差不多一百年來，有心人早已思考過，議論過了。所以，我總是希望研究歷史，編寫歷史，切不要存邀寵或媚俗的心理，切不可只是執意於褒貶，而應重在釐清事實，總結經驗，增長智慧。前年，在吳雁南先生強邀之下，我為他們幾位朋友主編的《中國近代社會思潮》一書題寫一句話：

「歷史浚發人的智慧。對中國近代社會思潮進行總結和反思，可為 21 世紀的中國人提供借鑒。」其立意即在於此。現在，劉志琴教授主編的這部書即將面世，即以此意相與共勉。

據筆者所知，此書似始終不曾出版。但這篇短序頗能表達筆者的一些重要主張，故存之，以待方家之指正。

2007 年 10 月 4 日。

《章士釗社會政治思想研究》序

　　本書是鄒小站同志的博士論文。小站同志勤奮刻苦，讀書既博亦精，深得為學方法，故能於章士釗這樣一個非常複雜的人物，在以往甚少研究成果可以借鑒的情況下，做出深入系統的研究和鞭辟入裏的分析，寫成這樣一篇相當優秀的論文。

　　章士釗在近代中國的歷史舞臺上是個非常特別的人物，其特別之處，據我看，第一，他一生熱衷於政治，卻始終未加入任何黨派。在清末，在野人物中凡於政治上嶄露頭角者，不入革命黨，即為立憲派，而章士釗雖明確抱持反滿革命的主張，卻並不加入同盟會。在民國初年，政黨林立，凡有所主張，有所活動者，幾乎都依託一個黨派，而章士釗卻仍以一獨立言論家的身份發表其主張，對各派人物之黨見，持獨立批評的態度。後來國共兩黨成為國內吸引人才最多的兩大政黨，而章士釗卻仍周旋於兩黨之間，不加入黨籍。第二，章士釗既有過非常激進的革命活動，又有過「全面反動」的表現。在清末，章士釗的反滿革命言論，其激烈之程度，其影響之廣泛，可算是頂級人物之一，青年學生受其影響歸入革命黨者，不在少數。而當五四以後，保守主義抬頭之時，章士釗不但大力反對新文化運動，而且一度加入北洋政府，在「整頓學風」名義下，對新思想、新人物大張撻伐，因而得「老虎總長」之惡名。一個人一生有如此兩種截然相反而又頗為極端的表現，實並不多見。第三，章氏一生曾與各色各樣的人物保有不同尋常的友誼和合作關係，其中既有晚清重臣岑春煊，又有創建民國的孫中山；既

有北洋強勢人物段祺瑞，也有黑社會的大首領杜月笙；既有國民黨的元老于右任、張繼等，也有共產黨的領袖陳獨秀、李大釗、毛澤東。從這種特別的人際關係上，也可以看出章士釗是個何等複雜的人物，研究的困難程度可想而知。

本書並不是章士釗的傳記，也不是對他一生思想軌跡和學術見解的全面梳理，而是選取章士釗從 1903—1927 年的社會政治思想為其研究範圍，這是很有道理的。這一段時期是章士釗一生思想言論最為發煌的時期，也是他比較最具獨立人格、最有發言地位的時期。而且這一時期包括了章氏登上歷史舞臺，從反清革命的鬥士到將其早年所持信仰「掃地無餘」，走向全面反動的時期，可自成一段落。章士釗社會政治思想之一切有價值，有特色的東西，在這一時期都一一呈現。所以說，從思想史的角度研究章士釗，選取這一段是很有道理的。

在本書所考察的這個時期裏，正是中國改革與革命交錯進行，無數仁人志士為建立中國的民主制度而努力奮鬥的時期。正如人們所知道的，建立民主制度的努力並沒有取得成功。然而，那些仁人志士的思想主張和為實現其思想主張而進行的奮鬥，並非毫無意義。近代民主制度在西方經歷了幾百年的成長歷程。在中國這樣一個有兩千餘年君主專制傳統的社會裏，要建立起近代民主制度，絕不是件容易的事，必定要經歷較長時期的思想啟蒙、組織群眾、反覆的改革和革命的鬥爭過程。在這個過程中，一切仁人志士，闡述其民主思想，探索實現民主的方法、途徑的努力，對於後人都是有益的遺產，包括他們有時誤入歧途和遭致失敗的教訓在內。

　　章士釗雖然參加了一系列實際的政治活動，但他基本上還是以言論主張而名於世。因此作者主要考察他的社會政治思想。據我所見，章氏思想最值得注意的有下述幾點：

　　一、章士釗曾留英五年，深受英國自由主義的影響。他在宣傳民主思想時，著意論證，國家的目的在使人民能各謀其幸福。人生而避苦趨樂，許其自定苦樂，自謀幸福，乃民主政治的出發點。這種思想見解明顯表現了原生態的英國自由主義的特點。

　　二、民主政治的運作，須賴政黨政治的推行；而政黨政治之確立，首須「聽反對黨意見之流行」。不容許反對意見之存在，就根本談不上民主政治。陳獨秀之強調容許反對派，胡適之強調容忍的精神，皆命意在此。章氏確知民主政治的津要，故反覆強調這一點。

　　三、民主政治需有一個成長的過程，欲在中國迅速建立起西方國家經過幾百年的努力方才確立起來的比較完善的民主制度是不可能的。但亦惟如此，不當因人民程度不足，或其他條件不成熟而拒絕創立民主制度。只有在民主制度下，才能提高人民的政治覺悟。基於此種認識，他倡導精英民主政治，即所謂「以平民之國家而建貴族之政府」。但章士釗的思想亦有其不周密之處。他既然倡導精英政治，「貴族政府」，他就不該完全否定開明專制論。「開明專制」、「訓政」等等，皆是以精英政治作為向民主政治過渡的一個階段。

　　四、章士釗秉持英國式的自由主義，批判中國傳統的道德主義政治論。他嚴分政治與道德為兩事。他認為，政治之進步不依賴於道德之向善，而在於制度上最大限度地防制人們之為惡。利欲之私，人皆有之，倘無好的制度加以限制和規範，由

私必產生惡，權力愈大，為惡愈甚。故民主制度即以承認人之有為惡的可能，並且權力會加大其為惡的機會，所以要對權力加以限制。此乃民主政治的一個重要的出發點。前些年，寓美學者張灝著一書（《幽暗意識與民主傳統》），著意發揮此義，值得一讀。

　　五、章士釗於五四新文化運動高潮之後，思想漸趨於反動，其變遷頗具典型意義。應該說，從 19 世紀中葉以後，國門被打開，先進的中國人一直追求改革、改造中國的政治制度，以求強國富民。但改革屢屢受挫，革命亦未成功。在政治混亂，社會危機重重，有心人一時找不到出路的情況下，往往懷疑以往之所信仰、所追求。章氏甚至說他「從來所持信念，掃地無餘」，因而走向反動。社會演變猶如江河流水，遇阻而激，若得他途以通，遂形成曲折河道；倘無他途可通，則必氾濫成災。但無論如何，企圖使江河倒流，回到源頭，是斷斷不可能的。章士釗的反動，說明兩個問題：一是他自己對自由民主的信仰，仍屬根基較淺，遇到過大的外在壓力，便撐持不住。二是中國傳統專制主義根深蒂固，欲根本剷除其根株餘孽，必須花較長的時間和艱苦的努力。我們從中應得的教訓是：對於政治，總要因勢利導，遇阻而開闢之，或別求通途，但決不可以向後退，倒退是決無出路的。

　　本書作者善於把個案研究與整體背景緊密結合起來，使章士釗的思想言論皆能在特定的時代特定的形勢之下，顯示出其意義與影響。人物研究本來就應是借人物以見其時代，又通過那個時代更瞭解這個人物。但這需要史識與功力。認真讀此書的讀者，一定能見及此。

　　做學問，最基本的，也是最主要的條件就是充分地佔有材料，揭示這些材料的內在聯繫，具體問題具體分析。鄒小站同志的這本書能取得成功，關鍵亦即在此。但這個功夫是無窮無盡的。小站還年輕，學問之路正長，持之以恆，必可達更高的境界。

2000 年 5 月於北京太陽宮寓所

《蔣夢麟學術文化隨筆》序

　　中國青年出版社的朋友，出版一套「二十世紀中國學術文化隨筆大系」的書，其中有《蔣夢麟學術文化隨筆》一冊，潘平同志堅請為作小序。幾年前，該社曾有刊行蔣著《西潮》一書的計畫，當時亦應潘君之請，為作一序。但事有湊巧，當該書即將印行之際，別家出版社已捷足先登，書已面世。我的那篇序未能派上用場，後來收入拙著《蓼草集》中。如今再為蔣氏之書寫序，自當避免重複。茲僅就蔣氏生平、教育思想、文化觀念幾個方面，就前序所未及者略補敘之。

一

　　蔣夢麟（1885─1964）是我國著名教育家和學者。浙江餘姚人。浙江自古人文發達，南宋以後更加顯著，清末民初，這裏人才輩出，全國稱盛。而蔣氏於眾多浙江知識份子中脫穎而出，成為中國近代史上的一位名人。蔣夢麟，原名夢熊，後因參加學潮獲罪，避地改名夢麟。舊時學者沿古人文字通假、同音互用之習，又常寫作夢鄰，朋輩即以作為他的號來用。

　　蔣氏生於浙江錢塘江口附近的一個小村子裏的中產家庭，幼讀私塾，植下傳統教育的根底，曾考取秀才。1908年，負笈西行，到美國留學，至1917年學成歸國。九年的留學生活，有比較充分的機會直接觀摩、體驗西方文化，使他成為那時期能夠融匯中西文化的極少數中國人之一。

　　歸國後，蔣氏絕大部分時間都在教育界服務。1919年五四運動後，他受蔡元培之託，代長北大校務。以後，曾數次代理校務。1928—1930年擔任國民政府教育部長。1930年12月，正式擔任北京大學校長。至抗戰爆發後，北大、清華、南開合設西南聯合大學於昆明，蔣氏仍為負責人。直至1945年，始辭去教育行政職務，到國民政府中任職。蔣氏先後擔任國民政府行政院秘書長、國民政府委員及中國農村復興聯合委員會（簡稱農復會）主任委員等職。總其一生，六十歲以前，精力最盛時期，皆在教育界服務，六十歲以後始入政界。在教育界期間內，除掌理教育行政之外，尚有餘暇從事教學與寫作，亦可算是一位學者。而其服務政界期間，絕大部分是擔任治事之職，與專治政事之官僚亦有所不同。在中國政治史裏，歷代官僚體系內，皆有治政、治事之分，治政者重於權，治事者重於責。兩種人物在政體內部地位不同，作用不同，其心態、作風亦往往不同。論列中國人物，此點不可不注意。

　　蔣氏從政之後，所擔任的最主要的職務是農復會的主任委員。農復會的主要工作是農村土地改革，在大陸時期已著手此項工作，但在戰亂環境下，此項工作自不易開展，到臺灣後始逐步取得成功。

　　蔣氏一生，用力最多的是教育行政和農村改革，而教育事業和農村改革事業，實是現代化過程中兩項最基礎性的事業。在這兩方面，蔣氏確實做出了貢獻。

二

　　蔣氏在美留學主修教育學，是著名哲學家兼教育家杜威的學生。歸國後長期服務教育界，所以，我們首先談談他的教育思想。

　　蔣氏投身教育界，正當新文化運動期間。新文化運動主要是人的解放運動。所謂人的解放，首先是個性的解放，其表現於教育界就是個性主義的教育。在談到「為什麼要教育」這個問題時，蔣氏說：「教育在使個人發展本能，使與社會環境相結合，並且同時培養他，使有改良環境的能力。」（本書第 4 頁）首先要使個性、個人能力得到發展，從而使其具備改善環境的能力。於是，個性發展與社會進步的目標便統一起來。蔣氏又說：「個人之天性愈發展，則其價值愈高。一社會之中，各個人之價值愈高，則文明之進步愈速。吾人若視教育為增進文明之方法，則當自尊重個人始。」（本書第 8 頁）蔣氏還對個性主義與個人主義做出解釋。他說：「何謂個性主義（Individuality）？曰，以個人固有之特性而發展之，是為近世教育學家所公認，教育根本方法之一也，無或持異議者矣。」（本書第 43 頁）又說：「何謂個人主義（Individualism）？曰，使個人享自由平等之機會，而不為政府社會家庭所抑制是也。」（本書第 43 頁）講個性主義、個人主義，一向是專制主義視為大忌者。古代統治者自命代天牧民，視民為群羊，「仁者牧之，不仁者肉之，牧之始，肉之兆也。故牧民政策之下，個人無位置，盡群羊而已。」（本書第 8 頁）所以，個性主義的教育是直接為民主政治培育基礎的工作。

　　蔣氏認為，個性主義的教育，應培養出具備「活潑潑的精神的個人」，「能改良社會的個人」，「能生產的個人」。（本書第144-148 頁）「真正的個人主義，就是以個人為中心，以謀社會的發達，並不是自私自利。」（本書第166頁）專制主義者總是把個人主義誣之為「自私自利」，從而汩沒之，剷除之，使人人服服貼貼，做專制主義者的工具。新教育強調發展青年的個性，

正是為求造就有主動精神，有能力改良社會的人，從而推動社會的進步發達，謀全體人民的福祉。

為貫徹個性主義的教育，為培養有能力改良社會的個人，蔣夢麟等新教育家，針對五四時期學生運動高漲的情形，對青年學生提出希望，要他們從三個方面注意訓練自己，提高自己：一是學問方面；二是團體活動方面；三是服務社會方面。在團體生活方面，他們特別希望學生學會民主自治的方法，養成容納反對意見的精神和肯負責任的精神。這是把個性主義與民主主義直接聯繫起來，把個人的發展與社會的進步直接聯繫起來。這是蔣氏那一代新教育家們最為關注的一點。

三

這本書收入蔣氏談論文化問題的言論很多。近代的思想家、教育家和學者們，談起文化問題，都不能回避中西文化的關係。前面說到，蔣氏既有中國傳統文化的根底，又在美國留學九年，對西方文化也有較深的體驗。他對中西文化的觀察和所取的態度很值得我們注意。

蔣氏認為，中西文化從根本上說，都包含三個最基本的問題。天與人的關係；人與人的關係；人與物的關係。解決這三個關係問題，產生文化上的自然主義、理性主義與人文主義，這三者是中西都有的。但發展起來產生不同的偏向。中國古代的思想家，尊重自然的法則，認為人應該順從自然的法則，人倫秩序應當自然和諧。他們不是把自然作為對象去研究，而是效法自然的秩序，重視人倫關係的和諧。至於人與物的關係，儒家講格物致知，其目的卻在誠意正心修身齊家治國平天下。形而下者，亦不過求物之可應用。西方人的自然主義，把自然

作為對象，其格物主要目的在於窮究自然之理。所以，「西洋的格物，是識物之性，中國的格物，是求物之用。」（本書第 242 頁）蔣氏特別提出，西方人的人倫道德，不是遵循自然法則而來，是從超自然的宗教得來。於是中國人的理性主義的功夫主要都用在人倫道德上，西方人的理性主義功夫主要發揮到格物窮理，研究自然。「希臘人之講理則，偏重於知，邏輯即求知之方。中國人之講理則，偏重於行，人倫行為之常軌。」（本書第 238 頁）這是一個很大的區別，由於這一點不同，「中國古代思想家始終囿於道德氛圍之內，希臘哲學家則有敏銳深刻的理智」。蔣氏認為「這是東西文化分道揚鑣的主要原因。」（本書第 365 頁）蔣氏也注意到「儒家之修身齊家治國平天下，是以人與己之平衡為基礎，不偏重於己（個體），亦不偏重於人（集體）。但希臘人則以個體為重，以個人之智力美感與體力積極的發展為人生最高目的。」（本書第 240 頁）一個重整體的和諧，一個重個體的發展，這同樣是一個造成東西文化不同的主要原因。這裏值得注意的是，蔣氏提出，儒家重人己平衡，是既不偏重於個體主義，也不偏重於集體主義。長期以來，不少中國學者認為，中國傳統不重視個體而強調集體，反對個人主義，提倡集體主義。我一直不贊成這種不假深思，主觀推斷的說法。把個人和集體看成是對立的兩極，是不對的。須知，集體是個體的聯合，沒有個體，哪來的集體？中國人通常所說的集體，其實是整體，一個家庭是一個整體，一個宗族是一個整體，一個機構是一個整體，一個國家是一個整體。如此等等。這些都不能籠統地說成是集體。所謂集體，是個體的聯合，聯合起來的各個個體，形成其公共意志，這個公共意志才是集體主義。

我認為理解這一點非常重要。但是這只有正確理解個人主義，完全清除把個人主義曲解為自私自利的偏見，才有可能。

　　儘管中西文化有很大的不同點，但蔣氏認為，人類的文化本質上是相同的。首先，道德理想是相通的，對知識的態度是相通的。蔣氏說：「中國固有道德之極則為忠恕兩字。中國之忠與恕，和西洋之忠與恕，可以說是神似的。孔子說：『言忠信，行篤敬，雖蠻貊之邦行矣。'無論到什麼地方，都行之有效的。這是作者親身體驗過的。各國的真正士君子，莫不如此的」。（本書第 271 頁）接著，蔣氏又徵引孔子的話說：「知之為知之，不知為不知，是知也。」「子絕四：毋意，毋必，毋固，毋我。」「博學之，審問之，慎思之，明辨之，篤行之。」等等。蔣氏說，「各國的真正學者莫不如此」。（本書第 271 頁）

　　蔣氏還指出，中西文化，表現於治國理想上也是神似或相通的。例如孔子所說：「足食足兵，民信之矣」。管子所說「衣食足而知榮辱，倉廩實而知禮節」。各國的經濟、社會、安全政策無不以此為目標。再有，孟子的「民貴君輕」，與民治主義亦神似。（這一點，清末民初不少知識份子皆有類似看法，實則是不大正確的──筆者。）各民族的文化既然本質上是相通的，所以歷來各民族的文化都不是單一的，直線發展的，而是多元的，相互滲透，相互吸收的。蔣氏認為，中國文化自古以來已吸收了許許多多外來的文化，從衣食到娛樂，都是如此。中國古代哲人盛倡「道並行而不相悖，萬物並育而不相害」，從而發育出豁達包容的偉大精神，這是有利於吸收外來文化的。他有一個頗與流俗迥異的見解，即認為，「從大處著眼，儒家學說實能適合近世之人文主義（以文化發展人類之幸福）與自由主義

（宏量包容）。西歐近世文化之輸入中國，儒家學說實為迎賓館之主人，任殷勤招待之責。」這一點很可進一步加以研究。

在中西文化問題上，蔣氏還有一個重要思想，即是他所說：「凡愈懂中國文化者，愈能懂西洋文化；愈懂西洋文化者，也愈能懂中國文化。」（本書第 433 頁）正因此，他在一定意義上，贊成「保存國粹」。他並且說：「我們決不可忘記中國舊的道德體系，這個舊體系是經過千百年長期的經驗和歷代不斷的努力而建立起來的。……這個道德體系曾使中國人誠實可靠，使中國社會安定平靜，並使中國文化曆久不衰。道德觀念如忠、孝、仁、義、誠、信、中庸、謙沖、誠實等等，都曾對中國人的心情個性有過重大的貢獻。現代科學所導致的知識上的忠實態度自將使幾千年來道德教訓所產生的這些美德更為發揚光大。」

我以為，讀者如能以平心的誠實的態度去細細體味蔣氏有關文化問題的這些言論，必可引發好學深思，明敏向上的精神。

發表周策縱先生的小詩二首並跋

　　周策縱先生有一個習慣，他喜歡寫一兩首小詩，或手錄一兩首舊作的詩，印成賀年卡寄給朋友。2000 年的新年，我得到的賀年卡上錄有他 1999 年寫的兩首詩，並有序。內容頗關重要。我先錄出周先生的詩和序：

　　五十年代中期，胡適先生曾告我：「魯迅是個自由主義者，絕不會為外力所屈服。魯迅是我們的人。」今言猶在耳，恍如昨日也。

一九九九年己卯七月三十一日

於美國威斯康辛州陌地生市之棄園，時年八十又三

一

風誼藏暉耀日星，相期同席浴遺馨；

即令白障重洋阻，故國遙看重典型。

二

「錚錚如鐵自由身，魯迅終為我輩人。」

四十三年前告我，一言萬世定猶新。

跋：關於周策縱先生的兩首小詩

　　周策縱先生是享譽海內外的著名學者，在美國從教半個世紀，傳播中國文化，教書育人，甚得學界的敬重。我同周先生相識於 1989 年。那一年，他受邀來北京參加紀念五四新文化運

動七十周年國際學術研討會，我們恰好在同一小組討論。以後，周先生多次來國內參加學術活動，每次都有聚談的機會。1995年，我訪問美國幾家大學，在芝加哥停留時，專程到麥迪森（周先生喜歡叫陌地生）威斯康辛大學去拜訪他。我們談至深夜一點半，經周太太勸戒，始安歇。每次與周先生交談，都增長見識，受益良多。這些年來，每屆新年前夕，周先生都自製賀卡，把他新作的詩詞印在上面，寄贈朋友。我有幸分享此優遇，甚感榮幸。

現在登出的這兩首小詩，是周先生 2000 年 11 月寄給我的，並希望有機會時，替他發表。一年來，我曾把這兩首詩給一些朋友看過，或提及過。有些朋友覺得很可理解，也有些朋友不甚理解。

第一首詩說的是，1999 年安徽籌辦一次胡適學術思想研討會，邀請周先生來參加。當時周先生因白內障手術，不克成行，他對國內重視胡適先生的歷史影響和地位表示欣慰。

所謂「有些朋友不甚理解」的是第二首詩。詩的內容意思很清楚，胡適認為，魯迅實質上也是個崇尚自由的人，因此將他引為同道。大家都知道，魯迅在二、三十年代對胡適的批判是相當尖銳的。但是大家也許不知道，胡適對魯迅卻是始終尊重其思想文藝上的地位，從未說過很重的批評的話，並對有些人攻擊魯迅提出過很嚴正的批評。記得，胡適晚年在同他的秘書胡頌平談話時，也說過與周策縱先生所述相同的話。這就是說，我們可以相信，胡適把魯迅看作是崇尚自由的人，是他的同道，這是他真實的一貫的想法。

這裏面另一個較困難的問題是，我們能不能在一定意義上，承認魯迅是個自由主義者，或者說他是個崇尚自由的人？

　　人們對自由，自由主義有種種不同的理解，不同的界說。但就其最基本的，最一般的意義上而言，自由就是個人獨立自主地思想，說話，行動，而不受他人或外力的強制；對自己的思想、言論、行動負責任。這個意思在五四時期，新文化運動的領袖和健將們都是很認同的。這其中自然包括魯迅先生在內。我們沒有理由不承認，魯迅先生是始終堅持了這種信念的。毛澤東說魯迅先生的骨頭是最硬的，他沒有絲毫的奴顏和媚骨。因此，他不會為迎合某種勢力和權威，而講違心的話，這是崇尚自由的人一定要堅守的一點。我個人認為，從這個最基本、最一般的意義上，說魯迅是個崇尚自由的人，應該是可以接受的。但如果把自由主義作為政治概念，甚至作為一種政治派別的代號來理解，那自然不能把魯迅視為自由主義者。我想胡適大約也不是在這個意義上把魯迅引為同道的。

　　因《文匯報》的陸灝先生有興趣發表周策縱先生的兩首小詩，我匆匆附記以上的話，請方家指正。

2001 年 11 月 25 日

附注：此文在 2001 年 12 月 1 日的《文匯報》上發表

《梁啟超啟蒙思想的東學背景》序

　　鄭匡民君留學日本八九年，於 1996 年夏天歸國，來中國社會科學院近代史研究所做博士後研究。呈獻給讀者的這本書，就是他博士後研究的成果。

　　梁啟超是近代中國於政治與學術文化兩方面都發生重大影響的人物。對於他的研究一直很受學界的注意。近年來國內外發表的有關梁啟超的研究論著尤顯增多。但國內學者對梁氏思想與日本思想界的淵源關係尚未曾做過深入探討。梁啟超流亡日本 14 年之久，即使將其訪澳、訪美及其他幾次短期離日的時間除去不計，亦有 13 年多的時間。而這期間，梁氏先後主編《清議報》、《新民叢報》、《政論》、《國風報》等，對國內思想輿論發生極大的影響。對於這期間，他的思想在哪些方面，在多大程度上受到日本思想家的影響，顯然是一個必須提出和加以深入研究的問題。但這項研究不是隨便什麼人都可以勝任的，它要求兩個必備的條件：(一)須對梁啟超及其所依託的中國思想學術背景有較深入的瞭解；(二)須對明治時期的日本思想學術背景有較深入的瞭解。這兩方面的瞭解都不是僅僅讀一些書，查一些資料即可做到的，需要作者有相當的時間寢饋其中，反覆體悟方可。我覺得，匡民君是比較具備這些條件的很難得的人選。

　　此書題為《梁啟超啟蒙思想的東學背景》。按「東學」一詞，如今已很少用，作為一個學術概念也不十分精准。但斟酌再三，想不出一個更簡明的提法來替代。在清末，學界曾較普遍地使用「東學」一詞來指稱日本的思想學術。梁啟超在許多文章中，

也在這個意義上使用「東學」一詞。因此，將當年梁氏本人指謂日本思想學術的詞語，在研究當年梁氏思想的著作中加以採用，應當是可以為學界所接受的。因為這個研究課題和書名是我與匡民君共同商定的，我負有一部分責任，故須略作交代。

此書在 1998 年即已寫成初稿，通過專家組的評議。從那時以來，匡民君對書稿反覆推敲磨礪，對所涉諸多問題更加深入探究。故四年以來，頗多增刪，書稿遂更加成熟。這種不急不躁，追求更高水準的治學態度，在今天的學術環境中實屬難得。

梁啟超是個知識欲極強而又學習能力極強的人，況其精力充沛異乎常人。他每天從日本學者的論著中瞭解和吸收西方的思想、學說。那時候，日本先已開始了如饑似渴地吸收西學的時代。身處那個氛圍中，以塑造「新民」自任的梁啟超，怎樣急切地要把他瞭解到的新知識和新思想、新觀念灌輸給國人，這一點，我們從《清議報》和《新民叢報》中就可以看出。但這樣做的結果，不免缺少分析、過濾和從容消化的工夫。就是說，梁氏宣傳的西學中，滲入了不少日本思想家的思想成分。匡民君的這本書，主要用力處，就是儘量釐清和析釋出這些成分，以求對梁啟超的思想著述有更深入和更精確的瞭解。這個工夫是相當繁難的。匡民君儘量搜集到當時影響到梁啟超的日本思想家的著作和他們所刊行的雜誌，認真解讀它們，然後再與梁氏發表的大量相關論著加以比較。從中發現構成梁氏思想的材料來源，及其在理解與表達方式上，在怎樣的程度上受到日本思想家的影響。這種工作真有點像在化學實驗室中做化驗分析一樣。社會科學之所以為科學，此其一證；只不過其精確程度會與自然科學有所區別。

　　不言而喻．做這樣的探究，必須熟讀材料，反覆推尋，精密運思。這就是何以初稿成後，又用了四年的時間做修改的工作，我們不能不敬佩作者這種認真求實的態度。八百多年前，朱老夫子以「寧拙勿巧」、「寧繁勿略」之語訓示學子，如今能堅持如此做學問的實在很難得了。

　　當然，任何一個課題研究都是不可窮盡的。關於梁啟超的研究，關於梁啟超思想淵源的研究，更具體地說，關於梁啟超思想與明治時期日本思想界之間的關係的研究，仍是一個需要繼續深入的課題。但匡民君此書，確是有關此一課題的最新的、最紮實和最可信的研究成果。今後凡做此項研究的學者，無論國內還是國外，他們都不能不參考、借鑒這本書。這就是此書的成功和它的價值所在。

2002 年 10 月 17 日

《西方民主在近代中國》前言

　　從 1840 年代到 1940 年代，這一百多年中，中國人民備嚐屈辱與苦難，但同時也有進取和奮爭。這一百多年的歷史值得我們認真地總結，這種總結可以從多個方面入手，民主的認識與實踐是其中比較最重要的方面之一。

　　本書是一種專題史的研究，其研究對象就是近代中國人對西方民主的認識與實踐的歷史，說詳細點，就是考察自從中國的先進分子睜開眼睛看世界那時候起，為改變中國落後的君主專制制度，力求在中國建立某種西方式的民主制度（包括立憲君主制和共和民主制）所做的種種努力和嘗試。誰都知道，這些努力與嘗試皆以失敗告終。但失敗的教訓若加以科學的總結，它與成功的經驗同樣寶貴。

　　關於近代中國人對西方民主的認識與實踐，至今尚無系統完整的研究，但相關的研究著作還是不少。這些著作大致可以分為三類：一類是從憲法史的角度進行研究，如吳宗慈的《中華民國憲法史》（前、後編），王煜輝的《中國憲法史》，吳經熊、黃公覺的《中國制憲史》，王世杰、錢端升的《比較憲法》，蔣碧昆的《中國近代憲政憲法史略》，羅志淵的《中國憲法史》，荊知仁的《中國立憲史》，以及近年出版的張國福的《民國憲法史》等等。第二類是對民主思想的引進、傳播及因而激盪起來的民主運動史進行研究，如平心的《中國民主憲政運動史》，周弘然的《中國民主思想運動史》，以及近年出版的熊月之的《中國近代民主思想史》，徐宗勉等著的《近代中國對民主的追求》

等等。還有第三類，是從政治制度史的角度進行研究，如顧敦鍒的《中國議會史》，錢端升的《民國政制史》，林代昭的《中國現代政治制度史》等等。此外，還有不少以特定時段、特定主題為研究對象的，如美國的哈樂德‧M‧維納克的《中國近代憲政的發展》，專門研究 1898 年至 1918 年的中國憲政史；澳大利亞學者傅因徹的《中國的民主》，是研究 1905 年到 1914 年中國的地方自治運動史；又如侯宜傑的《二十世紀初中國政治改革風潮》是專門研究清末立憲運動史的。從上述可見，其中沒有一本是系統完整地考察近代中國對西方民主的認識與實踐的歷史，或者說，還沒有一本把整個近代中國對西方民主的認識與實踐結合起來加以系統考察的歷史著作。自然，上述的以及這裏未曾列舉的一些研究近代中國民主思想與民主憲政史的著作，都給我們以後的研究提供了可資參考的材料與見解。但毫無疑問，在此基礎上進一步將近代中國人對西方民主的認識與實踐作一系統完整的考察是非常必要的。我和我的合作者們，不避簡陋，花了幾年的工夫，在吸取前人成果的基礎上，對 1840 年前後直到 1948 年大約 110 年的歷史，從深入挖掘材料入手，進行分析、比較、鑒別，努力從中發現中國人對西方民主的認識漸次達到了何種程度，以及他們如何根據自己的認識，結合中國的國情，提出和力求實施各種構建中國民主政制的方案，在力求顧及國內外基本背景的前提下，分析這些方案在實行中依次遭受挫折直至失敗的基本原因。必須承認，這是一個非常龐大而又非常複雜的課題，我們的學力和精力都不足以完全實現我們預期的目標。但，我們可以自信地說，我們的研究肯定在若干方面把前人的工作向前推進了一步，而且在總體上建構了這一專題的較為完整的歷史框架。我們並不指望學

者們都贊成這個框架，或者同意我們的觀點。但是，我們同樣可以無愧於心地說，我們所提供的，是我們幾位朋友以誠實的學者的態度從辛勤探索中得出的結果。

通過我們的研究實踐，我們覺得，為了深切認識歷史和總結經驗，就民主這一課題而言，從認識和實踐的結合上（或者說把思想和制度結合起來）進行研究是比較最為有益的。單從憲法史的角度去研究，不易於反映出民主政治發展的真實面貌。在中國，每一次的制憲過程，都與大多數國民不發生任何關係。姑且拋開統治集團（包括君主及其親貴，軍閥與政客等）中大多沒有實行憲政的誠意不說，即使那些真誠追求憲政的仁人志士，儘管他們主觀上也想把西方的民主憲政同中國社會的實際結合起來，但由於他們自身的實踐地位，大大限制了他們對絕大多數國民的實際狀況的瞭解。因此，他們的制憲努力，基本上仍不免脫離中國的社會實際，往往是把他們所學得的西方民主政治的常識加上若干憲法文本作為主要的參考資料。他們愈是力求完善，就愈是離開現實更遠。從清末的《憲法大綱》到民初的《臨時約法》，直到國民黨的《中華民國憲法》，從文本上看，他們與日本的及西方國家的憲法文本比較，基本上只是程度的差別。但實際上誰都知道，無論是清末的《憲法大綱》，還是民初的《臨時約法》，還是國民黨的《中華民國憲法》，都只是紙上文章，實際是不曾實行的，而且是不可能實行的。一方面是統治者不想實行，另一方面是廣大民眾自始就不曾參與，完全談不上到他們身上去落實。所以，從清末到民國，制憲的過程及其結果，對廣大中國人民而言，實同烏有。

我們還認為，單從思想方面入手研究近代中國的民主史，也有很大的局限。中國是個後發展的大國，魯迅先生曾說過，在中國社會裏，從最原始的舊思想到最先進的新思想，樣樣都

有。而中國近代思想史上，新進與守舊往往是各趨極端，守舊者言必稱中國的古聖先賢，新進者言必稱西方的學說如何如何。其實，無論是中國的古聖先賢，還是西方最先進的學說，都與廣大民眾的實際生活甚少關係。因此，即使是按最先進的思想設計出來的政治制度，哪怕是最民主的政治制度，也未必能給人民群眾帶來什麼實際的好處。歷史的研究使我們懂得，古今中外的大政治家，凡真能有所創獲，有所作為者，都是善於做因勢利導的工作。他們善於觀察和把握社會生活中出現的新的因素，新的趨向，加以發揚和倡導，促其成長，增其力量，待其行將成為社會的主導趨向時，再及時地製成相應的制度法律。這樣既有利於社會的穩定，也有利於社會的發展。反之，任何天才，任何聖人，若只憑主觀設計出一套「完善的制度」，拿來在社會上實行，結果沒有不失敗的。

我們絕不是反對人們繼續作憲法史、民主思想史的研究，像民主政治這樣複雜的問題，總是可以分出不同的側面去加以研究。我們只是想說，將認識與實踐，思想與制度結合起來去研究，是值得努力的一個方向。如前面已經說過的，我們沿著這個方向所做的工作還只是一個開端。我們希望有更多的學者沿著這個方向繼續前進。

因為本書是考察中國人對西方民主的認識與實踐，也就是對通常所說的近代資產階級民主的認識與實踐，所以，二十年代以後，中國共產黨領導人民革命過程中對人民民主的認識與實踐，不放在本書的考察範圍。我們認為，中國共產黨領導的人民民主與西方民主是兩個不同的範疇，應當放在中國共產黨領導下的無產階級民主史或社會主義民主史中去做系統考察。本書取名《西方民主在近代中國》，就是希望讀者能充分注意這一點。

　　本書是一種研究結果的報告，不是通常編年史意義上的歷史著作，更不同於教科書式的編撰體例。故對於各時期民主思想的研究，對各時期建構民主制度的實踐活動的考察，在分量上是很不相同的。我們的原則是：我們認為重要的就多寫，前人不曾注意和注意不夠的就多寫，我們自己研究得比較充分的就多寫。我們覺得，作為專題研究成果的著作，似可以不必過於追求四平八穩，處處均衡。如果人人以此為目標，勢必無益的重復太多，而努力創新的成分減少，這於人於己都不甚有益。我們提出這一看法，希望同行理解。

　　一個國家的政治制度變革是個極其複雜，極其深刻的社會變革過程。就從中世紀的君主專制制度到近代民主制度的變革而言，英國經歷了近三百年，而法國經歷了近百年。以中國之廣土眾民，君主專制傳統特別悠久深厚，又是處在內憂外患重重壓力之下進行政治制度的變革，其情況更為複雜，變數更多，故要實現此種變革，更非易事。現在總結那段歷史，我們覺得，我們的先輩們實在是做了無愧於歷史的艱苦努力。他們的努力未曾達到預期的目標，主要責任不在他們，是中國民族的危機太深重了，歷史給予他們的機會太少了。

　　我們今天要做的工作，不是對某些人盡情歌頌，對另一些人嚴厲的譴責，而是平心地去認清事實，深入地研究各種事實之間的內在聯繫，在此基礎上力求接近真實的歷史過程，瞭解前人到底為我們留下了一份什麼樣的遺產。這對我們民族今後的發展是至關重要的。否則，我們將不會真正認清我們前進的起點，可能會犯忽視打好地基便急於建起高樓大廈的錯誤。

2002 年 8 月

《王照研究》序

　　王照是中國近代史上，發生過一定影響的人物。然而無論他生前死後，都很少有人對他做認真的研究。許多人雖知其名，但對他一生思想、事蹟知之甚少。周敏之的《王照研究》是國內外第一本系統全面研究王照的書。由於以往研究成果太少，故在搜集材料和研究王照思想方面，作者都下了很大的功夫。以往人們只稍稍注意到王照在百日維新期間的活動及其影響，注意到戊戌以後他創立官話合聲字母的事蹟。周君此書不但於這兩方面做了更為詳盡和更為全面的考察，從而得出更切中肯綮的結論。而且他還注意到王照終生堅持教育為本的改革思想這一點，做出了很好的分析和評價。這都是此書的新貢獻。我相信，今後無論何人，若研究與王照有關的問題，必不可不參考這本書。

　　王照之被人注意，首先是他在百日維新期間，為禮部堂官拒絕代呈他的上皇帝書而挺身抗辯。結果，禮部六大臣遭到罷職的處分。此事轟動政壇，在當時新舊兩派鬥爭中發生了扭轉大局的重大影響。為此，維新志士欽敬他，而守舊派憎恨他。也為此，後人認為王照是維新運動中的激進分子，起到骨幹作用。實際上，這多少有一點「歷史的誤會」。

　　其實，王照與康有為並無深交，亦非康黨核心人物。他與他的頂頭上司，禮部大臣們的抗爭，僅只是根據光緒皇帝的上諭，要求實行他上書言事的權利。此次抗爭所發生的後果及其影響，遠非王照所能預料。王照與康有為在變法運動中已有分

歧。第一，他主張「和兩宮」，設法緩和光緒帝與西太后的矛盾，以利變法的推行。而康有為等認為太后頑固，只能利用皇帝的權威，雷厲風行，推動變法。事實證明，光緒帝初親政，羽翼未豐，實力不足，不可能在與太后爭權的背景下，順利推行變法。第二，王照認定，當時最切要之事是培養人才，必須從教育入手，以培植改革的基礎。而康有為等認為，世變日亟，從教育入手緩不濟急。後來，王照逃亡日本，康有為對他極不放心，事事防他，王照終於逃回國內。此後便終生堅持以教育為本，為改革創造條件。他創立官話合聲字母，創辦平民教育，都是為實行他的這一主張。可見，王照是一位相當穩健的改革思想家。他的影響雖遠不能與康、梁相比，但他的思想具有相當的合理性，我們不應忽視。

在內外矛盾交織，政治、經濟、文化危機迭相交乘的近代中國，有志救國之士，或主張暴力革命，或主張急進改革，以求「根本解決」，或力求「大變」、「全變」，其用心極為正當，其主張亦屬合理。（這裏要說明一句：改革也是革命。把改革與革命對立起來，這是中國教條主義者的蹩腳的「發明」）況且，革命（或改革）總是由統治者逼出來的。但一百五十多年的經驗證明，要使中國由弱變強，由窮變富，終究逃不過那一步一步的改革。而要使那一步一步的改革收到預期的效果，又終逃不過發展教育培育國民基礎這一項最根本的工作。王照改革思想的合理性及其意義就在於此。也正因為如此，這位清王朝末期的老新黨，最終能夠和民國時代的知識領袖和頗有代表性的改革思想家胡適走到了一起。

1930 年 10 月，胡適從上海來到北平，寓其好友任鴻雋家裏。王照從報上得知消息，專程到任宅拜訪胡適，因胡外出不

遇。王老先生把自己的幾篇文字留下，又寫一便箋，箋中稱：「先年每見大學講議各篇，即為欽佩。本年四月，因梁漱溟於其月刊中與先生辯論，始得悉今日國中真大澈大悟者尚有先生。……愚年過七旬，已無救國之責。惟一息尚存，此心不死焉耳。呈上邇日拙作數篇，欲先生知我非糊塗人。」落款書「王小航原名照」。可知，這是王照第一次與胡適交往。後來，胡適為《王小航先生文存》寫序。其中說道：「我把他留下的文稿都讀完了。才又知道這位七十二歲的老新黨，在思想上還是我的一個新同志。」胡適盛讚這位老志士敢講真話的精神。他寫道：「『說真的吧』，這四個字看來很平常，其實最不容易。必須有古人說的『貧賤不能移，富貴不能淫，威武不能屈』的精神，方才敢說真話。」接著，他又引王照的一句話：「時髦但圖聳聽，鼓怒浪於平流。自信日深，認假話為真理」。然後說：愛講時髦話的人，「其初不過是想博得台下幾聲拍掌。但久而久之，自己麻醉了自己，也就會認時髦為真理了。」也正因此，胡適說，要能堅持講真話，除了不辭貧賤，不慕富貴，不怕威權以外，還要能「不為時髦所動。」在社會上掀起某種風潮的時候，往往是口號震天響，時髦詞語滿天飛，誰不認同，自說老實話，就會被視為「反動」，就會遭遇種種不測。這種情況，在我們國家，真是屢見不鮮。胡適特別稱讚王照敢講真話的精神，可謂用意深長。

　　當然，胡適最引為同道的還是王照「以教育為主腦」的改革思想。雖然筆墨不多，但卻是他這篇序文的落腳點。他指出，王照認為「教育是政治的主腦」，「根本之計在於普及教育」。「這都像是老生常談，都是時髦人不屑談的話。」但要使弱國變成強國，使窮國變成富國，除以教育為本，還有什麼捷徑？

　　我們今天注意發掘和總結改革思想家們的思想遺產，並不是要否定以往的革命家，而只是糾正從前教條主義者為片面的宣傳暴力革命而完全抹殺改革思想的錯誤。何況當今處在不斷深化改革的時代，人們正需要從改革思想家的遺產中汲取有益的營養。

　　周敏之的《王照研究》即將出版，索序於我，隨手寫了上面這一篇東西，供作者及讀者參考。

2003 年 2 月 26 日

《胡適紅學年譜》序

　　《紅樓夢》向稱一大奇書，晚清以來即受士子青睞。至文學革命起，胡適將其視為近世白話文學的典範，於是更加聲價百倍，無分男女老幼，凡喜讀文學書者，無不爭讀之。《紅樓夢》一書，不但擁有眾多的讀者，而且還吸引許多有心人對它作考究，他們各申己意，大體皆視為影射小說。有的認為是寫明珠之子納蘭性德的故事，有的認為是演繹順治皇帝與名妓董小宛的故事，更有人認為是康熙一朝的政治鬥爭故事，書中人物皆被指為即是某某，頗能引讀者好奇之心。於是大家竟相懸猜，每能從字縫中尋出不同證據，爭作比附。這樣的所謂研究，所謂考據，人稱之為「索隱派」，曾經持續了相當長一段時期，其最後一位重要的代表人物是著名的革命家和教育家蔡元培先生（在蔡先生之後，雖仍有「索隱派」的著述，但都不能成氣候，不能發生大影響）。

　　作為新文學首倡者的胡適，原本即有做考據的長處，他很不滿意於「索隱派」的做法。1921 年 3 月，他寫作〈《紅樓夢》考證〉一文，在 5 月亞東圖書館出版的標點本《紅樓夢》一書上刊出。後經徵求許多朋友的意見，並得到他的學生顧頡剛的幫助，查出許多新材料，於同年 11 月改寫定稿。這篇兩萬六、七千字的長文，用大量可信的材料證明：《紅樓夢》的作者是曹雪芹，書中所寫內容是自敘其身世，他稱此書是一部偉大的自然主義（按當時所說，自然主義實即寫實主義的不太準確的表達方法）作品。他並對曹的家世和《紅樓夢》一書的版本源流

做了一番考證。此文一出，不但推翻了「索隱派」的結論，更重要的是推翻了他們的方法。胡適指出，《紅樓夢》考證的正當範圍，只是弄清作者和版本源流。超過這一正當範圍，就只能陷入「猜笨謎」的境地。〈《紅樓夢》考證〉一文成了新紅學誕生的標誌，此文引發了許多《紅樓夢》愛好者的興趣。撰文者甚多，其中雖仍有少數人沿著索隱派的路子走，但大多數人都成了新紅學的擁護者。他們圍繞著曹雪芹的身世和《紅樓夢》的版本紛紛寫文章和著書立說，《紅樓夢》研究真正成了一門顯學，半個多世紀長盛不衰。這是中國現代文學史上一件盛事，也是現代中國學術史上一段不能遺忘的插曲。

新紅學較之舊紅學無疑有很大的進步。首先，考定作者是曹雪芹，對曹氏家世、生活年代初步釐清，這是研究文學作品必須首先要解決的問題。試問，如果一部作品的作者及其時代都不能確定，如何能正確瞭解其創作思想，如何能判斷其社會意義呢？所以，有人批評《紅樓夢》的考證，完全是屬於「圈外」的事情，顯然是偏頗之論。

新紅學著重《紅樓夢》版本的研究，同樣有其正當價值。版本源流及其演變的軌跡，可以反映作者和修改者對作品命意的理解的微妙變化，可以反映不同時期人們不同的審美要求。這同樣是深入瞭解作品思想內容及其藝術性所不可不注意的。

從這兩方面看，以考證見長的新紅學，可以說是為《紅樓夢》研究做了前人未曾做過的基礎性的工作，為紅學研究打開了廣闊的前景。它的成績是不容否定，不應貶低的。但新紅學顯然有其缺點和不足。

當胡適最初提出「《紅樓夢》這部書是曹雪芹的自敘傳」的時候，他顯然說得不夠精准。它很容易引起誤解，令人以為書

中所說，皆其身歷實事。若如此理解，勢必以書中內容與曹的
身世處處比附，這就同索隱派的做法沒有區別了。所幸，人們
在這方面還沒有走得太遠，到 1925 年，俞平伯發表〈《紅樓夢
辨》的修正〉一文時，作者就說道：「本來說《紅樓夢》是自敘
傳的文學或小說則可，說就是作者的自敘傳或小史則不可。我
一面雖明知《紅樓夢》非信史，而一面偏要當它做信史似的看。
這個理由，在今日的我追想，真覺得索解無從。我們說人家猜
笨謎，但我們自己做的，即非謎，亦類乎謎，不過換個底面罷
了。」(《現代評論》1 卷 9 期)

　　第二個缺點是新紅學的隊伍中甚少有豐富的創作實踐的文
學家，也很少真正的文學評論家。因而新紅學始終未曾出現高
水準的對《紅樓夢》的文學藝術方面的研究與評論。這一點，
也是很早就有人指出了，但可惜的是始終沒有能改變這種情
況。這當然不能責怪那些做《紅樓夢》考證的人。術業各有專
攻，不能苛求。我覺得應從整個中國近現代文學的發展中去找
原因。從我這個文學的外行，但在青少年時代卻非常喜歡文學
作品的人的感覺來說，我以為，我們近現代的文學創作總的來
說，發展的不夠充分，成就和水準不能說很高，無法同英、法、
俄羅斯等國家相比。在這些國家裏，18、19 世紀曾經出現一大
批傑出的現實主義作家，出現一系列不朽的作品。同樣地，我
們也沒有機會造就出一批偉大的文學批評家，像俄國的別林斯
基那樣。此外，由於特殊的歷史條件，從清末以來一直存在著
強烈的泛政治化傾向，以致作家和批評家們都更多地關注作品
的思想內容方面，而較少關注藝術技巧方面。這兩方面的情況
決定了《紅樓夢》研究在文學藝術的批評方面便遠較歷史考證
方面遜色。我們仍然期待我國文學界終將有人能夠彌補前人的
遺憾。

　　我是不配為新紅學做總結的。上面所說，只能算是感想而已。不過，我認為，要為新紅學做總結也需要從基礎性的工作做起。編一部新紅學的紀事長編，就是第一步要做的。宋廣波的這本《胡適紅學年譜》，是這種工作的首次嘗試，值得引起大家的注意和鼓勵。我讀了這部年譜，覺得作者在搜集材料方面確是下了不少的功夫，他所提供的資料和資料線索顯然可以為進一步的研究提供一定的方便。作者的態度是平實的。他著力表現新紅學的客觀進程，甚少主觀的評論，這是很好的。

　　我覺得略有可以改進之處，順便提供給作者參考：

　　一、書中採取三種不同的紀年：清代用帝號紀年，附干支及西曆；1912—1949 年，用民國紀年，附干支及西曆；1950 年起，用西曆，附干支。這樣，一部書中分別採用三種紀年方法，顯得很不整齊，也不嚴謹。為此，我建議全書一律用西曆紀年，清代一段可夾註帝號紀年。

　　二、書中於胡適的作品差不多都全文照錄，有的文章一兩萬字，這樣似無必要。凡屬易見，易查的作品，皆可摘要其內容。不易見，不易查的，可照錄全文。書中對其他人的作品，除胡適幾個嫡系弟子以外，很少作介紹，有的只記篇名，這也不很妥當。既是年譜，相關的材料，內容要點一定要有所交代，否則，就顯得不全面，讀者會不滿足。

　　三、文字重複的地方，應加意斟酌，適當刪減，使文字更顯緊湊順暢。

　　廣波很勤奮好學，此書是他的處女作。相信他今後會更加努力，不斷做出新的成績。

發表於《書品》2003 年第 5 期

《胡適紅學研究資料全編》序

　　廣波同志治紅學甚勤奮。他在編撰《胡適紅學年譜》過程中所得材料非常豐富，發現胡適論紅樓夢的新材料甚多，故又編輯《胡適紅學研究資料全編》一書。此書較從前收錄胡適有關《紅樓夢》的論述最多的《胡適紅樓夢研究論述全編》一書（上海古籍出版社 1988 年出版）又多出 47 件。這對於胡適研究和《紅樓夢》研究無疑是一種新貢獻。而且，編者對全部資料做了仔細的校勘並加上必要的注釋。這給讀者和研究者帶來很大的方便。

　　新增補的材料，多半採自《胡適遺稿及秘藏書信》一書。此書是由我根據中國社會科學院近代史研究所收藏的胡適檔案資料編成的。由於資料太多，又是影印出版，42 巨冊的一部大書，其發行量甚有限，故能見到和加以利用的人非常少。其中有關《紅樓夢》的材料，至今尚不見有其他人加以利用就是明證。廣波同志對這部分資料做了很細緻的考校和研究，有許多重要的發現。例如，《胡適遺稿及秘藏書信》的第 10 冊收有胡適寫的〈《紅樓夢》考證〉（初稿）。此稿胡適曾交給幾個朋友傳閱，徵求他們的意見，有的朋友曾在稿上夾註意見，有的寫信提供意見。尤其是顧頡剛，還特為提供許多相關資料。在這個基礎上，胡適得以修改定稿。所以，後來人們所見的〈《紅樓夢》考證〉一文，較之原稿已有許多不同之處。廣波同志詳細對勘〈初稿〉與〈定稿〉，發現至少在四個方面有重要修改。(一)對曹寅的考證：(1)〈初稿〉說他「任江寧織造甚久」，而〈定稿〉

則明確說他任江寧織造 21 年。(2)〈初稿〉說曹寅曾刻印十幾種精刻的書，而〈定稿〉則說他刻印二十幾種書。(3)初稿說曹寅死在康熙 50-60 年間，定稿則確認他死於康熙 51 年。(二)對曹雪芹的考證：(1)〈初稿〉說曹雪芹是曹寅的兒子，〈定稿〉則確認曹雪芹是曹寅的孫子。(2)〈初稿〉說曹雪芹是滿人，定稿確指他是漢軍正白旗人。(3)〈初稿〉沒有列出曹雪芹的家譜世系，而〈定稿〉增此世系表。(4)〈初稿〉認為曹雪芹生在康熙 35 或 36 年，〈定稿〉則推斷他約生在其祖父去世前後。(5)〈初稿〉說曹雪芹寫作《紅樓夢》在雍正末年或乾隆初年，〈定稿〉則認為作書於乾隆初至乾隆 30 年間。(三)關於《紅樓夢》的版本：〈初稿〉對兩種「程本」，只說是「程排本」和「程刻本」。〈定稿〉中始正式定名為「程甲本」和「程乙本」。此種提法為紅學家一直沿用至今。(四)關於續《紅樓夢》後四十回的高鶚：〈初稿〉只根據少數材料推定後四十回為高鶚補作，〈定稿〉則大增篇幅，詳細論定後四十回非曹雪芹所作，而係高鶚補作無疑。又對高鶚生平事蹟有所考論。尤重要者，胡適對高鶚補作的後四十回給予很高的評價，說他「居然打倒了後來無數的團圓《紅樓夢》，居然替中國文學保存了一部有悲劇下場的小說」。

此外，我還想補充一點意見：〈初稿〉文後有幾條〈附注〉、〈定稿〉皆刪去，而另寫〈附記〉500 餘字，是專關《寄蝸殘贅》所說嘉慶間造反的曹綸即曹家之後的謬說的。

〈《紅樓夢》考證〉從〈初稿〉到〈定稿〉，其間胡適和他的朋友們，尤其是顧頡剛先生，又做了大量搜集材料，補充考證的工作，最後才作成這一篇傳世名作，引出八十年來長盛不衰的新紅學研究一項學術盛事。

　　像這樣一篇重要的文獻，它的初稿若長期不被人注意，豈不可惜！

　　學術的進步主要依賴兩個條件：一是材料有新的發掘，從而擴大研究者的視野，有新的問題被提出。二是，時代變遷，加上相關科學、學術的進步，使研究者的觀念更新、方法改進，因而提出新的見解。胡適的研究，新紅學的研究亦不例外。

　　相信，《胡適紅學研究資料全編》這一部更完整的文獻集子的出版，定會受到關心新紅學的朋友們的歡迎。

　　我在此順便提出一個希望：若廣波或其他人，有興趣編集一部八十年來《『紅樓夢』論爭集》，那將是更加令人高興的事。人們從其中既可看出新紅學誕生以來，其曲折發展的經歷，可以見出紅學研究者們的思想演變及其心路歷程；更可以看出外部環境如何使紅學研究在各個不同歷史時期分別塗上了很不相同的色彩。這將可算是一部「新紅學史資料集」，它可在某種程度上從一個側面折射出八十年來中國思想、學術的歷史縮影。

　　廣波編此書竟，求序於予，因就所感，拉雜寫來，僅供編者和讀者參考和批評。

2003 年 9 月 30 日寫於太陽宮寓所

《魚川耿氏宗譜續修》序

　　安徽績溪魚川耿氏，近修宗譜，任事者為耿培炳先生。大約去年秋，忽得培炳先生來信，告續修宗譜事，並求序。我不知道他怎樣得知我的名字和所在單位。天下耿氏為小姓，人數不多。所以，天南海北偶一遇耿姓之人，立時有親切之感生。大約培炳先生因某種偶然機會，得知我這個姓耿的人，是中國社會科學院近代史研究所的人；既以治史為專業，就正好拉我幫忙。十幾年來，我確實為不少朋友的書寫過序，大約已有二十篇左右。但還從沒有為宗譜或族譜寫過序。一時不知如何應付，想推辭；但培炳先生不肯放過。一想，我既為耿姓之一分子，就勉為其難吧。

　　中國傳統一向重修史，國家修史（正史），地方修史（地方誌），行業修史（行業志），宗族修史（宗譜），家族修史（族譜與家譜）等等。史之為事，「鑑往知來」四字可以概之。「鑑往」，故須賅備史事、人物事蹟；「知來」，故須對史事、人物加以分析、解釋。一般來說，修宗譜、族譜或家譜，重在存史跡，而不必太注意於分析解釋。蓋後者常為專業史家之擅場，即通常所謂專著是也。

　　一般人常有誤解，以為修宗譜、族譜、家譜之類的事，有復舊之嫌。其實，對於傳統的事物，重要的是我們的心態，而不在於事物本身。既然修譜本質上也是修史，而修史是為了鑑往知來，這在任何時代都是可以而且應該做的。這裏當然有個內容與形式的改革與進步的問題。例如，從前修史、修譜，特

別注意褒獎烈女。所謂烈女，有的是殉夫，有的是夫死守貞不嫁，等等。我們現在修史、修譜自然不會寫這些東西。此外，從前修史、修譜往往還會有一些虛妄和迷信之類的內容，現在自然也不會有了。在修譜的形式上，也同樣會因時代變化而有所因革。

近年治史者都特別注意社會史。其實，宗譜、族譜一類書最應注意保存社會史的材料。如家族遷徙的軌跡及其原因、背景，家族人口的變化，職業與生活方式的變化等等，都應盡量搜集材料，加以整理，作為新式族譜的內容。如此，其歷史價值也就更大了。

族中先人的事蹟是族譜的重要內容。它可以教育後代提高自尊心、自信心，敬業愛群。這也正與一般歷史書的教育價值相同。

此外，修族譜可以加強族內人群之間的聯絡，增強凝聚力。這在聚族而居的地方，對於穩定社會秩序，發展公共事業都會產生有益的作用。

人們常常還有另一種誤解，以為強調宗族、家族的血緣關係，只是中國人才有的特點，外國人是沒有的。事實並非如此。外國人，或者說西方人，他們對宗族、家族同樣很重視，中西只有表現方式和程度的不同而已。在美國華盛頓的英國大使館門前，有一座第二次世界大戰時的著名政治家，英國首相邱吉爾的雕像。這座雕像很有特點，邱吉爾是走路的姿勢，後腳踏在英國大使館的土地上，前腳卻已跨出英國大使館的範圍，而踏上了美國的土地。據說，這是因為邱吉爾祖上有美國人的血統，所以如此設計。從此可以看出，西方人的親族觀念也是很濃的。

　　我看《魚川耿氏宗譜續修》的〈譜例〉，徹底貫徹男女平等的原則，承認「女亦可傳宗」。這一點，很可為他人效法。還有，規定以後宗譜一世一修，即每三十年增修一次。古人講「史不絕書」，現在魚川耿氏一族，要做到「譜不絕修」。這是個極好的創例。望後來者其勉之。

　　　　　　　　　　　2004 年 8 月 12 日，於北京太陽宮一意求齋

《中國近代思想史研究集刊》前言

　　《中國近代思想史研究集刊》是由中國社會科學院近代史研究所近代思想史研究室創辦的，供國內外同行學者發表其研究成果的一個園地。中國社會科學院近代史研究所的近代思想史研究室成立於 1991 年。十餘年來，本室研究人員雖不多，但皆能以學問、人品相砥礪，形成一個凝聚力很強的學術群體。大家工作勤奮，治學謹嚴，成績頗得各方好評。乃於 2002 年被評為中國社會科學院第一批重點學科。大家甚受鼓勵，更加不敢懈怠。因承擔院重大課題的關係，與研究思想史和文化史的同行朋友常相聚會、切磋。2002 年、2003 年相繼兩次舉行國內同行的小型研討會，復於今年 8 月舉行一次國際研討會。為進一步團結海內外同行朋友，得互相切磋、勖勉之益，推動中國近代思想史學科更加深入發展，乃集議創辦《中國近代思想史研究集刊》，擬每年出版一輯。

　　近年來，對中國近代思想史感興趣的人越來越多，討論的問題亦越來越廣泛，越來越深入。西方一個學者曾說：「一切歷史都是思想史」。此話如不做機械地、絕對化的理解，則應承認它有一定的合理性。歷史是人創造的，而人是有思想的；為了揭示歷史運動深層次的各種機制，不能不研究人們的思想。正因此，凡政治史、經濟史、文化史、教育史、學術史以及藝術史等等領域中發生的矛盾、論爭，在思想史中都會有反映。所以，在一定程度上說，思想史的確有可以涵蓋和深化其他專門史的功能。

　　中國近代思想史是個有待深入開掘的富礦，這裏可以引人發生興趣的問題實在太多了。一百多年的近代中國的歷史，充滿著內外交織的各種矛盾，外部的威脅，內部的危機，格外逼人，人們總是在異常緊迫的形勢下，對各種挑戰做出應急的思考和抉擇。革命與改革交相迭乘，傳統與現代之間常常處於極度緊張。西方三、四百年間所經歷的變革和相應出現的各種思想，在幾十年時間裏，潮水般地衝擊而來，人們大感應接不暇。一種思想還沒來得及成熟，又一種新的思想便發出挑戰。所以，魯迅先生曾說，在近代中國，從最落後、最原始的思想，到當今世界最先進的思想同時存在。這樣一種局面，豈不是為我們研究思想史的人們提供了大可用武之地嗎！

　　研究中國近代思想史不自今日始。以往的研究，取得過一些成績，但也存在諸多不足，主要可概括為兩點。

　　(一)研究範圍未曾清晰界定。早期一些可視為思想史的著作，往往以經學思想或一般學術思想為主要內容；後來，又以哲學思想為主要內容，再後來，則演變為以政治思想為主要內容。這些當然也屬於思想史的範圍。但是，思想史不能以這些內容為局限，而且究竟應如何從這些方面提抉思想史的內容，仍大有討論的餘地。作為思想史學科研究對象的思想，我想，應該是一個國家、民族在歷史發展演變過程中，人們面對各種重大問題所作的思考。

　　近代中國所面臨的最大問題是建設一個近代民族國家。要實現這一目標，至少須解決如下問題：(1)獨立；(2)統一；(3)民主；(4)富強。所以，凡圍繞著這些重大問題所進行的思考，所提出的主張，所發表的言論，都應列入中國近代思想史的正當範圍。它既不是單純的政治思想史，也不是其他的專門思想史。它是各種專門思想史的基礎和重心。為了把握好思想史的

內容，必須盡可能清楚地認識歷史時代所提出的緊迫問題。認清這些問題，才比較容易從浩如煙海的思想材料中，抓住屬於思想史的內容。

(二)方法不健全，不精密。中國近代思想史是個很年輕的學科，五四新文化運動以後才逐漸發展起來。由於研究範圍不清晰，決定了它缺乏方法上的自覺。也就是說，還沒有建立起中國近代思想史相應的方法論系統。中國近現代的人文社會科學各學科，無不借鑒西方的理論與方法。但無論是馬克思主義或其他的西方理論與方法，要在中國的學術園地裏真正開花結果，需要有一個很長的歷史過程。有些人天真地以為，只要自己略讀幾本書，對其中的理論與方法能夠說出一、二、三來，自己就算是那種理論與方法的一個傳人了。他們不知道，當年馬克思、恩格斯還在世的時候，就頗有一些年輕或並不年輕的學者對他們表示無比服膺；在自己的著作中極力套用馬、恩的理論與方法，宣稱自己是馬克思主義者。馬克思看了他們的東西之後說道：如果他們所說的就是馬克思主義，那麼我只能說，我本人不是馬克思主義者。這個事實很可以說明，服膺和借鑒別人的理論與方法是一回事，自己的著作能否真正體現這種理論與方法又是一回事。多少年來，我們見到過太多想當馬克思主義者的人，而真正懂得馬克思主義，能在自己的研究與著述中運用馬克思主義的理論與方法解決幾個實際問題的人卻太少了。服膺其他西方思想家的理論與方法的人，也存在同樣的情形。近些年來，我們聽到和看到不少表彰和意圖運用西方各種有影響的理論與方法的言論和著作，但似乎看不出他們解決了什麼問題。這使我想起 85 年前，有關問題與主義的論爭。那場論爭，在一個很長時期裏，被人們說成是胡適向馬克思主義猖

狂進攻。近年來已有許多學者重新研究這個問題，加以澄清，指出這是一個關於如何對待理論與方法的態度的爭論。有些人太迷信某種主義，以為把那個主義的某些基本理論、基本公式重復幾遍，就能有奇效大驗。殊不知，那些最初創立這種主義，相應提出一套理論與方法的人，都是應對實際問題而起的思考。我們今天借鑒人家的主義，人家的理論與方法，也必須認清我們所面對的實際問題是什麼。問題認准了，再從事實際研究。必須是在實際研究過程中，借鑒別人的理論與方法；而不是像某些人那樣，不做任何深入實際的研究，直把人家的理論與方法往自己隨意檢來的事實與材料上套。

　　以往的中國近代思想史研究，由於方法不健全，研究成果不免存在這樣那樣的缺點。如有些著作完全依人立案，這是古老的學案體的翻版，對於研究異常複雜的中國近代思想史是不很適宜的。有些著作將階級鬥爭、階級分析簡單化、絕對化，生硬地去解釋各種複雜的思想現象。還有的竟完全從現實需要出發，任意宰制史料，牽強附會。當然，也有一些較好的作品。它們為我們提供了一些前進的基礎和經驗與方法的積累。但這種作品是不多的。

　　改革開放以來，中國近代思想史研究有較大的進步

　　首先是能夠從研究問題入手，即從事專題研究，而不熱中於寫近代思想史教程之類的東西。專題研究分幾種情況。較多的是以人物為專題，如對孫中山、康有為、梁啟超、嚴復、胡適、梁漱溟等人，還有從前不大為人注意的一些人物的研究。這是思想史研究必須要做的一步工作。另一種是做思潮的研究，每一種思潮作為一個個案，從其產生到發展以至衰落，作全過程的考察。如國粹主義思潮、疑古思潮、鄉村建設運動等

等。再有一種是純粹意義上的思想專題研究，如民主思想史、憲政思想史等等。還有一種是對一次思想論爭作個案考察，如關於科學與玄學的論爭，關於人權與約法的論爭，關於社會史的論爭等等。這些比較具體的研究，一則容易取得成果，二則也是訓練人才的好途徑，許多作得較好的博士論文，都是這類具體研究的結果。通過這些具體研究的不斷積累，就可以加深人們對中國近代思想史的總體認識。

其次是加強了學者之間的溝通與交流，不僅是國內學者之間，尤其是與海外學者之間的溝通與交流。有了溝通與交流，一則可收互相切磋之益，二則可最大限度地避免重複勞動。現在年輕學者逐漸養成習慣，每動手研究一個問題，必先檢索海內外相關成果，找出自己研究的合適的切入點。這是一個很大的進步。

第三，逐漸擺脫教條主義的束縛，循解放思想的路，敢於實事求是地研究過去不敢觸及的一些人物和問題。例如，對胡適的深入研究，對和平改革思想的研究等等。所謂教條主義，就是把某種理論和主張宗教化，不許人們獨立思考。這是科學與學術發展的最大障礙。二十多年來的進步就是克服這一障礙的結果。

第四，與上一點密切相關，由於擺脫教條主義的束縛，獨立思考成為可能，人們也就在學術範圍內逐漸養成一種寬容的心態，容忍和尊重不同意見，使學術討論和爭論逐漸步入常軌。這是學術發展絕對必要的一種條件。

以上這些進步都是極可珍貴的。這是今後中國近代思想史繼續發展的重要基礎。

　　近兩三年來，一部分治思想史的學者提出思想史的研究對象問題，這其中自然也包括中國近代思想史的研究對象問題。前面我們曾提到，以往的思想史研究範圍不夠清晰的問題，即指此而言。關於這個問題，出現許多說法。歸結起來有如下三種：(1)堅持以思想家的思想為思想史研究的主要對象；(2)提出以大眾思想、大眾觀念及其信仰為思想史研究的主要對象；(3)以精英思想（即思想家的思想）與大眾思想並列為思想史研究的對象。

　　我覺得，(2)、(3)兩種意見，頗有值得討論的地方。

　　首先，我覺得「大眾思想」一語似不很確切。我個人有一種偏見，以為並非隨便一種什麼想法或隨便一種什麼念頭，都可算是思想。一切思想都有其主體和載體，否則我們無從知道這些思想的存在。我以為，凡夠得上稱為思想的，起碼應具備幾個必要的條件：1、有實際針對性，是針對客觀存在的實際問題而作的思考，不是胡思亂想。2、有系統性，對問題的發生、發展及其利弊，應對的方法，都提出見解，不是散漫無稽的隻言片語。3、有一定影響，在社會上不發生任何影響的思想，在思想史上不可能佔有地位。從這幾點上看去，人們所謂「大眾思想」似乎是難以成立的。

　　其次，大眾觀念，應當承認它是確實存在的。如對「清官」、「好官」的崇敬和祈盼；對讀書人的尊重；敬惜字紙；珍惜光陰；敬老愛幼；頭上三尺有神靈；善惡相報；養兒防老；多子多福；如此等等。這些都是廣為人知的，在大眾中普遍存在的觀念。這些觀念，有些可能是累代遺傳下來的經驗之談，有些則可能是上層精英久相傳遞的思想觀念在大眾中凝聚起來的。這些觀念本身很難直接作為思想史的對象來對待。但是，在深

入研究思想家們的思想來源及其對大眾產生的影響時，可以仔細考察這些大眾觀念與精英思想的互動關係，把這些觀念作深入分析之後，呈現出其相關鏈結。

至於大眾信仰，這屬於宗教思想史的範疇。作為思想史的一個分支，宗教思想史應當處理這個問題。把它直接作為思想史的主要對象來對待是不適宜的。

既然「大眾思想」實質上很難成立，而大眾觀念、大眾信仰又不適宜直接作為思想史的主要對象，那麼，所謂精英思想與大眾思想、大眾觀念、大眾信仰等等並列為思想史研究對象這種二元論的主張，自然，我也難以贊同。

從以上的敘述中，讀者已可明白，我是主張在堅持以思想家們的思想作為思想史研究的主要對象的基礎上，加強對思想家的思想與大眾觀念互動關係的研究，這有助於豐富和深化思想史的研究，使思想史更具全面性和立體感。關於這一方面的意見，我曾在 2002 年舉辦的「中國近代思想史研究對象與方法問題」的研討會上談過（經整理後，在《廣東社會科學》2003 年第 2 期上發表），這裏不必多說。但這裏必須聲明一句，我的看法絕不影響本刊發表各種不同意見。我一直相信，不同意見之間的討論與爭論是學術進步的一個必不可少的條件。

現在我想談談中國近代思想史今後發展的問題。

(一)一切人文社會科學的發展進步，第一個條件就是要努力發掘新材料，不斷擴大材料的範圍。歷史學尤其如此，思想史亦尤其如此。新材料的發現，材料範圍的擴大，無疑會開闊研究者的視野。從前看片面了，因有新材料而減少了片面性；從前看得太表淺了，因隨著材料的增加，視野的開闊，新問題的提出而變深入了。這是極自然的事。近二十多年來，近代思想

史學科的進步，很大一部分是直接來源於新材料的發掘和材料範圍的擴大。例如，胡適檔案的發掘、整理與發表，直接推動了胡適研究向深廣兩方面發展。其他，如不少近人的日記、書信及各種相關檔案的發掘、整理和發表，使相關人物的研究更為細密，也是一個證明。舊的稀見報紙、刊物的重印發行，也是一個很重要的材料來源。我講的擴大材料的範圍還有另一種含義，即因研究者視野的開闊和方法的改進，從前不以為是材料的，現在居然可以成為說明問題很有用的材料了。例如社會史、報刊史、文學史中的許多材料，都可用為某種思想的佐證，或為某種思想之傳播及其影響提供有力的證明。

(二)中國近代思想史研究發展的第二個條件，是盡可能地利用科學技術發展所提供的各種新工具，如電腦即是一例。電腦功能不斷增進。運用電腦處理大批量的文字材料是最方便的。比如，我們研究某種思想觀念的最初發生，以後的發展和演變，通過對關鍵字的檢索，可為我們提供非常有用的資訊和材料，使我們的研究更加深入，更加精細。近代史料浩如煙海，若如從前全靠人的眼、手去直接檢索是非常不容易的。現在有了電腦的幫助，就可以很容易地做到了。當然，這首先需將大量文獻製成電子書才行。

(三)中國近代思想史研究發展的第三個條件，是需要更加開放。海內外學者之間的交流應更及時，更密切，以便更加開闊眼界，互相切磋，互相借鑒。

(四)第四個條件，是不斷提高方法上的自覺，就是通過自己的研究實踐和同海內外同行之間的溝通與交流，相互批評、比較與反思，逐漸形成自己的研究方法。所謂方法的自覺，就是把一種合乎科學的工作程式變成自己的工作習慣。有了這種方

法的自覺，可以使工作更加有計劃、有秩序，減少錯誤和時間、精力的浪費，從而使工作更有成效。研究者們都能做到如此，中國近代思想史學科自然會進步更快。

(五)最後，還有一個條件，就是我們應當不斷增強問題意識。問題是思想的啟動器，沒有問題就不會引發思考。所以，問題意識非常重要。善於提出問題的人，也就是善於思考的人。一個沒有問題意識的人，所見材料再多，卻看不出材料的意義，看不到材料之間的內在聯繫，也就形不成任何思想。這樣，材料對於他們便成沒有意義的東西了。培養問題意識，也就是培養思考的習慣，對所聞所見的事實、材料、陳述與論斷，都不要以為它是當然如此，向來如此的，都要問一個為什麼。所聞所見愈多，可形成比較；從比較中發現差異；發現差異，就會產生問題。增強問題意識，學一點哲學是很必要的。哲學最重要的功能就是訓練思想。有一定的哲學訓練的人，往往比較容易發現問題，比較善於分析問題。哲學一方面教人懷疑，不迷信任何教條；另一方面教人學會思想。所以，我希望每一位有志於治思想史的人，都努力學一點哲學，學一點哲學史。

我熱切地希望，中國近代思想史學科能有長足的進步，能有美好的將來。

我熱切地希望，這個《中國近代思想史研究集刊》能夠發揮一點推動的作用。

非常歡迎同行朋友踴躍投稿，支持它，使它健康地成長。

2004 年 9 月 10 日

《從四部之學到七科之學》序

　　左玉河著《從四部之學到七科之學》即將出版，索序於余。時間緊迫，不及通閱全書。他著作此書已有三年多，曾陸續談及其著作大意，余亦贊成其大旨。

　　近年來，關注近代學術史的人漸漸增多，已有一些著作出版。從八十年代初，人們關注文化史，到今天關注學術史，有其邏輯的必然性。梁任公曾說，學術乃文化之核心。當年人們關注文化問題，是多年激烈的政治動盪之後的反省有以促成之；而今日之關注學術史，則又是多年的文化熱之後的反思有以促成之。但無論是文化史，還是學術史，都是極大極難的題目；必須有充分的積累做基礎，才比較易於著手。我說的積累，主要的還不是針對個人，而是針對整個的民族。我們這個民族近一百多年來，一直是在一種緊迫的環境中，緊緊地趕著。現在流行一句話，叫做跨越式發展。在科學、學術上是否有跨越式發展，很值得研究。我們大家有時確有一種身不由己的感覺。舊的問題尚未完全解決，新的問題又逼人而來，想躲避都來不及。現在研究文化轉型問題，研究學術轉型問題，我都有這種感覺。希望我和我的朋友們能盡最大心力，把自己選定的課題，做得紮實些，深入些，以為後來者做一些鋪墊，增加一些積累。

　　任公先生把學術看成是文化的核心，是有道理的。人類文化之傳承，一方面靠口說、示範，即言語、行為；一方面是靠文字、器物。而自有文字始，人的思想、言語、行為及其所用器物，皆可筆之於書。因而，文字之傳承功能要比口說與行為等範圍更廣，效用更大。言語、行為只能直接傳授，而文字則

可間接傳授。直接傳授者，只可及於少數人；而間接傳授者，可及於千百人，千萬人。直接傳授者，只可及於兩三代人；而間接傳授者，則可繩繩墨墨，由古及今。學術是以文字傳承文化之最重要者，其所含知識、資訊、思想、理論、方法等等，乃經歷代學者精思、磨洗、鍛煉而成，是文化之精華。按，「學」，《說文》謂與「教」通。「教，上所施，下所效也」。《廣雅釋詁》則直謂：「學，效也。」「效」即是仿效，即是傳承。「術」，《說文》謂「邑中道也」，指道路，引申之，則門徑、方法等義皆在焉。前人將「學」與「術」合為一詞，我想可否理解為，學術是從累代所積之經驗、知識中，求出通向未來的途徑。如此，則學術必關乎社會、國家、民族之前途與命運。所以，歷代學者一向以學術、道義一身肩之。當然，像張載所謂「為天地立心，為生民立道，為往聖繼絕學，為萬世開太平」，則純屬吹牛皮，說大話，任何人都做不到的。但作為學者，以淑世的責任心與使命感以自勵，當是應有之義。

　　治學術史，特別是研究從古代學術到近代學術轉型的軌跡，自當著重在彰顯學術型模的變化。左玉河此書亦正為此。書中較詳細地梳理出晚清時期，中國學術從古代不甚嚴密，不甚合理的四部分類，到吸收西方學術的分科方法而演成七科的分類，從而初步建立較為近代的學術體系的過程。其中提出了不少有創意的見解，值得同行們注意。

　　前面說到，文化史與學術史，都是極大極難的課題，需要眾多學者代代相繼，深入研究，不斷積累。此事不可因其難而卻步不前。俗謂千里之行始於足下，九層之台起於壘土；總是免不了有一段篳路藍縷的過程。同時，尤不可急於求成，或淺嘗則止。宜潛心寢饋，一意求之。願以此意與作者及讀者共勉之。

2004 年 9 月 16 日

《翁文灝文集》序

學通同志最近將翁文灝先生關於科學與經濟建設方面的論著選編成一本書，名曰《科學與工業化》，要我在書前寫點什麼。我對翁文灝沒有做過專門研究，但對那一代知識領袖都還略有一些瞭解。學通為人樸厚，其意悃誠，不忍卻之。因即就本人粗淺的瞭解，說幾句感想的話。

翁文灝是民國時期著名的科學家和知識領袖之一。他與丁文江、章鴻釗都是中國地質科學與地質事業的開創者和奠基人。而中國的地質科學是最先躋身世界先進行列的學科。我們應當記住他們的貢獻。而有趣的是，翁文灝與丁文江又同是中國少有的以科學家而兼有傑出的組織才能的知識領袖。本書編者在〈前言〉中列舉出翁文灝曾擔任過的一些學術領導職務和在國際上榮獲的一些名譽學銜。這些很可以讓我們對他的地位與影響有一定的瞭解。但我覺得最能體現翁氏的個人價值的，是他在 1934 年 3 月不幸因交通事故而受重傷時，人們所做出的反應。這種反應，由他的好友胡適先生為我們記載下來。在《獨立評論》第 90 期的〈編輯後記〉裏胡適寫道：「獨立的讀者在這十天以來，一定和我們一樣，都很關切翁文灝先生的狀況。翁先生於 3 月 16 日在京杭國道上因汽車誤撞橋柱，受了重傷，因流血過多，曾昏暈至一日以上。當時各地朋友讀了初次傳出的惡消息，都十分焦慮。……當消息最壞的第一天，他的一位北平朋友寫信給人說：『如此天才，如此修養，豈但是一國之瑰寶，真是人世所稀有！』還有一位朋友對人說：『翁詠霓是五十

萬條性命換不來的！』」說用五十萬條性命也換不來一個翁文灝，這話講得不很得體。胡適引用這些話只是想說明翁文灝在人們心目中的地位是如何的重要。

的確，一個科學家，以其本身的專業知識，能夠為社會、國家作出貢獻，已屬可貴；倘又能兼具組織與計畫的才能，替國家盡力，則尤屬難能。從 1932 年起，翁文灝被邀擔任公職，先後擔任行政院秘書長、經濟部長、資源委員會主任委員、行政院副院長、院長等職。在抗戰準備時期和抗戰時期，他對於工業內遷，及發展內地，特別是西部地區的工業做出了相當的貢獻。

自然，像他這樣一位科學家、知識份子，他的政治眼光是非常有局限的。抗戰勝利後，在國共內戰時期，他繼續在國民黨政府中擔任要職，結果被列入戰犯名單中。後來雖回歸祖國，但已無法發揮他特有的作用了。

這本文集中，編者選收翁文灝有關科學、工業化及經濟建設方面的文章共　篇。我讀過其中關於科學與經濟建設方面的一些文章，略有一點感想，寫出以就正於編者和讀者。

翁氏對於基礎科學與應用科學的關係所持的看法很值得我們注意。在他看來，科學的精神，就是探求真理；而真理則可以為人類照亮前進的路。所以，凡是探求真理的研究，不存在有用無用的問題。他說：「研究科學的人，不管他無用有用，也不知什麼叫有用，什麼叫無用，但只知道我可以研究的東西拿來研究，研究的結果便是研究者最高之獎賞。」如果總是懷著極其狹隘的實用觀念去實施研究工作，是收不到好結果的。他舉晚清洋務運動的例子說，當時人們把西學只看作是」「做機器，造槍炮之學」，故「只知實用，不知科學真義」，「結果不但

真正科學並未學到，而且因根本不立，即做機器造槍炮之實用亦並未真正學好」。

　　這個教訓是非常值得注意的。

　　作為科學事業的組織者和領導者，翁文灝有一些切身的體會很值得我們借鑒。翁氏強調，科學工作只能依靠自己的實績去贏得社會的信用。「如果社會的認識必須純靠宣傳來取得，那結果一定是假的壞的工作者得了便宜，真的好的反相形吃虧。」他主張「要提倡公平無私的輿論，拿實在成績做唯一標準」。他還指出，在中國發展科學事業是有困難和危險的。「最大的危險，是像許多中國事情一樣，在他的意義與價值未被認識時，取不到必要的同情與幫助。等到大家認識以為好的了，便成為一種時髦，掛羊頭賣狗肉，弄得喪盡信用為止。」甚至於「研究所可以同衙署一樣地變成一群無業遊民啖飯之地」。

　　至於說到科學研究工作本身，翁氏如同所有真正的學者和科學家一樣，總是強調一切從事實出發。他把這叫做「唯物」。「只有物，沒有我，決不許主觀的我參雜其中。」他說「這是研究自然科學的一個真正態度」。其實，何止是研究自然科學須如此，研究一切科學都必須如此。只有觀察事實，從事實中搜集材料，從大量的事實材料中進行比較、分析，發現其中的聯繫，提出解釋的假說，再到事實中去求證實。這是一切科學研究都必須遵循的程式。達爾文研究物種起源是這樣；巴斯德發現微生物的實驗是這樣；摩爾根研究古代社會是這樣；馬克思發現剩餘價值是這樣；胡適考證《紅樓夢》、考證《水滸傳》也是這樣。成就的價值有大有小；但只要是遵循這樣的程式做去，終必有所成。反之，發什麼「為萬世開太平」的宏願，講什麼「內聖外王」的大道理，最終都不會有什麼結果。有些人始終不明白科學的態度是怎樣一回事，以為那是自然科學家的事，

與他人無關。所以，他們就心安理得地在自己的書齋裏，炮製自己或什麼人喜歡的所謂「理論」。我真誠地希望，我們做人文社會科學研究的朋友們，不妨讀一點科學家的著作（我這裏當然不是說要讀科學家的專業著作，而是指科學家們談論思想方法、工作方法以及談論人生態度和社會責任心等方面的文章。在這些方面，自然科學家與人文社會科學家是完全可以溝通的。），養成與科學家大致相同的工作習慣。這對我們將十分有益。

由於翁文灝擔任過資源委員會、經濟部及行政院的領導工作，他對於組織經濟建設頗有一些值得注意的見解。

他指出，「建設必須先有計劃，計畫又必須有實在根據，不能憑空設想，亦不能全抄外國成法」。他還指出，「應該由富有學識的頭腦來做計畫，再叫各部分的工作者各就所專去調查研究，去徵集應備的材料，或解決局部的問題」。他認為，做有計劃的建設，必須循序漸進，紮實進取。最忌因「機關改組或是長官換人，一切推翻，重新起頭，再做原來已做的工作」。「進步是歷次的工作相繼續相積累而成的，尤其是重大的建設事業，非逐步前進不會成功。」他強調，中國地廣人眾，原有的經濟基礎薄弱，百業待興。所以，搞建設必須分清輕重緩急；又必須有全局觀念，統籌兼顧；還必須注意各地區間的適當平衡。這些意見，看來都很平常，但真能如此做去，其實並不容易。

我們現在正在改革和建設的關鍵時期，儘量吸取一切有益的經驗與教訓，是避免失誤，取得成功的重要條件。學通同志所編的這本書，無論對於從事什麼工作的人，讀了都是有益的。我願意有更多的人讀這本書，所以寫出我讀此書的點滴感想，供大家參考和批評。

2005 年 12 月 17 日　於北京太陽宮寓所

《學術之於政治的現代詮釋》序

　　中國內地學術界有關胡適的研究，已有近三十年的歷史了。迄今已發表之著作近百種，文章千餘篇，這其中有不少作品在不同程度上都涉及到胡適的政治思想內容，但直接以其政治思想為對象，進行比較全面而系統的研究者，李建軍先生這本書還是第一部。我很想花一些時間認真仔細地讀一讀這部書稿，但可惜，竟無法抽出充裕的時間。這裏只好先就我個人對胡適的政治思想的瞭解，略談幾點粗淺的想法。

　　三十年的胡適研究，使我漸漸產生一種認識，覺得胡適是中國社會轉型期中一位偉大的文化中介者。他要把古代的中國文化同現代文化連接起來，把世界同中國連接起來，使中國能夠較少痛苦地走入現代世界之林。就政治思想或政治文化方面而言也是如此。他認為，基於自由和保護自由的民主政治制度，是近三四百年來人類社會政治進步的成果，它不應只屬於某一個民族或某一個階級。中國也應當或遲或早地實現民主的政治制度。這是他終生堅持的一個信念。而胡適的政治思想，即他的自由主義，正是他在爭取實現他的這一政治信念的一系列努力中形成起來的。

　　胡適是實驗主義者，實驗主義哲學的一個重要觀念就是一切進步或發展都是從已有的經驗過渡到新問題的解決。新的經驗、新的思想和制度，就是在解決新遇到的問題的過程中產生出來的。這一個重要觀念成了胡適的自由主義的政治哲學的基礎。

　　胡適在說明他的自由主義思想時，著重強調的是以下幾個方面。

一、自由的意義

　　胡適說：「『自由』在中國古文裏的意思是『由於自己』，就是不由於外力，是『自己作主』。在歐洲文字裏，『自由』含有『解放』之意，是從外力裁制之下解放出來，才能『自己作主』。」他又說：「在中國古代思想裏，『自由』就等於自然，『自然』是『自己如此』。」由於中國古人太強調「由於自己」和「自己如此」這一面的意思，結果導向內心自由的一種精神境界的追求。在西方，由於強調從外力的束縛中求解放的意思，從而演成一系列爭取自由的大運動，尤其是發展出爭取政治自由的大運動。胡適進而指出，「自由主義就是人類歷史上那個提倡自由，崇拜自由，爭取自由，充實並推廣自由的大運動」。「凡是愛自由的，凡是承認自由是個人發展與社會進步的基本條件的，凡是承認自由難得而易失，故必須隨時隨地勤謹護視培養的，都是自由主義者。」自由主義於政治上，就是要求確立個人的一些基本的自由權利不受侵犯。例如宗教信仰的自由，思想言論的自由，著作出版的自由，等等。這些自由都是必須以個人為本位的。只有充分地承認個人的獨立地位，只有充分地承認個人意志自由，才能使這些自由權利落到實處。胡適很不贊成一些人硬把個人主義，個人意志自由看成僅僅是與資本主義連在一起的。他說：「我深信思想信仰的自由與言論出版的自由是社會改革與文化進步的基本條件。……如果沒有思想信仰言論出版的自由，天文物理化學生物進化的新理論當然都不會見天日，洛克、伏爾泰、盧騷、節伏生，以至馬克思、恩格斯的政

治社會新思想也當然都不會流行傳播。」胡適堅信:「一個新社會,新國家,總是一些愛自由愛真理的人造成的,決不是一班奴才造成的。」

二、民主的政治制度

胡適說:「民主政治的意義,千言萬語,只是政治統治須得人民的同意。」又說:「民主的第一要件,是人民有控制政府的權力;政權的轉移,不靠暴力,不靠武力的革命,而靠人民多數投票的表決。投票之前沒有人可以預測,沒有人可以決定;投票以後,沒有人可以抗議否認,沒有人可以推翻。」又說:「民主政治最要緊的基礎,就是建立合法的批評政府,合法的反對政府,合法的制裁政府的機關。」這裏自然是指可以批評政府,監督政府和制裁政府的民選的議會。可見,在民主的政治制度中,胡適最關注的是政府的權力的合法基礎,也就是政府的權力必須來源於人民的授予。他所關注的另一個問題是必須有一個合法的批評政府,監督政府和制裁政府的機關。胡適雖不是專門的政治學家,但他顯然是抓住了民主政治的關鍵。

三、容忍與自由的關係

人類歷史上,那些提倡自由的先驅者們,一開始就注意到了自由必須以不危害他人的自由為界限,也就是注意到了自由與容忍的關係。但人類的本性存在著不容忍的根源。胡適指出:「人類的習慣總是喜同而惡異的,總不喜歡和自己不同的信仰、思想、行為。這就是不容忍的根源。」他又指出:「人們自己往往都相信他們的想法是不錯的,他們的思想是不錯的,他

們的信仰也是不錯的，這是一切不容忍的本源。」所以，胡適說，在宗教自由史上，在思想自由史上，容忍的態度是最難得，最稀有的態度。然而，如果人們都採取不容忍的態度，也就不可能有自由了。胡適常常提起一段故事，當他作為民間使者在美國為中國抗戰奔走時，有一天，他去看望他早年在康奈爾大學讀書時的一位史學教授布林（George Lincoln Burr）先生。胡適說此老是極博學的人，當時已是八十歲高齡，仍在工作。他們談了半個小時，給他留下印象最深的是，此老強調，歷史上「容忍」比「自由」更重要。這次談話對胡適確有很大的影響。但決不可以說，胡適是因受布林的影響，才充分注意到容忍的重要性。我們檢視一下胡適早在二十年代的言論著作，就可以發現很多強調容忍的精神的材料。其中單是給朋友的書信就曾多次談及容忍的態度的重要。例如 1924 年 11 月 28 日致李書華、李宗侗的信；1925 年 12 月致陳獨秀的信；1926 年 5 月 24 日致魯迅、周作人、陳源的信，等等。在這些書信中，他都極力強調社會應培養一種容忍的精神，這是使社會健康進步的重要條件。胡適到晚年更加體驗到容忍的態度之不易得，因而更多地強調容忍的重要。他說：「我總以為容忍的態度比自由更重要，比自由更根本。我們也可說，容忍是自由的根本。社會上沒有容忍，就不會有自由。無論古今中外都是這樣，沒有容忍，就不會有自由。」

容忍的精神在政治上的體現，最重要的就是容忍批評和反對的意見，容忍反對黨。前面說到，不容忍的態度根源於人們喜同惡異，根源於自信自己不會錯。然而事實證明，一切個人，一切政黨，一切政府，都不可能百分之百的正確，都不可能永遠正確。有失誤而允許批評，允許反對的意見，從而就為及時

地糾正錯誤創造了條件。反之，若不允許批評，不允許反對的意見，文過飾非，堅持錯誤，就會造成不可收拾的後果。容忍批評和反對的意見，容忍反對黨，是承認政治自由的必然的邏輯結論。若承認人們有思想言論，著作出版，集會結社等項自由，那麼，就不可能禁止人們發表批評和反對的意見，就不可能禁止持有批評和反對的意見的人們結成團體或政黨。自然，一切批評和反對的意見，一切反對黨的言論行為，都必須遵循法律的途徑。如果經過長期的奮鬥，事實證明批評和反對的意見正確，反對黨得到多數人民的認可，就有希望成為執政黨，實現政權的和平轉移。

四、和平改革

　　胡適認為，和平改革是自由主義應有和必有之義。他指出，「現代的自由主義正應該有『和平改革』的含義，因為在民主政治已上了軌道的國家裏，自由與容忍鋪下了和平改革的大路」。容忍批評和反對的意見，容忍反對黨，尊重少數人的權利，這些正是和平地改革政治社會的唯一基礎。胡適認為，和平改革主要有兩個含義，一是和平轉移政權，一是運用立法的手段，一步一步地做到具體的改革，一點一滴地推動社會進步。這兩點，都是因為允許批評和反對的意見，允許反對黨，才能做到。因為有批評和反對的意見，有反對黨的批評與監督，才會有政策和法律的改進和修正；因為有反對黨對立的存在，人民才有選擇的機會，才有可能通過人民的選舉投票而實現和平地轉移政權。

　　以上說的是胡適自由主義的政治思想的幾個要點。此外，我還想談談也許並非不重要的其他幾點意思。

　　我們常常聽到一種說法，說近代中國民主政治之所以失敗，是因為那些主張民主政治的人們都力圖照搬西方的政治制度，而不顧中國的國情。我一直認為這個說法是沒有根據的。

　　從清末的政治改革、立憲運動到民國時期各次改革運動都不能說是照搬西方的現成制度模式，只能說是參考借鑒而已。其參考借鑒的程度自然有多少大小的不同，但都不是原樣照搬，是可以肯定的。以往的民主政治的種種失敗，其根本原因還是在於缺乏民主政治的社會基礎，或者說，支持民主政治的社會力量不足。早在清末，梁啟超就呼喚那個所謂「中等社會」，在近代中國，遲遲沒有形成和成熟起來。這才是民主政治之所以屢屢失敗的真正原因。胡適長期背著「崇洋媚外」和「全盤西化」的名號，人們更是不假思索地認定他的政治思想是全盤照搬英美的制度模式。其實，這是根本沒有的事。我們只能說胡適主要參考借鑒的是英美的民主政治，而不能說，他要全盤照搬英美的政治制度。胡適曾明確地說過，他不贊成把英美的制度原樣搬到中國來。從「好人政府」的主張，到勸蔣介石把國民黨一分為二，他提出的所有政治改革的主張都不是英美的現成品。胡適一方面不贊成照搬英美或任何其他西方國家的現成政治模式；另一方面，他也不贊成因強調中國的特別國情而屏棄民主政治的基本原則和基本精神。他曾說，沒有自由的「自由」，沒有民主的「民主」，就如同沒有趙子龍的《長板坡》，沒有諸葛亮的《空城計》，那還有什麼意義！

　　在近代中國歷次改革與革命的過程中，還有一個令人困惑的問題，就是所謂中國人民程度不足，難以實行民主制度。這個問題從清末就開始爭論，一直得不到很好的解決。在三十年代關於民主與獨裁的爭論中，這個問題再度突出出來。當時，

胡適為了反駁主張獨裁的朋友，曾提出民主政治其實只是「幼稚園的政治」，並非高不可攀。有些人為辯勝求快，不肯細心理解胡適這個比喻的實在意義，而加以嘲笑。照我的理解，胡適用這個比喻是想說明兩層意思。一層意思是，不要把民主政治看成高不可攀，民主的憲政「隨時隨處都可以開始」。幼稚園的小朋友們常有一句話：「排排坐，吃果果」，就是大家制定一些規矩，大家來遵守，只要遵守規矩，就可以得到應該得到的權利。這正是民主政治最基本的原則。人們不應因人民程度不高，而不肯下決心走上民主政治的路；更不應讓那些反對民主政治的人以此為藉口，拒絕民主政治。人民只有在實行民主政治的過程中學會運用民主政治。另一層意思是，民主政治固然可以隨時隨處開始，「但必須從幼稚園下手，逐漸升學上去」。有些人主張，既然中國要改專制為共和，就應該學習世界上最先進的制度，就像要發展中國的鐵路交通，不必用世界最早出現的火車，而應引用最先進的火車一樣。胡適顯然不贊成這種主張。人們對於物質生活中的各種用品，適應起來是比較容易的。但對於社會生活和精神生活的環境的接受和適應能力就差得遠了。西太后也可以玩西方的照相機，也可以坐西方的火車，但她不能接受西方的民主制度。在統治集團自然有不願放棄特權的利害關係；即使在平民一方面，也不是很容易就接受民主共和的一些新規矩。在魯迅的早期小說中，對這些方面有很深刻的反映。我們還知道，如今在美國生活了一兩代時間的中國人，還有很多仍沒有真正融入美國的社會，尤其是沒有融入美國人的文化中。所以，胡適主張民主政治不妨從較低的水準開始做起，循序漸進。世界上有很多先例，因不求甚解和急於求成，而將民主政治做成了「夾生飯」，以至政治長期不上軌道。

　　近代中國民主政治的成敗利鈍是個非常複雜的問題，值得
認真地，深入地反省和總結。對於那些追求民主的仁人志士，
他們的思想、主張和活動，應逐一加以研究，珍惜這一份遺產。
胡適是近代中國自由主義最重要的代表人物，對他的研究，值
得花費更多的功夫。李建軍先生這部書，著力對胡適的思想做
純學理的解讀與詮釋，是很值得重視的。有了這個開頭，我相
信一定會有人繼續這一工作，不斷取得新的進展。

2005 年 12 月 21 日　於北京太陽宮寓所

《戊戌維新時期康有為政治改革思想研究》序

　　康有為是戊戌維新運動的主要領袖，是中國近代史上著名的政治改革家、思想家。一切研究中國近代史的著作都無法越過他。因此他的大名幾乎是人人皆知，對於他的研究，也早已不是新鮮的課題。但是要我們提出幾本真正系統而又深入的研究康有為的思想體系的書，實在舉不出幾本來。蕭公權的《康有為思想研究》是第一本這樣的書。其價值是學界所公認的。此書初版於 30 多年前，直到 1988 年始出中文版，流傳到內地，不過十幾年的工夫。至今，我們還沒有看到第二本類似的書。自然，有不少研究康有為思想的專題性的書和論文，其中不乏有創見的論著。然而我們還是期待有深入系統研究康有為的思想體系的著作出來。現在，龔郭清的《近代政治文明的構建——戊戌維新時期康有為政治改革思想研究》一書，正可謂應運而生。此書雖是針對戊戌維新運動時期而言，但誰都知道，康有為的思想在此時期已完全成熟，其思想體系已經構建起來。所以此書的內容，它的研究方法，它所重現的康康有為的思想體系，是可以映照康有為一生的思想的。這是一本值得學術界重視的書，凡是研究近代思想史，研究戊戌維新運動，尤其是研究康有為的學者，都應該看看這本書。

　　深入研究思想家的思想，把他們思想的本來意涵徹底弄清楚，把他們的思想體系按其本來的理路重新建構起來，是很不容易的。特別是對那些經歷豐富，著述甚多，思想複雜，影響

深遠的思想家，尤其如此。康有為自然當得上是這樣的一位思想家。

　　我覺得，思想家大體有兩類。一類是因隨時應對世變而發為思想主張，總其一生著述，亦頗成體系。如孫中山等是。我稱這一類思想家是開放式的思想家。另一類是總結前人思想，融會所學，自鑄體系，即以此體系去解釋和應對一切世變。如黑格爾等是。我稱這一類思想家是封閉式的思想家。康有為亦屬此類。對於前一類思想家的思想，相對來說，似較易把握。對於後一類思想家的思想，要真正弄清其意涵和內在理路，似比較地不容易。他們的思想具有強烈的主觀性，與現實的聯繫往往不那麼直接；而單就思想論思想，便極易發生歧義。黑格爾死後，批評黑格爾的人，大多只是站在黑格爾體系的外面加以褒貶。恩格斯說他們只看見修建大廈的腳手架，而沒有看見大廈本身。以往，特別是上世紀七十年代以前，對康有為的批評即往往失之於此。所以，我覺得對於像康有為這樣的思想家的研究，必須先下工夫，深入到其思想體系的內部，充分瞭解其內容、結構、思想意涵及其理路。做了這一步工夫之後，再考察其上下左右其他思想家及時代演進的實際情況，方可對康的思想作出比較切於實際的批評。

　　龔郭清的這本書，可以說是真正下了大工夫，鑽入康有為思想體系的內部，做一番研究。他對康有為的思想體系，從三個方面加以分析，頗覺得比前人的研究更具涵蓋性。前人絕大多數都只注意其政治改革的內容，較少顧及其他。此書除制度構建之外，用了很大篇幅從價值追求和社會構想方面對康有為的改革思想作出更廣泛，更深層的分析論述。如指出康有為戊戌維新運動的價值追求既有外在的方面——適應時變，亦有其

內在的方面——「人性圓滿」(「人性圓滿」似不是康有為本人的提法。我覺得最好再加斟酌，換一個較為更妥當的提法。近代史上，人們的內在追求，根本上就是「人的解放」，人自身價值的實現)。又如，從前對康有為關於組織學會、創辦報刊、興辦學堂等等的思想主張和實踐，多半只從思想解放或思想啟蒙的意義上加以評述。而此書則從「社會構建」的角度加以分析論述，亦比較更具涵蓋性，亦更為深刻一些。至於康有為的孔教思想和主張，前此絕大多數學者，包括我本人在內，都從孔子學說本質上的非宗教性，康氏對孔子思想的某些曲解，及康氏創教的不切實際性，等等方面給出否定的評價。應當說，這種評價是有道理的，也是符合實際的。但從康氏對社會構想的角度去觀察，則康氏的想法並非全屬荒謬。康氏似注意到西方國家基督教曾在某種程度上起到牽制君主專制權力的作用，因而想利用孔子學說在中國社會源遠流長和深中人心的影響，使之體制化為一種宗教，以便在發揮其教化人心的作用的同時，也發揮某種程度的牽制君權的作用。康氏這一主張不具現實性固是事實，但也未可完全抹殺其「主觀的合理性」。本書作者對其「主觀的合理性」給予了充分的肯定，這一點，不無意義。

　　研究歷史的人，對於創造歷史的人，既要有「同情的理解」，也要有「評判的態度」。前者可令我們儘量理解前人思想主張的本意及其行為的出發點，以避免作誅心之論或過分苛求前人。後者則要求我們立於後來人的立場，從總結歷史的經驗與智慧的態度出發，給前人一個盡可能符合實際的歷史定位。我覺得，此書作者對於康有為在「同情的理解」方面做得很好；於「評判的態度」方面，還有繼續努力的餘地。

　　梁啟超說他的老師，三十歲學問已成，此後不再變化。正如我在前面說過的，他屬於封閉式的思想家。長期以來，人們都譏其落伍（有的人則直斥其反動），不能「與時俱進」。

　　從思想史研究的角度說，這種封閉式的思想家，亦有其好處。它有凝固性，故於思想史上成為一種堅挺的存在，成了一個界碑。康有為是中國思想史中，在比較完全的意義上的最後一個大儒。海內外有人把梁漱溟或其他繼續張揚儒學的人稱為最後的儒家，是不很妥當的。梁漱溟或其他張揚儒家學說的人，以及號為新儒家的學者，他們思想的內容，表述的方法，已遠不是儒家的本來面目了。康有為與他們大不相同。康氏所使用的基本概念，思考的基本內容，表達的方法，仍然基本上都是儒家的。康氏強烈地以孔子真傳自待，以重建儒學體系，確立孔子學說為拯救人類的唯一真理的地位自命。就我們研究者的立場上說，康有為是最後一位想拯救孔子與儒家學說的至尊一統的地位的思想家。

　　如果我的上述見解不為大謬，則康有為研究就具有更深刻的社會意義和思想史的意義。我想，對康有為的研究，還有許多事情要做。我希望眼前這本書的出版，能引起廣泛的討論，使對康有為的研究繼續取得進步。

　　　　　　　　　　　　2006 年 4 月 15 日　於北京太陽宮寓所

《胡適研究論叢》發刊前言

　　經過一年多的籌備，由胡適研究會與安徽教育出版社合作創辦的《胡適研究論叢》第一輯，終於與大家見面了。做胡適研究的學者和對胡適感興趣的讀者，都會感到高興；研究中國近代思想史、文化史和政治史的學者們，也會對此表示關注。我相信，我們做的是一件有益的事。

　　十多年前，我們曾編刊一種《胡適研究叢刊》，從 1995 年到 1998 年，共出版三輯就停刊了。安徽大學的「胡適研究中心」也曾編刊過一種《胡適研究》，從 1997 到 2001 年出到第三輯，也停刊了。這幾年來不斷有朋友關心地問起，《胡適研究叢刊》何時能夠繼續出版？可見，一個胡適研究的園地，確為學界所需要。我在《胡適全集》的〈序言〉中曾說道：「在國共內戰已過去半個多世紀以後，在胡適離開人世已四十多年以後，我們完全有可能歷史地、全面地看待胡適這樣一個歷史人物。首先應肯定他基本上是一個思想家和學者，而不是一個政客。他對國家民族究竟有功有過，主要還是看他思想學術上究竟有些什麼東西。何況，共產黨不是謀求一黨私利的政黨，它是完全為著國家民族的利益而奮鬥的。因此，它對那些非黨的，甚至反對共產黨的學者、思想家、藝術家等類人物，不會，也不應該僅僅根據他們對共產黨的態度來評價他們，而應該主要以他們在自己的專業領域究竟做出什麼成績來作為評判的根據。我相信，這一點能夠得到絕大多數有理性的人們的認同。」誰都知道，胡適是近代中國最有影響的思想家和學者之一。他在哲學、

史學、文學等諸多學術領域，以及在思想界、教育界，都有過
開拓性的貢獻，並產生巨大的影響。要研究近代中國的思想史、
學術史、教育史和文化史，都無法越過他。所以，對胡適進行
系統、全面、深入的研究是十分必要的。

　　三十多年來，胡適研究已經取得了很大的進展。我在紀念
胡適誕辰一百周年的座談會上曾說道：「經過二十多年的胡適研
究工作（2001 年距胡適研究開始的上世紀 70 年代中後期，約
25 年左右），一個完全不同於大批判筆下的胡適形象，一個比
較接近於客觀實際的胡適形象，已經逐漸顯現出來。在八十年
代，可能只有很少數做過一定程度的專門研究的學者，才知道
胡適基本上是個什麼樣的人物。到了九十年代，人文社會科學
研究者中有相當一部分人，對胡適有了新的認識。而且大學裏
面的文科學生，也有相當一部分對胡適有了一定程度的瞭解，
其中有些攻讀碩士、博士學位的青年學子，還選定胡適作為他
們學位論文的題目。這在二十多年前，根本是無法想像的。」
又說道：「胡適研究的發展進步，人們對胡適的認識的逐步加
深，在一定的意義上可以認為是反映改革開放的一個尺度。」

　　但是，我們又不能不看到，五十年代的那場對胡適的大批
判，其影響實在太深遠了。除了上面提到的那幾部分人之外，
大多數人所知道的胡適，仍基本上是大批判年代所留下的印
象。早幾年，在北京某處樹起一個紀念五四新文化運動的雕塑，
上面有毛澤東、李大釗、魯迅，卻沒有新文化運動的主要領袖
陳獨秀與胡適。足見有些人仍把陳獨秀、胡適看作「反面人物」。
去年，我在某處講演〈胡適思想的現代意義〉。在聽眾提問和討
論時，某大學的一位退休教授起立發言說，「胡適是不折不扣的
賣國賊」。此言一出，聽者大嘩。有一部分青年不免有些激動，

高喊，要他「閉嘴！」演講會結束後，我怕這位老先生受不了
這種場面，還特地與他攀談幾句。我發現他的聽力和視力都不
大好。從改革開放以來，不時可以聽到一些人說，社會主義的
出版社，不應該出版胡適的著作。這些情況說明，有些人仍自
覺不自覺地按大批判的材料，據以判斷是非真偽，仍按大批判
的思維發言行事。所謂大批判，就是只批判而不研究；只立罪
名而不求證據；只許原告聲罪致討而不許被告據實申辯。馬克
思說，歷史是從矛盾的敘述中清理出來的；真理愈辯而愈明。
按大批判的邏輯做去，只能離開歷史真相愈來愈遠，離開真理
愈來愈遠。我們研究胡適，揭示胡適的思想，不僅僅是要人們
瞭解真正的胡適是個什麼樣子。更重要的是要人們養成虛心體
察情況，勇於面對事實，善於獨立思考的習慣，避免迷信、武
斷和盲從。我個人以為，知識份子的最大責任就是講真話，求
真理。

我們創辦這個《胡適研究論叢》，是為廣大的胡適研究者，
對胡適感興趣的廣大讀者提供一個互通資訊，相互切磋的學術
園地；也是為思想界和學術界提供參考比較的材料。總之，是
為了推動學術進步和文化繁榮。胡適本人的思想、學術，還有
許多方面需要更加深入的探討。比如，關於胡適的政治思想與
哲學思想，現在還研究得很不夠。與他相關的諸多方面，更有
待進一步發掘。比如，與他有密切關係的許多人物，還有許多
是不很清楚的。又比如，與他關係密切的學術界、教育界、藝
術界的許多人物、事件，也同樣缺乏深入的瞭解。這些課題，
如果不做深入研究，不但不足以深入全面地瞭解胡適，也不足
以深入全面地瞭解近代中國的思想、教育與學術的發展歷程。
有鑒於此，《胡適研究論叢》將努力提倡和推動這些課題的研

究。我們不僅發表研究胡適本人的論著；同時也發表研究與胡適有關的人物與事件的論著。我們不但發表正面論述胡適思想與學術的文章，也發表有理有據的批評胡適思想與學術的文章。昔日《新青年》的陳獨秀與胡適他們，寧歡迎有理有據的批評，而不要隨聲附和的讚揚。我們會努力以前賢為楷模，使《胡適研究論叢》成為一個真正百花盛開的學術園地。

　　　　　　　　　　　　　　　　　　　　2006 年 7 月 28 日

　　附記：此書於 2006 年 9 月編定，然至今未獲出版。

《少年中國學會研究》序

　　五四時期的少年中國學會是當時很有名、影響很大的社會團體。它吸納了當時大多數知識精英和青年領袖。這些人後來在各個不同的領域中，各個不同的黨派裏發揮著極其重要的作用。然而，這個團體本身卻經歷不長的時間就陷入內部矛盾之中，並終於四散了。這是一個很值得研究的問題。過去因存在種種忌諱，一直很少有人對此做深入系統的研究。已有的研究中，且頗有一些不衷於事實的偏見。吳小龍同志的博士論文，《少年中國學會研究》是迄今所見有關這一問題的比較最全面、最系統、最深入的研究著作，值得相關的研究者參考、借鑒。

　　提起少年中國學會，不禁令人想起上個世紀初，梁任公先生的一篇名文〈少年中國說〉。當時梁先生遭戊戌政變之難，流亡日本，創辦《清議報》，議論時政。他面對清政腐敗，內憂外患日亟，因受義大利建國三傑之一，馬志尼創立「少年義大利」，集結愛國青年，英勇奮鬥，終於完成統一建國，復興義大利的事蹟的感發而著此文。梁先生說，當時日本人都說中國是「老大帝國」，意思是，中國已老朽無生氣，可任人宰割。梁氏不服氣。他認為，國之為老大，或為少年，全決定於國人自己之精神。「我國民而自謂其國之老大也，斯果老大矣；我國民而自知其國之少年也，斯乃少年矣。西諺有之曰，有三歲之翁，有百歲之童。然則國之老少又無定形，而實隨國民之心力以為消長也。」梁氏又指出：「老年人常思既往，少年人常思將來；惟思既往也，故生留戀心，惟思將來也，故生希望心；惟留戀也，

故保守，惟希望也，故進取；惟保守也，故永舊，惟進取也，故日新。」他懷著無盡的希望呼喊著：「制出將來之少年中國者，則中國少年之責任也。」

　　五四時期的青年，幾乎無一例外地都多少受過梁任公先生的影響。我未曾閱讀少年中國學會的全部文獻，不知道他們是否提到過梁先生。但我知道他們中有人確曾說到，他們也同樣受到馬志尼的「少年義大利」的感發，要改造老大之中國為少年之中國。

　　但是，創立少年中國學會的人們自始就未曾對少年中國作出任何明確的界說。學會初創時期的靈魂人物王光祈，在闡述學會旨趣時只是說，「吾人所欲創造之『少年中國』，即適於二十世紀之少年中國也」。二十世紀學說之雜，主義之多，舉不勝舉。所以加入學會的人，就有遵信各種主義的人。王光祈也承認，「少年中國學會會員各有各的主義，而且是各人對於自己所信仰的主義非常堅決，非常徹底」。在闡述學會的宗旨時，所列舉的四條：振作少年精神；研究真實學術；發展社會事業；轉移末世風氣。仍嫌籠統。少年中國學會有各地的分會，又有所謂各科的科會。可見它不是通常意義上的學會，而是兼容各種學會的綜合性的大團體。這樣的大團體實相當於國家科學院或類似皇家學會的機構。這豈是靠志願結合而能夠長期維持的團體？

　　有一點值得注意，王光祈特別強調，少年中國學會堅持要大家做好將來從事各種主義的訓練。

　　自晚清以來，中國的仁人志士為了挽救國家民族，為了實現獨立、民主、富強的理想，就一直存在著急進與緩進，革命與改革的爭論。戊戌時期，有人說，中國貧弱、愚昧與落後，需要首先從教育入手，作育人才，再圖改革制度。而另一些人

則認為，那樣緩不濟急，應當利用皇帝的權威，雷厲風行，大刀闊斧，必須大變、全變。結果失敗了。後來又有人說，中國所積累下來的腐敗、落後，非一朝一夕所能解決；提高民智，厚積民力，亦非依靠暴力革命所能打造成功。故須做紮實的和平改革，以求逐步達到目的。但另一些人則認為，滿洲異族，非我同類，不可能實行改革；必須推翻其政權，始能建立民主制度，以進圖富強。結果，雖然清政府被推翻了，皇帝被趕跑了，民主制度卻沒有建立起來，更不用說進圖富強了。到了五四時期，少年中國學會的一部分領袖分子又想從容地訓練自己，為救國、強國準備好條件。可是，客觀條件仍是不容許他們這樣做。

　　五四新文化運動的領袖們，起初也都是不打算直接投入政治，都預備做一段較長時期的努力，為改造國家，建設國家打下思想文化方面的基礎。不僅胡適這樣想，陳獨秀、李大釗、魯迅們起初也是這樣想的。然而，形勢比人強。五四愛國運動爆發，學生運動一發而不可止。接著，更有工、農奮起；加之國內外矛盾交織，政治問題一個接一個地逼人而來，就連打定主意二十年不談政治的胡適也不得不談起政治來。在如此形勢下，少年中國學會的年輕人們，怎麼能夠躲開那逼人的政治呢？

　　在那時代的中國談政治，真是花樣翻新，無奇不有。從最激進的無政府主義到最保守的復辟君主制，樣樣都有。這是因為，一方面，自封建大一統的中央集權制度崩塌以後，中國社會遠遠沒有來得及整合。另一方面，在政治文化上，西方發達國家要比中國先行了二三百年。西方這二三百年裏曾經出現的各種各樣的思想、學說、方案，都伴著滾滾西潮一齊湧進到中國來。有上述兩方面的原因，就造成了中國政治思潮的紛繁複雜。

　　少年中國學會的會員絕大多數都是思想未定的青年。他們各以其出身、教育、社會關係等背景的不同，而分別受到不同政治思潮的較大影響，從而形成不同的政治思想傾向。因內憂外患的煎逼，救國心切的青年們，各以自己之所信為唯一真理，不容許他們認為錯誤的思想摻雜其間。於是，激烈的分歧與鬥爭遂不可免，到了一定程度，分裂散夥就勢所必至了。

　　過去，因現實政治的原因，而把少年中國學會分裂的責任一定要推到某一部分人的頭上，如同有人一定要把《新青年》團體分裂的責任推到某個人的頭上一樣。這都離開實事求是的精神，離開歷史唯物主義太遠了。

　　深入研究少年中國學會，不但可豐富和加深對五四新文化運動的認識，而且在某些方面還可以加深對中國近代史，特別是加深對中國近代思想史的認識。我希望吳小龍的這本書的出版，能夠引發學界同行的興趣，把這項研究更進一步推向前進。

2006 年 8 月

《胡適研究論稿》重印後記

這本書出版於 1985 年，收錄我從 1978 年至 1984 年所寫的研究胡適的十篇文章並附一個簡要的《年譜》。當時正處於改革開放的起步時期，人們都有一種雨霽云開的興奮。叨了這個光，此書出版產生了超乎預期的反響。海內外發表書評十來篇，認識和不認識的寫信來談論此書的人非常多。到 1990 年代，仍陸續有人向出版社，向我本人索要此書。書早脫銷了，但我一直不曾想過要重印此書。在那個起步時期，像胡適這樣一個曾經發生過重大影響，而過去被完全否定的人物，拿來做研究的對象，有些問題難以做到全面、準確的論述，其間還往往雜有「大批判」的痕跡。但即使如此，人們還是對這本書給予了超出我想像的歡迎，這畢竟是較系統地研究胡適的第一本書。此書出版後兩年，有關胡適的書便陸續問世。這本書，應該說是起了某種引導和過渡的作用，所以，有它的歷史價值。當然，其中有些篇章，現在看來，仍無須做大的修改。像關於胡適博士學位問題的考辨，在總體上，至今似還沒有超出此文的論證。

此次重印時，除了校改一些標點和錯字，對內容沒有做絲毫改動。我一向不贊成對已發表過的書或文章在內容上做任何改動。有了新的認識，新的見解，盡可另行撰文。凡已發表的言論、著作，或已經做過的事，便都成為歷史。我們可以改變對歷史的認識，但不可以改變歷史。我們研究歷史的人，應當把這作為一條不可逾越的準則。

2007 年 1 月 24 日　於太陽宮寓所

《近代中國文化轉型研究導論》前言

一

　　中國是世界上少有的擁有四五千年連續不斷的文明發展史的國家，其文化積累之豐富，傳統價值觀念之持久穩定，都是世界文明史上少見的。在中國漫長的文明發展史中，發生兩次重大的轉變。一次是從列國並立的先秦時代，轉變到秦漢大一統的中央集權的君主專制時代；另一次是從晚清開始的，從大一統的中央集權的君主專制時代，向基於人民自治的民主的現代社會轉變。這種重大的轉變，既是社會形態的轉變，也是文化形態的轉變。本書是研究近代文化轉型的，即是研究自晚清以來中國文化從中古的，與大一統的中央集權的君主專制制度相適應的文化，轉變到與近現代的，基於人民自治的民主制度相適應的現代文化。這個過程至今仍在繼續。這一個轉變過程與先秦到秦漢的轉變過程有一個重大的區別，那就是，從先秦到秦漢的歷史轉變，完全是由於中國社會內部的種種變化積聚起來所產生動力所驅動的。而晚清開始的這次轉變，是在有巨大外部壓力的情況下發生的。從文化轉型的角度去看，前一次轉變，是中國文化內部的價值轉換；而後一次轉變，看起來好像是由某種外來的價值觀念取代中國固有的價值觀念，由某種外來的文化取代中國固有的文化。（當然，只是外表上看來像是如此；實質上，只不過因為西方文化之進步比較快了一些，顯得先進一些。因而，中國文化向近代轉進之時，可以在許多方

面借鑒西方文化。）所以，許許多多的人，對這種轉變都感到不適應。偏於保守的人，有的認為，這種轉變是「用夷變夏」，犯了祖宗之大忌。有的認為，這種轉變遠不如像從前那樣在舊傳統中生活得自在。一般人，也多因為不適應這種帶有外來色彩的變化而陷入深沉的，持久的困惑。這困惑，首先，是關於文化之「中」與「西」的對立和難於化解；其次，是由此而強化了的文化之「古」與「今」的困惑，以及關於物質文化與精神文化之關係的困惑，等等。諸如此類的困惑問題，人們爭論了一百多年，只有很少數對中國文化與西方文化都有相當瞭解的人，才能以比較健全的心態對待之，才能超脫這些困惑。上世紀八十年代的文化討論熱中，大體上仍是圍繞著上述這類問題展開的。也就是說，中國人仍然未能完全擺脫上述的種種困惑。人們對西化問題的過分敏感，以及所謂「21世紀是中國人的世紀」「要用中國文明去拯救世界文明」等說法，就是明證。

　　如果說，過去百餘年來，由於國家積貧積弱，受欺受辱，因而難以在激烈的內外矛盾衝突中，建立起理性的健全的文化心態；那麼，到了21世紀的今天，中國畢竟比過去富裕和強大了，在世界上爭得到自己的地位，發揮著誰都無法忽視的影響；在這種情況下，中國人有可能比較理性地看待自己和認識世界，有可能比較從容地處理好文化上的各種問題。只要我們能夠認真總結過去百餘年來的經驗教訓，深入思考，提煉智慧，徹底擺脫以往的種種困惑，確立健全的文化心態是具備現實基礎的。對於正在建設中國特色的社會主義現代國家的中國人來說，儘快建立起健全的文化心態，從思想和學術上解決好近代文化轉型中的各種問題，是當前十分迫切的歷史任務。有了健全的文化心態，中西文化的問題應當轉化為中國文化與世界文

化的關係的問題，亦即明瞭中國文化在世界文化中的個性特點和獨立地位，以及如何吸收一切先進文化，豐富和提高自己，再反過來對世界文化作出更大貢獻的問題。相應地，所謂文化之古今的問題，也應當轉化為繼承與創新的問題，既不可妄自菲薄，也不可頌古非今，應在總結和評判傳統的基礎上，適應新的時代，創造新的文化。至於所謂物質文化與精神文化的問題，在中國現代化建設不斷取得飛躍發展的進程中，則應是個比較容易化解的困惑。

　　綜上所述，提出和實施近代中國文化轉型研究的課題就顯得非常必要，具有十分重大的理論意義和現實意義。

二

　　迄今雖然沒有專門系統深入研究近代中國文化轉型問題的著作，但關涉到這一問題的研究成果，則可以說是汗牛充棟。而且，不僅是國內的學者，相當多的海外學者，都有涉及這一問題的很有價值的著作。我們這裏不可能對他們的研究成果一一論列，只能極概括地介紹一下海內外相關研究的基本情況。

　　就國內而言，在民國時期，梁啟超、胡適等著名學者，都有談及近代中國文化轉型問題的著作，提出過一些很有啟發性的見解。由於多年的戰亂及其他原因，他們的工作沒有很好地繼續下去。1949 年以後，由於大家都知道的原因，文化的研究中斷了數十年。從上世紀 80 年代起，國內有關文化問題的研究持續熱絡。起初，主要圍繞中西文化觀，近代思想文化論爭，傳統文化與現代化的關係等問題進行討論。與此同時，陸續出現一些文化史方面的著作。90 年代以後，研究更趨深入。成績比較顯著的主要有以下幾個方面：(一)對於在近代中國思想文

領域發生較大影響的一些思想家和學者所做的個案研究，如嚴
復、梁啟超、章太炎、胡適、王國維、梁漱溟、馮友蘭、張君
勱、張東蓀等，對其中每一位的研究論著都有幾種、十幾種，
乃至數十種之多，且不乏很有深度者。(二)對近代以來歷次思想
文化論爭所做的總結式的專題研究。(三)關於近代學術文化各領
域各學科的專題研究，尤其是各種學術史的研究，有相當的進
步。(四)對於西方文化、日本文化對中國近代文化的影響，出現
一些很具體，很深入的研究著作。(五)對於中國文化自身內部的
變動，受到學者們更多的關注。如關於明清之際的文化變動；
關於清代思想文化內在的演變等等，都有新的研究成果問世。
這些領域的研究成果，都是有益的學術積累，對於我們今天和
以後深入研究近代中國文化轉型問題，是不可缺少的。

　　海外學者比較早的就開始有意識地探討這一問題。正如我
們大家所熟悉的，西方學者在研究中國問題時，往往善於提出
一些不無啟發意義的特別的研究模式。例如，就我們現在所討
論的問題而言，就有兩種著名的研究模式，其意義是很不同的。
一種是所謂「衝擊──反應」模式；一種是所謂「中國中心」
模式。前者極力強調西方文化的刺激作用，把中國近代的文化
轉型僅僅看成是中國固有文化對西方文化的刺激的一種消極的
反應。甚至在某種程度上，把這一複雜的文化變動過程，看成
是用西方文化逐步取代中國固有文化的過程。他們認為，中國
固有文化已變成「博物館的陳列品」。後者則認為，文化變動的
真正動力是在中國文化的內部。因此他們致力於從中國文化的
內部發掘新質因素。他們為了證明自己的觀點，有時過分高估
了傳統文化內部某些變動的程度及其意義。顯然，兩者都有明
顯的片面性。西方學者畢竟是生存於不同的社會與文化環境

中，他們在觀察和研究中國問題時，在材料的佔有，對材料的認知，對各種材料之間的內在聯繫的理解等等方面，都不免有些「隔」。這是絲毫不奇怪的。我們中國學者研究外國問題時，恐怕會「隔」得更厲害。

　　海外華人學者是一個重要的學術群體。他們的職業與生存環境使他們一直關注中國文化的研究。其中一些以哲學為專業的學者，比較偏重於對傳統文化進行現代解讀與詮釋。他們的研究對於古代經典的意義轉換很有作用，但有時不免失之主觀。一些以史學為專業的學者，則致力於發掘、考實傳統文化自身生發的新質因素。他們的研究很有借鑒意義。我個人的印象是，海外同行們的研究，總的傾向是比較強調中國文化自身的現代轉換；對所謂「衝擊——反應」模式，持明顯地批評態度。

　　我個人認為，在近代中國文化轉型的問題上，片面強調外來文化的衝擊作用，或片面強調中國傳統文化自身的現代轉換，都是不符合實際的。或許有人從教條主義出發，要求一定要在兩個方面指出其中的一個方面是主要的，而另一個方面則是次要的。我說這是教條主義的態度，因為在任何歷史問題上，研究必須從具體的歷史實際出發，對具體問題做具體分析。哲學上有個說法，認為在事物起變化的過程中，外因是條件，內因是根據。有人進一步說，內因是主要的，外因是次要的。這「進一步」如果不是從實際出發，而是單純從理論出發，很可能會從真理跨越到謬誤。在我看來，外因與內因的關係，決不是某一個總是主要的，另一個總是次要的。何者為主，何者為次，完全要看具體的情況。就我們所研究的近代中國文化轉型的問題而言，當著傳統文化內部積累起一定的新質因素，但還不足以自行發生質變的時候，外部的刺激，外來的某種具有關

鍵性的新文化因素的震盪和催化作用就是必不可少的。這時，來自外部的刺激就是最迫切需要的主要條件了。反過來，當外部的刺激已經發生，而內部的新質因素尚未形成變化的機制時，努力促成這種內在機制的形成，就成為最迫切，最重要的條件了。本書在研究和表述中，儘量避免教條主義的態度，盡力對具體問題做具體的分析。

　　系統、深入地研究近代中國文化轉型的問題，須靠中國學者在總結前人積累並借鑒西方及海外學者的研究模式與方法的基礎上，獨立地堅持不懈地做長期的努力。我個人認為，這應當是國家予以支持，各領域的學者都應予以關注的一項工作。

三

　　誠如上面所說的，研究近代中國文化轉型的問題是一個非常龐大而複雜的工程。我們十來個做歷史研究和哲學研究的朋友，覺得應當開始對這一問題做一些力所能及的探索，哪怕僅僅是一點點嘗試，為以後此項工作的開展略盡一點探路的義務。

　　研究近代文化轉型，第一，要比較清晰地描繪出文化轉型的基本軌跡；第二，要揭示出轉型的外在條件及其內在機制。做到這兩方面的任何一方面，都是相當不容易的。但必須提出這樣的目標，我們的努力才是有意義的。自然，能在多大程度上實現這一目標是難以預定的。

　　對於這樣一項龐大而複雜的學術工程，我們這樣少的人力，水平有限，在短時間內如何著手來做呢？我們只有採取抽樣式調查研究的方法，選取幾個方面作為子課題，分別進行研究。根據我們的具體條件，我們最初選定九個子課題，後因人力有變化，放棄其中的一項，剩下八項子課題。這八項子課題

的研究成果，各成一卷書，再加上一個綜論性的導論卷，共成
九卷書。具體如下：

第一卷　近代中國文化轉型研究導論；
第二卷　近代社會變遷與文化轉型；
第三卷　中國人的生活方式：從傳統到近代；
第四卷　西學東漸：迎拒與選擇；
第五卷　西學的仲介：清末的中日文化交流；
第六卷　近代中國思維方式演變的趨勢；
第七卷　人的發現與人的解放：近代中國價值觀的嬗變；
第八卷　近代中國學術體制之創建；
第九卷　中國近代科學與科學體制化。

上述第二至第九卷是有其邏輯關係的。第二、三兩卷，主
要探討社會結構及物質生活與文化轉型之間的關係；第四、五
兩卷，主要是探討外來文化的刺激與影響；第六、七兩卷，主
要是探討在民族文化中處於比較核心地位的思想觀念的變化；
第八、九兩卷，是探討文化中比較具體而又比較重要的兩個領
域的轉型過程。應當說，就文化轉型而言，這四個方面是有相
當的代表性的。在人力和經費都嚴重不足的情況下，我們嘗試
從這幾個方面入手，研究近代中國的文化轉型問題，還是比較
可行的。本來，研究近代文化轉型，大眾俗文化（例如風俗習
慣、民間信仰等等）的變遷是應當給予特別注意的一個方面，
由於人力與經費的限制，只能暫付闕如。

四

前面說過，近代中國的文化轉型，至今尚未完成。於是在
我們的研究和敘述中，就有一個時段選擇的問題。從總體上說，
我們是把鴉片戰爭後至新文化運動時期，作為基本的考察時

段。例如綜論性的導論卷就是如此。以鴉片戰爭為起點，這是無須多說的。為什麼將下限止於新文化運動時期？這是需要做一點說明的。因為近代文化轉型是至今尚未完成的一個過程，所以我們不便像其他近代史書那樣，把下限定在 1949 年。我們選定新文化運動時期作為下限是有比較令人信服的理由的。我們認為，新文化運動是近代中國文化轉型的一大樞紐。它是鴉片戰爭以來，社會孕育出來的一切新質文化因素聚合起來產生的一次革命性的爆發。從表面上看，好象是要推翻固有的傳統文化，實質上，它是要求對傳統文化做一次全面「體檢」。凡是健康的，即能夠適應變化了的時代的，就順利通過；凡是已陳腐了的，壞爛了的，就淘汰掉；凡是發生病變，但還不是不可救藥的，就對症下藥，加以醫治。這種全面地反省，亦即胡適所謂「重新估定一切價值」，被一些不肯深入研究，喜歡表面地，籠統地看問題的人，說成是什麼「全盤性反傳統」。我從八十年代以來，一直堅決地反駁這種不正確的說法。這裏不須詳談。

　　新文化運動之所以說是近代文化轉型的一大樞紐，還因為，它提出了中國近代新文化的基本觀念，開出了中國近代新文化發展的基本方向。例如，關於科學、民主的觀念，關於世界化與個性主義的觀念。這些，既是最基本的近代文化的新觀念，同時，也是中國近代新文化發展的基本方向。回顧新文化運動以後將近一個世紀的歷史，可以看出，中國文化確是基本沿著新文化運動所開出的方向發展的。只是由於戰爭和動亂等原因，使這一發展過程經常出現頓挫和曲折。

　　根據上述，我們有理由將鴉片戰爭至新文化運動時期，看成是近代中國文化轉型過程中一個相對完整的段落。把這一段落作為研究近代中國文化轉型的典型時段是適當的。

　　由於各子課題的研究對象各有特點，所以各分卷的作者所選擇的時段亦不盡相同。例如第五卷，研究近代中國文化轉型過程中日本文化所發生的中介作用，就集中考察甲午戰爭前後至辛亥革命時期。因為這一時期中國人直接從西方引進的東西，遠不如間接從日本引進的東西為多。但自1915年日本提出「二十一條」要求，引起中國人民強烈的反抗日本侵略的意識；加之，因第一次世界大戰的關係，中國與美、法、英等國的交往加深；與此同時，留學歐美，特別是大量留學美國的青年相繼回國；從此，中國直接從西方國家引進的東西，大大超過間接從日本引進的東西。所以，考察日本文化對近代中國文化轉型的影響，應著重在甲午戰爭前後至辛亥革命時期。又如第四卷，西學對近代中國文化轉型的影響之深，之大，時間之長遠，是盡人皆知的。對這方面做歷史敘述的書很多。此卷作者要著力加以研究的是，中國人對西方文化的迎拒心理及西方文化被吸收、融入的實在機制，故不需要考察全過程，而是選擇其中的一段作典型，加以具體的，深入的揭示和分析。所以該卷書只寫鴉片戰爭後至辛亥革命時期這一段。另外，有的分卷其時間的下限超過新文化運動時期，延續到二十世紀三十年代，如第八、九兩卷便是。這是因為，中國近代學術轉型和科學技術實現近代體制化，都是需要在基本消化新文化運動中所吸收，所提出，所生發的一些新理念之後，才能得以確立，所以，必須將考察的時段適當向後推移。

五

　　本書各卷在進入寫作之前，我們曾經用了相當長的時間共同討論，對包括近代中國文化轉型的基本軌跡，以及文化轉型

的外部條件與內在機制的認識等等，取得高度共識。在此基礎上，對各卷的框架設計亦進行了充分的意見交流。所以，凡帶有根本性、原則性的問題上，本書各卷的作者在認識上是一致的。但在各卷所涉及的某些具體的、特別的問題上，容有各自的見解互有出入之處，這是不可避免的，也是不需要強求一致的。在學者們合作進行研究的工作中，在形成共識的同時，容許個人在某些具體問題上的特別見解，這應該是唯一可行的合作方式。如果因為合作研究，而要學者放棄他們經過自己誠實的研究而得到的獨特見解，那是很不應該的。

我們的研究對象是非常複雜而龐大的跨學科的課題，其中涉及到幾乎所有的人文社會科學學科，例如哲學、史學、文學、經濟學、社會學、教育學、傳播學等等。本書各卷的作者，一部分是受過哲學訓練的，大部分是從事歷史研究的。以我們的訓練而言，做這項研究，確實是相當困難的。正如我們前面說過的，這本應是由國家支持，有各個相關學科的學者們共同參加的一個大型學術工程。然而在可預見的將來，或許尚難以出現這種局面。我們幾個興趣相投的朋友，不自量力，想在這個領域做一點探索的嘗試。仿照傅斯年當年創辦《新潮》雜誌時說的話，我們的心情大致是：「同人等深慚不足以勝任此課題之艱巨，特發願為人作前驅而已」。毫無疑問，我們的工作是在前人研究的積累的基礎上進行的。我們的見解，凡是與前人相同或相近的，那當然要歸功於前人。我們的見解與前人不同的，將來被檢驗是正確的，仍要感謝前人給予我們的啟示；將來被證明是錯誤的，那也不是毫無意義。在科學探索的過程中，接近真理的一步，與發生錯誤的一步，同樣值得珍惜：前者為繼

續發現真理提供了新的起點；後者為後來人提示警戒，避免他
們重復錯誤。

　　經過五六年來的合作研究，特別是前期無數次的討論和辯
論，彼此感到，深得切磋、攻錯之益。如今，我們把我們研究
的所得報告出來，誠懇地請學界同行，給予切實的指正。

　　　　　　　　　　　　　　　　　　　　　2007 年 1 月

《晚清大變局中的楊度》序

　　楊度生當清末民國動亂之世，外患緊逼，內憂叢集。入世以後，便日處憂患中，所思所行無非救國之事。但究竟何術何途可以救國，時人志士辯爭不已。楊度自詡負異才，每以經營天下為事，自然會捲入論爭之中。而由於時勢變化，楊度亦不免時而變化其主張，變換其身份與角色，以致集多種色彩於一身。以此，他一向是爭議甚多，褒貶交加的人物。大體而言，改革開放以前，貶之者多；改革開放以後，褒之者眾。貶之者，謂其恃才傲物，思想不專，信仰無定，投機鑽營，甚至不惜逆潮流而動，為竊國大盜復辟帝制效其前驅。褒之者，謂其才高志大，引領潮流；自其晚年加入中共之說一出，更有許其為共產主義者。恃才傲物與才高志大，投機鑽營與引領潮流，為復辟帝制效其前驅與共產主義者，兩兩相對，皆屬截然相反的評價，似是各走極端。

　　俗語說，知人論世；我以為，更宜知世論人。人，作為社會人這一方面來說，他的思想、主張、信仰與生活道路的選擇，必定受到社會環境的重大影響。一個人，其參與社會活動的機會愈多，其所受社會環境的影響亦愈大。楊度從北上入京之年起，就算開始參與全國性的社會政治生活。他此後的思想、主張、信仰與生活道路的選擇，就不可避免地受到整個國家內外環境的強烈影響。我們知道，清朝末年，國家面對著極其嚴峻的局面，如何拯救國家民族免於滅亡，並進而圖富強，這是擺在每個略能思想的中國人面前的尖銳課題。那時，在中國人面

前，模糊地展現著種種似可救國、強國的藍圖。如仿法國大革命的樣子，用暴力革命推翻清朝政府，建立民主共和國；如仿日本和英國的樣子，實行君主立憲；此外還有教育救國、實業救國、科學救國以及軍國民主義等等主張，不一而足。而這其中的每一種方案又可以細分出種種具體的主張。應該說，上述的每一種方案，對於當時腐朽落後的中國來說，都不失為一種可供選擇的方案，其中的每一種，對中國而言，都明顯具有先進性。但這些方案究竟哪一種最適合於中國，能夠行得通，能夠取得成功？當時身處其中的人們，是很不易看清的。俗話說，當局者迷。我們後來人，可以指證史實，從容論道。當時人是不可能的。所以，當時的志士們各持一見，互相辯爭，往往是誰也說服不了誰。但與此同時，也會有一些人，因種種原因而改變看法和主張，變換自己的選擇。在大轉折，大變革的過渡時期，這種情況是絲毫不足奇怪的。我們不可輕易地以所謂投機來議論前人。事實上，在那個時代，為救國而從事政治活動的仁人志士，很少有一經選擇某種方案　就永不曾改變的人。大概，康有為是其中少有的一個，然究不免頑固、落伍之譏。楊度初為立憲運動鼓吹、奔走，是立憲黨中之佼佼者。然不久，他又接受清政府的任命，在憲政編查館行走，成了人們所痛恨，時時加以指責的清政府中的官員。武昌起義爆發後，他又立於超黨派，奔走斡旋於南北之間。民國成立後，他基本上脫離民黨的地位，常常進退於各屆政府之間。楊度之政治態度，政治角色如此多變，已為輿論所訾議。而當他於 1915 年 8 月成立籌安會，為袁世凱復辟帝制效力，就更加為人所詬病了。他的這種主張，這種政治選擇，無疑是錯誤的，是一種歷史的反動，應當予以批判。但即使對其這一行動，亦不必過為誅心之論。

應該看到，他主觀上，誤認為只有君主立憲能夠解決中國的問題，認為只有袁世凱具備穩定中國政局的實力。歷史上有不少人，當他們選擇一種錯誤的主張時，他們主觀上卻認為那是唯一正確的選擇。由此，鑄成悲劇性的結局。對此，批判是必要的，不如此不足以汲取教訓，以警後人。但過為誅心之論，未免落理學家窠臼，賢者所不取。

「文革」後，歷史敘述楊度晚年加入中國共產黨，有人又據此稱頌他是共產主義者。我以為，這也是過當之論。古今中外的歷史足以使我們對這類問題有一種理性的，切於實際的看法。一個人加入某種組織、團體，不等於他就是這一組織，這一團體的理想、信仰的完全的承擔者。比如，佛教以普救眾生為理想，但這不等於每一個佛教徒都必有此菩薩心，都能行此菩薩事。對於政黨組織也是一樣，中國共產黨以共產主義為理想，為信仰。但不等於在組織上加入中國共產黨的每個黨員，都必定具備共產主義的理想與信仰。事實上，充分自覺地，比較完整地、堅定地秉持共產主義的理想與信仰的，總是共產黨中相對少數的優秀分子。而其大多數成員，往往只是對當時的方針、政策有所理解，並能身體力行者。所以，楊度究竟是否夠得上共產主義者，這要看他的實際思想狀況，而不能僅僅根據他加入共產黨這一歷史敘述就作出判斷。

楊度是個非常複雜的歷史人物。自楊度病逝，七八十年來，一直沒有人對他作出比較全面的，深入的和客觀的研究。蔡禮強所著《晚清大變局中的楊度》一書，抓住楊度一生中比較最有光彩的一段做研究。這一段既是中國國家民族命運轉折的一個關鍵時期，同時也是最能反映楊度思想、性格，形塑其人生

軌跡的時期。從此切入，探微索跡，縱橫議論，頗有許多深中肯綮的論述和值得注意的研究方法。

首先，作者極其注意楊度與其身處的時代的關係。書中用了很大的篇幅分析論述晚清時代中國在極其嚴峻的內外形勢下，被迫捲入空前的大變局中。這種大變局深深地影響著每一個中國的讀書人。因為讀書人最能敏感到時代和時局的變動；而這些變動會最先影響到讀書人的生活方式，和他們的人生道路的選擇。也正因此，作者對清末科舉制度的變革及其最終被廢除做了頗為詳盡的分析。這樣，書中接下來所寫楊度的思想變化和人生道路的選擇，就顯得非常自然而合乎邏輯。前人說過，通過一個時代去認識一個人；通過一個人去認識一個時代，道理即在於此。

其次，作者在書中著重揭示了楊度在這一時期所發生的思想、身份與角色的轉換。例如：從一個受舊學薰染的鄉村士紳變成一個新知識份子；由一介書生變成一個組黨從政的社會活動分子；由一個民黨驕子變成一個備受訾議的全失民心的政府中官員。這幾種變化都很有深入研究的價值。

楊度是一個極富個性色彩的人物。他稟賦極高，而又狂放不羈，是非由己，獨往獨來。有時，意氣飛揚，獨立潮頭；有時，獨持己意，脫離潮流，淪入官場或茫茫俗世之中。對此褒之者有之，貶之者亦有之。對楊度本人而言，其得利處常由於此；其受病處亦常由於此。我一向以為，對歷史人物過多用力於褒貶沒有太大的意義。熱中此道者多從個人、團體、黨派之功利需求出發，歷史學家大可不必津津於此。我感興趣的是楊度基於此種天性，其煥發光彩時，引起怎樣的影響和效果；其離群淪落時，又當如何解釋。

　　作者在本書中頗能彰顯出楊度豪情滿懷的性格。當楊度留學日本後，眼界大開，思想亦為之大變，其救國之心愈熾，所作〈湖南少年歌〉有云：「若道中華國果亡，除是湖南人盡死」，真可謂豪氣沖天。我從前從梁啟超的《飲冰室詩話》中讀到此詩時，亦曾大為感動。有此沖天的豪氣，再加以觀察敏銳，運思透闢，自然能對其周圍同輩產生感染力。以此，他能在留日學生中乃至一般知識界中享有很高的聲望，其某些思想議論亦頗能引導一時潮流。如其「金鐵主義說」，如其以請願國會推動立憲運動之主張等等。值得注意的是，楊度雖然豪氣沖天，但大多數情況下，他都不贊成過於激烈的行動。例如他對孫中山的革命主張表示理解而不肯苟同；又例如在留學生反對日本文部省的所謂「取締規則」的激烈鬥爭中，他頗持較為理性的溫和的態度，等等。

　　楊度因過於是非由己，又常常隨勢浮沉，其雖有思想，卻往往不能嚴密組織系統，故難以說是思想家；其雖有政見，卻不能一貫和持之以恆，故亦難說是政治家。最為遺憾的是，他雖有思想，有主張，有時且頗能登高一呼，但卻始終未能像康有為、梁啟超、孫中山等那樣，在自己的周圍有一批穩定的追隨者，與之同進退，在歷史的大舞臺上成為一種可以影響政局的大力量。楊度一生，自是其所是，自非其所非，進退由己，不為他人所累，亦不累他人。其可愛在此，其可悲亦在此。

　　蔡禮強的博士論文修訂出版，前來索序。雜事紛擾，如此短文，卻屢作屢輟；聯想所及，拉雜書此；或有不當，僅供作者和讀者之參考與批評。

2007 年 10 月 18 日　於北京太陽宮寓所

《千年古村──績溪仁里》序

　　皖南之徽州，如今中外聞名，其所保存之宋以來的文化遺跡、古村民居、文書檔案及其傳統風習，吸引無數中外遊人前來觀覽；以研究徽州文化為主要內容的徽學，近年已成為國內外學者注目的「顯學」。以此之故，我們提起徽州的任何事物都會引起人們很大的興趣。

　　徽州有名縣──績溪，績溪有名村──仁里。

　　績溪之有名，首在其人文薈萃。績溪歷代出進士一百餘人。清代樸學鼎盛之時，有「禮學三胡」（胡匡衷、胡承珙、胡培翬）並稱於世；現代則有享譽世界的學者和思想家胡適。這裏向稱以耕讀傳家，而又儒商相容，曾出了個極有名的近代大商人胡雪巖。

　　仁里之有名，一在其歷史悠久。據《魚川耿氏宗譜》記載，南朝梁大同年間，退職工部尚書耿源進與其弟遊覽新安，羨其山水風光，乃決遷移來此，定居於仁里，距今已一千五百餘年。二在其崇文重教，人才輩出。仁里在元代有翬陽書院；在明代有石泉書院、懷林書院和南崗書院；在清代有龍屏書院。明清兩代，仁里村出進士二人，舉人四人。清末，近代教育剛剛起步之時，仁里於 1903 年就辦起新式的思誠學堂。此學堂竟出了十幾個後來在不同領域有所貢獻的專門人才。如鐵路專家程士範，教育家程本海，出版家兼翻譯家王子野等等。我有幸同王子野先生結識，在他晚年最後的幾年裏，我們有頗多的交往。

他的堅志苦學的精神，他的誠懇待人的態度，給我留下極深的印象。我想，這同當年思誠學堂的教育精神是有關係的。

在世界近代歷史上，一個有普遍意義的規律就是要使現代化成功，必須從搞好教育做起。十九世紀七十年代，德國戰勝法國，走上崛起之路。當時人們都說，是德國的小學教師打敗了法國。中日甲午戰爭之後，日本用從中國掠奪的財富，大力發展教育和相關事業，十年之後，它就打敗了龐然大物的俄國。美國著名作家馬克‧吐溫說，建立一個現代的富強國家，必須做好兩件事：一是辦好學校，二是確立專利制度。很明顯，前者是提高國民的創造力，後者是尊重和保護這種創造力。國家如此，一省，一縣，一鄉也是如此。千年古村仁里，要重新煥發青春，進達富裕康樂之境，也應當從辦好教育做起。要一村的少年們懂得，要改變家鄉的命運，要改變自身的命運，只有努力學習，積累知識，訓練能力，用自己創造性的勞動，為家鄉，為自己爭取美好的前程。十八年前，我應邀為《改革》雜誌寫一篇文章〈教育是現代化的基礎工程〉。我至今堅持這樣的看法。仁里本有崇文重教的傳統，希望這種光榮傳統在今日能得到充分的繼承和發揚。

前面說到，仁里作為徽州古村，一向有耕讀傳家和儒商相容的傳統。仁里大姓程家，曾是近代著名工商城市南通的主要開發者。據說，現在也仍有許多仁里人出外謀生，開創自己的事業。有的經營實業，有的從事科研和文教事業。現代的城市和現代的鄉村也和一個現代的國家一樣，必定是開放的。一個不與外界通往來的地方，是不可能現代化的。

近年來，修志的工作受到普遍的重視。國家設有地方志的指導機構，各省，各縣、市也都有修志的專門機構。修志就是

修史，修史是為了鑒往知來。《說文解字段注》引《周禮‧保章氏注》云：「志，古文識，識，記也。」記往事以為來事之鑒，這是我們的祖先早就具備的歷史觀念。所以，修志是一件富有教育意義的大事。

在仁里村領袖諸公的領導和支持下，由汪俊賡、耿培炳、程加明諸先生主持編輯的《千年古村——續溪仁里》一書，在村史一類史志書中堪稱體大思精之選。全書共分十三篇，每篇收入幾篇乃至十幾篇，甚至二十幾篇文章。其中保存珍貴史料，彰顯先賢精神、事蹟或歷代相傳之故事，以及介紹仁里風景名勝和名人語錄、名人法書等等，多有可傳可頌之作。汪、耿、程諸先生以年餘之短時間，發凡起例，草擬綱目，搜集資料，網羅人才，將成於多人之手，內容不同、風格各異，總量幾乎超過二百餘篇什的文章分門別類，加以妥善編排，使成一部體例嚴整、內容豐贍，可讀可頌之書，不知花費了他們幾多心血。仁里之有全史，自此書始；此書之成，此史之可傳，汪、耿、程諸先生，與有功焉。

自上世紀九十年代以來，我先後五次到績溪，卻未曾去過仁里。此番應仁里諸鄉賢之命，為《千年古村——續溪仁里》一書寫序，不避簡陋，略抒淺見，以就正於編者和讀者諸賢。

耿雲志

2007 年 11 月 7 日，於北京太陽宮寓所

論學自述

關於辛亥革命史研究如何深入的意見

在華中師大舉行的座談會上的發言，2001 年 10 月 20 日

辛亥革命史的研究，在改革開放二十餘年來，取得了長足進步，比較史學各領域而言，似乎可以說是取得進步最大的領域之一。正因此，在這個領域再取得新的突破，的確是不很容易的了。但這不等於說辛亥革命史的研究已達到盡美盡善，再無深入研究的餘地了。

大家都承認，辛亥革命是中國社會現代化過程中的一個重大的轉捩點，它為中國現代化提供了一個全新的起點。因此，它會涉及到中國社會種種方面的變化，各階級、各階層、各政治力量及各種人群及其代表人物，在這些變化的時勢面前，必然都要從思想和行動上做出應對。這其中有些方面過去已做了較多的研究，但也有不少的方面還沒有真正展開研究，或者研究還屬剛剛起步。而就是做了較多研究的方面，也仍有深入開掘的餘地。

　　例如，關於孫中山的研究，可以說已取得了非常豐富的成果。但是不是就到了盡頭了呢？據我看，有關孫中山的思想和實踐，還有許多問題可以做進一步的探討。比如，關於孫中山的「五權憲法」思想，權能區分思想，在理論上是否存在一些內在的矛盾？在實踐上遇到了哪些問題？這些問題，應當怎樣去認識？又比如，孫中山想建立怎樣一個黨來引導人民經歷軍政、訓政，最後達到憲政？他所提出的「黨首先要受訓練」，應作何理解？何以他未曾把這一思想進一步詳細發揮？後來的國民黨人對孫中山的遺教到底領會了多少？曲解了多少？實踐上發生了怎樣的後果？如此等等。我覺得，這些問題都值得做進一步的探討。至於孫中山的民生主義，學者們歷來都承認，還有許多問題不很清楚，須做更深入的研究。

　　又例如，有關辛亥革命時期的立憲派和資產者的研究，自改革開放以來，確有重大突破性進展。然而畢竟是起步甚晚，資料未曾進行全面系統的發掘整理。因此，其研究的廣度、深度仍有許多局限。即以資產者來說，他們從庚子後到 1910 年國會請願運動高潮起來之時，這中間，其政治態度經歷了哪些變化？而在 1911 年反對皇族內閣及保路運動風潮起來之後，他們的思想又是如何變化的？辛亥革命究竟對他們的切身利害有何影響？民國成立後，資產者反對國會選舉法，應做如何解釋？在民國混亂的政局中，資產者的實業經營、政治傾向、思想觀念，曾發生什麼樣的演變？如此等等，還遠沒有都揭示清楚。

　　這就是說，我們過去研究較多的領域，也仍有進一步深入研究的餘地。

　　另外，我們也必須承認，在有些方面，過去甚少研究，有的甚至基本沒有涉及。例如，關於清政府方面在辛亥革命時期

的作為，過去基本不做正面研究。近年始略有涉及，但遠不夠深入。特別是清皇室的情況，簡直尚未引起人們的注意。民國成立後，搞了一個「清室優待條件」。這與世界各國革命成功之際對待舊有統治者的處置辦法都不同。清皇室利用這一點，保留了「小朝廷」的體制。這與後來發生清室復辟，以及「滿洲國」的出籠都有關係，很值得研究。

至於辛亥革命時期中國城市與鄉村所發生的社會變化等等，我們的研究就更是不夠了。還有宗教問題過去也極少有人研究，近年開始有人注意，但也僅僅是注意而已。這中間包括西方傳入的宗教，也包括中國原有的宗教。即如佛教與佛學，辛亥革命時期許多著名人物都對此有興趣；民國成立以後，佛學甚至有新的發展。這其中的內在機制是什麼？與社會的變遷，與思想文化的變遷的關係如何？這些，也都值得我們加以研究。

此類過去研究甚少，甚至基本未曾涉及的問題還有很多。只有各方面，各領域都做出較為深入，較為系統的研究，才能充分展現辛亥革命在近代中國歷史上的意義。

最後，我想強調一點，史學研究和其他科學研究一樣，是一種探求真理的工作。探求真理就必須提倡解放思想，實事求是，獨立思考。改革開放二十年來，辛亥革命史研究所取得的進步，是同史學家們解放思想，實事求是，獨立思考的精神分不開的。今後，要使辛亥革命史研究取得進一步的發展，更要強調解放思想，實事求是，獨立思考。

關於中國近代思想史研究對象
與方法的思考

一、關於思想史研究對象問題

　　思想史學科在中國不算是很新的學科，但無論就內容和方法上說，都不能說已經發展得很充分、很成熟。一方面是客觀的環境不好，百餘年來，內憂外患緊逼，不停的戰亂，不是從容發展學術的適當環境。中華人民共和國建立以來有很長一段時間，又因政治運動不斷，左傾教條主義得勢，學術發展亦受到影響。因此，就思想史學科而言，材料的發掘、整理，個案的研究、專題的研究都不夠充分。理論和方法的準備也都嫌不夠。所以，思想史學科不可能有大的發展。以至於至今思想史著作內容的主體範圍還不夠清楚，許多思想史著作寫進哲學史的內容，學科界限混淆。胡適先生是中國哲學史的開山人物，但他後來接著《中國哲學史大綱》（上）繼續寫他的中古時期的哲學史時，他改叫做《中國中古思想史長編》，顯然他自己已發覺，他的書還不能算是純粹的哲學史，但叫作思想史，其中又有許多的哲學史內容。另一個例子，侯外廬先生的《中國思想通史》，也是寫進了許多哲學史的內容。

　　一個學科它自己的正當的研究範圍還沒有界劃清楚，便很難說已經成熟。

　　於是便提出一個問題，思想史正當的研究範圍是什麼？或者說，思想史研究的對象是什麼？

　　這個問題，以往雖未公開提出討論，但大家似乎心照不宣的有一種共識，即思想史應當以歷史上的思想家們的思想為主要對象。但近來有學者提出不同的看法，認為思想史不應只研究精英的思想，應當充分注意普通民眾的思想觀念，即便不是以普通民眾的思想觀念為主體，至少亦應受到與精英思想同等的重視。

　　我個人認為，思想史的對象仍應以思想家的思想為主體。我猜想，目前人們不滿意以思想家的思想為主體，大概主要是對以往思想史著作對思想家的思想的研究、處理和表述的方法不滿意。我本人對此也不滿意，歸納起來有幾點：

(1) 把被認作思想家的人物的思想，不加區分地一概寫進思想史，講其世界觀、認識論、人性論、政治觀點、教育思想、無神論等等。於是就造成了我們前面所說的研究範圍不清，與其他學科相混淆的情況。

(2) 把各家思想當作陳列品，各自獨立地放一塊地方，較少發掘各家思想歷史上的內在連續性。

(3) 沒有充分說明思想家的思想應對時代環境和人民生存狀態的緊密關係。

(4) 把思想家的思想大體上當作純粹上層社會書齋中的珍存，沒有追蹤思想家有哪些思想，通過種種社會活動、社會渠道滲透到平民中間，沉澱在人民的思想觀念中，甚至於通過平民的行為方式顯映出來。

　　如果主張思想史研究範圍應當擴大到平民思想為主，或至少應與精英思想不分軒輊、平分秋色的那些朋友，是出於上述

(3)、(4)兩點原因，那麼我對他們的主張可以表示「同情的理解」。如果不是這樣，超出(3)、(4)兩點所說的情況，我就不能苟同了。

那麼，作為思想史研究對象的思想家的思想，應當是什麼樣的思想呢？對此，我的想法是這樣：

人的思想從根本上說，都是應對生存環境的挑戰而產生的。只是由於人類文明的不斷進步，人類活動的領域不斷擴大，逐漸產生了複雜紛繁的分科領域。大體說來，人類把自然界對象化，隨著認識的進步，逐漸產生了各種自然科學。人類把自己造成的社會對象化，隨著認識的進步，逐漸產生了各種人文、社會科學；人類把自己的思想和思維對象化，隨著認識的進步，逐漸產生了各種形態的哲學。這裏應當注意，思想作為哲學的對象時，它是一種抽象物。按我所說的作為思想史研究對象的思想，是具體回應各種歷史時代出現的逼人的挑戰性的問題的各種思考和主張。這一點微妙的區別，一般人不假深思，因而常常容易混淆。這在以往學術史上是常見的的現象。但我想，以後會變得越來越容易區分。原因是哲學形態不斷發生變化。大致說來，越是古代，哲學越是包容廣泛；越是後來，哲學的範圍越縮小。因為人對自然、對社會的認識，越是在古代，越是茫昧，越是幼稚。所以，人們往往就以主觀的思維，去構建世界圖像和社會圖像。這些圖像作為思維的構造物，理所當然地都留在哲學的範圍內。越往後來，科學越發達，人們對世界和社會逐漸有了清楚的認識。於是，原來靠思維構建的圖像不斷被打破。相應的，由有關的科學取代了它們。鑒於這種情況，恩格斯說，「從以往哲學留下來的，只有形式邏輯和辯證法。」這兩者都是關於思維的。中國的思想家胡適有一種和恩格斯很

相近的看法，他認為，過去的哲學只是幼稚的科學，將來的哲學，如果還存在的話，那只能是關於自然科學和社會科學的理論，這種哲學必須接受實證科學的制約，否則哲學家就真是玄學鬼了。照胡適的意見，純粹哲學會隨著科學的發達而歸於消滅。

我想，胡適的看法，大多數專業哲學家都不會贊成。也許恩格斯的說法，人們不至於有嚴重的異議，即今後的哲學應當以人類的思維本身為對象。若如此，則思想史與哲學史的區別就比較明顯了。

就中國近代思想史來說，我認為，它應當緊緊抓住中國人應對內憂外患，為追求獨立、統一、民主和富強而提出的思想主張作為研究對象。它應當不同於政治思想史、經濟思想史、教育思想史、軍事思想史、學術思想史等等，而是把它們中直接涉及時代主題的最具普遍意義的思想提出來，作為思想史的內容。這就是我關於思想史研究對象的意見。

二、關於思想史研究方法問題

根據我對思想史研究對象的理解，對於研究方法，我有如下考慮：

(1) 思想史是具有很強的綜合性的學科，它與多種學科有密切的關聯性，例如政治思想史、經濟思想史、教育思想史、學術思想史等等。因此，這些學科的進步與發展會直接影響到思想史學科的進步與發展。所以，我認為，學者最好先作至少一兩種上述專門學科思想史的研究，以為思想史研究的準備功夫。

(2) 研究思想史時，最好亦應循由個案到整體，由微觀到宏觀，由專題到綜合的理路。先從具體的東西入手，總是好把握一些。研究具體的東西、個案的東西，當不避繁瑣，不怕深入，由繁而簡，深而後通。這同樣也是做思想史研究的準備功夫，而且是更重要的準備功夫。只有做好這步功夫，才會逐漸增加積累，逐漸增長見識，逐漸養成貫通的能力。我們近代思想史研究室成立十餘年來，至今不急於著手寫作《中國近代思想史》，就是始終覺得準備的功夫仍嫌不夠。我和室內諸同人還要再花幾年的功夫做準備，然後再嘗試作中國近代思想通史的研究和寫作。

(3) 做思想史的研究需要較高的理論思維能力。一切歷史學都包含兩個方面，一是陳述，二是解釋。就一般情況而言，學習歷史專業出身的青年學者，所受陳述史學的訓練要略好些，而解釋歷史的訓練略差些，有的可能差很多。其最基本的原因是長期來教條主義影響太深太廣，使人們思想僵化。改革開放後，人們發現以往的歷史陳述，存在太多的簡單化，甚至掩蓋、歪曲史實的情況。因此許多學者用大力氣去重新發掘史實，搜集和整理史料，重新陳述歷史。這方面的工作極為必要，也很有成績，但因此造成我們相當大一部分很好的史學工作者來不及補理論訓練不足的課。儘管許多人願意用馬克思主義指導自己的研究工作，但願意做馬克思主義者是一回事，實際是否真的瞭解馬克思主義、運用馬克思主義則又是一回事。還有一部分學者因不滿於教條主義而對馬克思主義產生疏離感，去求助於西方各種史學理論和史學方法。但從他們的作品看來，他們對西方的史學理論和史學方法也是消化不良，真正有創獲的作品不多。

　　其實任何一種有價值的理論和方法，都不是很容易學到手的。史達林的聯共黨史不可能造就真正的馬克思主義者，一兩種闡述或介紹西方史學理論與方法的書，也不可能造就西方式的史學家。要想在解釋歷史方面作出成績，唯一的辦法是提高我們的理論思維能力。恩格斯說，提高我們理論思維能力的最好辦法是學習哲學史。這當然不是說讀幾本哲學史教科書，而是要讀一系列第一流哲學家的哲學著作。對我們做思想史的人來說，必須選讀一些夠得上偉大思想家的代表作。我常對我的學生們說，如果你認真地讀了並且讀懂了《資本論》，那你的理論思維能力，你分析判斷事務的能力，駕馭史料的能力，必定會有明顯的提高。

(4) 研究任何學問最基本的方法只有一個，那就是實事求是。馬克思在《資本論》第一卷第二版的跋語中表述他的研究方法時說：「研究必須充分地佔有材料，分析他的各種發展形式，探尋這些形式的內在聯繫」。充分佔有的那些材料就是「實事」（或作為實事的反映），「分析它的各種發展形式，探尋這些形式的內在聯繫」就是「求是」。

　　我們司空見慣地看到許許多多想當馬克思主義者的朋友們總是說：「用馬克思主義的立場、觀點、方法指導我們的研究工作」。我一向不讚賞這種提法。你的立場、觀點都先已確定，還有什麼可研究的呢？恩格斯說「原則只是我們研究的結論，而不是我們研究的出發點」。可見前面所引的那個我很不讚賞的提法，確實是不符合馬克思主義的。特別值得注意的是，在我前面引述的馬克思的那句話後面，馬克思緊接著說：「只有這項工作完成以後，現實的運動才能適當的敘述出來。這一點一旦做到，材料的生命一

旦觀念地反映出來，呈現在我們面前的就好像是一個先驗的結構了。」我們那些想當馬克思主義者，而實際不懂馬克思主義的朋友們，恰恰是把馬克思、恩格斯等經典作家的結論當作先驗的結構，找一些材料，搭配上去，然後就貼上「馬克思主義」的標籤，奏凱而歸了。這種現象在左傾教條主義盛行的年代是普遍流行的。

我們應當盡力引導青年學者學會運用馬克思主義的基本理論和基本方法從事自己的研究工作。一些青年學者對馬克思主義的疏離感，實際是對教條主義的不滿，對競相標榜馬克思主義而實際不懂馬克思主義的作品的不滿。與其責備青年學者不肯用力學習馬克思主義，不如嚴格清算教條主義，批評一切標籤主義的做法。換言之，在這個問題上，長輩們應當首先反省、自責，而不必過多苛責青年人。

其實，只要老老實實，努力作到實事求是，都可以在一兩個領域做出成績。在馬克思主義出現以前，出現過許多第一流的思想家和學者；在馬克思主義產生之後，也仍有一些不研究馬克思主義的人而成為第一流的思想家和學者。我絲毫無意主張不要青年們學習馬克思主義，而是想說，做學問最關鍵的是要做老實人。毛澤東在延安整風時，也強調過這個意思。他說馬克思、恩格斯等都是真正的老實人。我總以為，勉強造成一些假冒偽劣的所謂「馬克思主義者」，還不如出幾個對某些非馬克思主義的大師們的理論、方法確有領會，確能運用，因而能夠做出有不同特色的研究成果的人。

(5) 在堅持實事求是的科學態度和科學方法的基本前提下，對其他學科所應用的一些方法，對國內外其他學者用以做出

優秀成績的方法，我們都可以適當參考、借鑒。但第一，
要參考借鑒的不是別人概述出來的方法，而是從精研成功
的學者的代表作的過程中所領悟的方法。換言之，不是搬
用別人的教條和公式，而是領悟導致成功的具體的科學的
思想方法和工作方法。第二，在成功的研究成果中，不可
能是各種方法論的大雜燴，總是有一種最適合的方法為主
導，再適當借鑒與參考其他的方法。那種標榜自己的研究
成果是各種方法的總匯的人，首先就會給人一個並非老實
人的印象。一個不老實的人，是不可能做出真正好的東西
來的。

(6) 我不止一次地聽到一些長於陳述史實的朋友說過，他們異
常注重史料，而搞思想史的人則可以不那麼注重史料。這
是極大的誤解和偏見。任何學問都必須充分佔有材料。沒
有材料，或材料不充分，是絕難取信於人的。做思想史和
做一般陳述史的區別是：第一，取材範圍不同；第二，做
思想史比做陳述史要求有更高的解釋能力，因而需要更高
的理論思維的訓練。如此而已。做思想史的朋友千萬要戒
慎，任何時候，絕對不可忽視材料的重要性。

　　中國思想史學科，特別是中國近代思想史學科，還大
有用武之地，我們應當腳踏實地，努力工作，在深入的研
究實踐中不斷總結和提煉自己的研究方法，使之更加自
覺，更加精審，從而更加提高我們的思想史研究水平。

　　　　　　　　　原載《廣東社會科學》2003 年第 2 期

建議加強近代中國外交史研究

2003 年 7 月 15 日稿[*]

　　近代以來，中國內憂外患交相煎迫，外國列強的侵略給中國和中國人民造成極大的傷害，喪權、失地、賠款之事屢屢發生，不平等條約接踵而至。過去人們常常只用一句國家衰弱來解釋；而且一向有所謂「弱國無外交」的說法，好象是說，這一切都是不可避免的，甚至其屈辱和損失的程度都是無可改易的。

　　事實真是如此嗎？

　　首先，從理論上講，「弱國無外交」也只有片面的道理，不可絕對化。一般地說，強國與弱國打交道，強國佔便宜，弱國吃虧。但顯然並不總是如此。歷史上有許多小國、弱國，巧於應付，利用大國之間的矛盾討便宜。我們甚至可以說，弱國唯因其弱，才更應盡最大努力，以巧妙的外交為自己謀求有利的地位。

　　外交是一條戰線，一個特殊的戰場，也如同軍事戰場一樣，並非總是強者取勝。弱者善於利用靈活的戰略戰術，也可以克敵制勝。外交也是一樣。

　　我以為，外交求勝，須有幾個條件：

---

[*]　本文是作者為中國社會科學院擬訂《21 世紀初中國面臨的重大理論和對策問題》所提供的課題設計方案之一。所提另一方案《近代中國文化轉型研究》獲通過，而此項方案卻未獲通過。在我看來，此方案應更具現實意義和價值。

一、統治集團或領導集團是愛國的，勇於對國家民族的利益負責，而不追求私利，因而能夠確定自主的外交方針和外交策略。

二、統治集團或領導集團內部一致並取得民眾的理解與支持。

三、外交官員是愛國的，對國家民族的利益勇於負責，不謀私利。

四、外交官必須稱職，熟悉交涉相關種種問題的歷史與現狀，並且知己知彼，瞭解對方或準確預知對方的底線。

從以上幾個方面去研判，中國近代外交史上可以總結的教訓實在太多。比如，鴉片戰爭失敗後，進行中英談判時，對於英方於軍費賠償外更索要收繳鴉片的賠款，難道對此就沒有一爭的餘地嗎?又如，談判庚子賠款時，列強索要四億五千萬的賠款，這簡直是天文數字，它相當於當時清政府每年財政收入的22.5 倍。當時參與談判的美國代表某氏，都覺得太過分，也為中國談判代表絲毫不為爭持，不進行討價還價而表示很不理解。以上兩種情況，都只是清政府為緩解外部壓力，保住朝廷顏面，苟延腐朽朝廷的壽命而不惜犧牲國家民族的利益所致。又比如，在第一次世界大戰即將結束的前夕，北京政府為對付南方政府和解決財政困難，竟與日本換文，「欣然同意」日本竊取山東的各項權益，致使後來在巴黎和會上，使中國處於十分不利的地位。

這種例子多得很。這些例子可以證明，近代以來，歷次對外交涉，喪權、失地、賠款等等，都並非是必然如此，只能如此;完全有鬥爭的餘地，有討價還價的餘地。也就是說，它們並不是弱國無外交的結果，而只是統治集團或領導集團不顧國

家民族的利益，而只圖謀私利的結果。同時，也是當時國人不懂外交，不善外交而有以致之。

這些慘痛的經驗教訓值得我們認真地加以總結。要總結，就必須深入研究。我覺得，應該從現在起，就有意識地加強近代中國外交史的研究。

一、先從搜集整理外交資料做起。

上世紀 30 年代，有王彥威父子編輯的《清季外交史料》成書。從那以後，似乎尚無大規模的系統的外交史料的整理出版。這是很遺憾的。近年，海外有關對華外交檔案大都已陸續開放，中國方面的材料，在臺灣亦大多可以看到。所以現在著手大規模地系統地搜集、整理外交史料，已初步具備條件，應當鼓勵人們去做這項工作。

二、研究工作可在搜集材料的同時，即從具體的個案入手，按事件，按國別，逐漸鋪開，逐漸深入，多年積累，造成基礎，然後便可有較好的近代外交史的出現。

三、不應以中外關係史代替外交史。許多年以來，一直有人從事中外關係史的研究，其中於外交史雖有所涉及，但究竟不是外交史。近代中國人很少有真正懂得外交的。所以不熟悉外交遊戲規則，常常是爭所不必爭，讓所不該讓，有的，則只把外交崗位視為美差，只顧個人優遊玩樂而已。

我本人實不配做外交史的研究，但我深知外交史的重要。必須儘快開始廣泛系統地搜集外交史料，必須儘快著手從事近代中國外交史的研究。

治學之路：跟著事實和邏輯走

如果從畢業之年算起，迄今已在學術機關工作四十多年了。如果從 1972 年自幹校歸來，開始業務工作算起，則迄今已在學術研究崗位上工作也有 35 年了。不太謙虛地說，也可算是「識途」的「老馬」了。近些年來，曾因各種機緣，用筆和口談過自己讀書治學的一些體會。因場合不同，受眾不同，各有所側重。這裏，略為系統地談談我的心得。

一、知識的準備

從宏觀上說，一個人的求學時期，從小學到大學，乃至到獲取博士學位，這是他一生事業的知識準備期。但從微觀上說，每著手一項課題，每進入一個新的研究領域，都需要做一番必要的知識準備。對於做學問而言，總是知識儲備得越多越好。俗語說：「書到用時方恨少」，「活到老，學到老」。就我們這一代人來說，我總覺得知識準備得不夠很充分。小學、中學時期還算好，除了接受較系統的教育之外，尚有餘暇讀自己感興趣的各種書。到大學以後，政治運動接連不斷，不但系統教育談不上，自己想讀一些感興趣的書，也很不容易。

現在回想起來，中學時期，憑自己的興趣所讀的幾百種第一流作家（其中以外國作家居多）所寫的著名小說，給了我極大的幫助，使我對人類社會、人的生活、人的種種心理、不同民族的文化，有了較多和較深的瞭解。同時，也培養起我的文

字表達能力。自然，系統的中學教育也使我具備了獨立地去接
觸各種知識準備了良好的基礎。我一直覺得，五十年代的中等
教育是辦得比較成功的。此外，在高中階段，我開始閱讀一些
哲學和理論方面的著作，使我較早地有了理論思維的訓練。

　　回憶讀書治學數十年，深深地覺得，青少年時期，記憶最
好，精力最充沛，盡可能地多讀一些書，盡可能地多積累一些
知識是非常重要的。知識是應付人生的重要工具；尤其是我們
從事研究工作的重要工具。

二、發現興趣之所在

　　清代大學者章學誠說過，做學問，當「就性之所近，而力
之所能勉者為之」。他提出兩條：一是要有興趣；二是要有能力。
這裏單說第一條。人在青少年時期，興趣很多，理想也很多，
故不易確定真正的興趣所在。我曾長期醉心於文學，上高中以
後，又對哲學發生興趣。還記得，上高中的第一學期，初中時
的一位好友，從書店裏買來剛剛出版不久的黑格爾的《哲學史
講演錄》第一卷的中譯本，作為生日禮物送給我。寒假期間，
我一口氣讀完了這本書，深深地為其歷史感和邏輯力量所吸
引。接下來的暑假，我又發奮閱讀《資本論》，其歷史與邏輯的
統一，對我發生了更大的震撼作用。這兩本書對我實有終生的
影響。所以，上大學我學的是哲學。但畢業後被分配到了近代
史研究所，似乎是離開自己的興趣很遠。當真正進入研究工作
以後，我越來越發現，我的哲學修養和理論思維的訓練對我的
研究是極有幫助的。在完成《中華民國史》第一卷的撰寫工作
之後，我的研究工作漸漸地轉移到以思想史和文化史為中心的
軌道上來。近代中國處在社會轉型期，一切都處在急劇的變動

中。這是一個偉大民族創造歷史的時期；也是這個民族在急劇的歷史變革中進行自我改造的時期。歷史是人創造的，而人是有思想的。當我們追蹤前人留下的歷史足跡，探求到當時創造歷史的人們是怎樣思考，又以他們的創造活動所產生的結果與他們的事前思考加以對比的時候，會使我們對歷史產生一種極其親切而又有幾分神秘的感受。這裏有著太多令人感興趣的問題。例如，一種思想是怎樣形成起來的；它從前代人的思想資源中汲取了哪些東西；當時的歷史事件、事變，以及群眾活動和一般民眾的心理、觀念、願望和呼聲又對它發生了怎樣的影響。又例如，一種思想一旦產生之後，它又是怎樣在社會上傳播開來；有哪些階層，哪些人群，在多大的程度上接受了這種思想的影響；受此思想影響的人們是怎樣從事其歷史活動的；這些活動產生了怎樣的社會後果。又例如，由一定的思想所引發出來的社會後果，究竟在多大程度上是符合人們事前所期望的；其間的差異應當如何解釋。如此等等，所有這些都是思想史應當回答和必須回答的。回答這些問題既需要大量地佔有歷史材料，又更需要高度的理論思維去分析這些材料，揭示這些材料之間的內在聯繫，從而得出必要的結論。這是很難達到的境界，但這畢竟是我的興趣所在。我對晚清思想史的研究，對五四新文化運動的研究，都使我感到極大的樂趣。

三、跟著事實和邏輯走

　　馬克思在談到他的《資本論》的寫作時曾說，在這種追求真理的誠實的研究工作中，就如同地獄門口的標語所明示的那樣：在這裏，任何猶豫都是無用的，只有沿著事實和邏輯的導引，走下去（記得大意如此）。

　　科學研究，無論是自然科學研究還是人文與社會科學的研究，都是追求真理的事業。世界上沒有什麼事業比追求真理的事業更加神聖和純潔，它需要的是真誠和求實，來不得半點的虛偽和矯情。

　　我做的第一項研究課題是為寫作《中華民國史》第一卷（內容是寫中華民國的創立，實即是寫辛亥革命時期那段歷史）的有關章節而進行清末立憲運動的研究。這是一個從前批判甚多而研究甚少的領域。在這一　領域裏，因長期左傾教條主義的統治，存在著一系列武斷的結論、成見與偏見。為了厘清立憲運動這一段歷史，我無所依傍，必須完全獨立地從搜集資料做起，在充分地佔有資料的基礎上，進行必要的理論分析，然後，才有望重建起比較接近真實的立憲運動史。我當時曾查閱了大量的檔案文獻，相關人物的著述，特別是已刊未刊的日記、書信等等。同時，我努力查閱了北京地區能夠找到的晚清時期的相關報紙十幾種，期刊數十種，並從中選擇有代表性的報紙、期刊，從立憲運動開始之年，一直讀到立憲運動結束之年，以便使我能夠對那個歷史時期產生某種近乎感性的認識，使我能夠更好地把握那個時期歷史活動的脈搏。有了充分而翔實的歷史材料，運用我從多年研讀馬克思主義所領悟的理論和方法，來整理和分析這些材料，終於使我得出了與以往的各種成見不同的結論。我的書稿首先得到主編和其他合作者們的首肯。在完成書稿的基礎上，我陸續在《中國社會科學》、《歷史研究》、《近代史研究》等雜誌上發表有關清末立憲運動的研究論文。不用說，這些論文，因其有大量史實支持的全新的結論而產生了不小的震撼。現在回想起來，我當時所以有膽量發表與多年來史學界奉為定論的東西不同的見解，一是我佔有大量的材料，有

充分史實做根據；二是我有高度的理論自信。我是跟著事實走，跟著邏輯走的。我所做的其他研究，例如，有關晚清思想史的研究，有關新文化運動的研究，有關胡適的研究，同樣是如此。

四、深入而淺出

孔子說：「言而無文，行之不遠」。後世有些人片面理解這句話，從而單純追求文字形式的美，是不足為訓的。其實，即使文學作品也不能單純追求文字形式的美，也必須有真實的內容作基礎。學術文章則必須使文字完全服從內容的需要。常常看到有些學術論文堆砌太多的副詞、形容詞，太多的狀語、定語，讀起來極不順暢。作者本意似乎是力求把意思表達得更準確些，而結果卻弄得語義更加模糊。照我的體會，學術文章，其文字越簡潔越好。此外，還有一種傾向是我所不贊成的，就是追求文字的古奧和深奧。文章是寫給人看的，總以能讓人看得懂為好。所以，我以為文字寫得越是清楚、明白越好。我前面說，學術研究是探求真理的工作。而真理並不是像一塊硬幣擺在桌面上那樣一清二楚地顯現在人們的面前。相反，大多數情況下，它是深藏在紛繁複雜的事實的背後。要抓到真理，需要深入挖掘，披沙揀金。

這就是我所說的要「深入」。但當你要把所獲得的真理告訴大家的時候，你必須設法讓別人明白你的話，就是要「淺出」。如果特別致力於使文字艱深晦澀，讓人讀不懂，那豈不是成心不把真理告訴人家嗎？顯然，這多半不是作者的本意。所以，我的看法是，凡是文章寫的讓人讀不懂的，多半是作者自己也沒有真正弄懂。十幾年前，在為一位朋友的書所寫的序言中我曾說，「以艱深晦澀而自視高明的人，實在是缺乏自知之明」。

只有深入，才能淺出。也就是只有自己真正弄明白了，才能給別人講得明白。

原載中國社會科學院《院報》2005 年 3 月 3 日。
但編者把題目改為《要注重事實和邏輯》，文字亦略有刪削。

中國近代思想史學科建設的回顧與展望

近代思想史學科是 2002 年我院首批確定的重點學科之一。日前《院報》記者就該學科的建設與未來發展趨向問題訪問了著名思想史專家、學部委員耿雲志先生。耿先生坦率地談了他的一些看法。下面發表的即是根據記錄整理的一篇訪談錄。記者簡稱記，耿先生簡稱耿。

記：近年來思想史學科表現很活躍。您是我院近代思想史學科的帶頭人。請問，近代思想史學科是怎樣成長起來的？

耿：中國的思想史學科是五四以後隨著中國現代學術體系的建立而逐步成長起來的，此前的思想史方面的內容被包涵在經學史或學術史之中。比如梁啟超的《清代學術概論》及《中國近三百年學術史》，於近代思想史多有論述。比較早以「思想史」命名的思想史著作是梁啟超的《先秦政治思想史》（1923年），而就近代思想史而言，郭湛波的《近五十年中國思想史》（大北書局 1935 年）比較最早。檢視五四到 1949 年間的近代思想史研究，主要是圍繞若干重要思想家，如魏源、康有為、梁啟超、嚴復、孫中山等進行的，尤其是孫中山的思想頗為當時學者所關注。這時期的近代思想史研究多半是分散的個案研究，不成系統，研究範圍也較為狹窄。1949 年後，近代思想史研究有了進一步的發展，學者們的相關著作因力求貫徹馬克思主義指導，故多半略能成一系統；而且出現了一些思想史中的專門史的研究，如近代經濟思想史等。但這一時期的許多論著在不同程度上存在著教條主義的毛病，習慣以階級或派別劃

線，將思想家簡單地分為進步或落後、革命或反動，加以主觀的褒貶，而於思想家思想的內容及其淵源、價值與實際影響等，卻缺乏實事求是的深入研究。文革期間，和其他學科一樣，中國近代思想史研究也完全處於停頓狀態。但此時期海外學者的中國近代思想史研究倒是取得了明顯的進展。限於當時條件，他們的研究成果都無法得到及時的引進和介紹。

中國大陸近代思想史研究的真正繁榮，是隨著改革開放而逐步實現的。首先受到關注的，是近代政治思想史。上個世紀80年代中期開始，陸續出版近代政治思想史的著作頗不少。有些雖不以政治思想史為名，而實際上是政治思想史，至少是以政治思想史為主要內容的。相比之下，其他方面的思想，如經濟思想、法律思想、宗教思想、軍事思想、學術思想、倫理思想等等，雖也有學者涉足，並有著作出版，但總的來看，無論數量還是質量，都無法與政治思想史研究相提並論。這一時期最引人注意的是，隨著社會開放和思想解放的進程，學界對於以往研究中有些被視為共識或定論的東西提出質疑，並以大量的史料為根據，對一些人物和思潮作出新的研究，得出新的結論。比如對於洋務思潮，對於清末以來的和平改革思想，學者們都提出了新的見解；對於一些因為政治原因而被冷淡或被否定的思想家，如戊戌以後的梁啟超以及現代的胡適等人，都有許多新的研究成果，廣受海內外學界的注意。可以說，改革開放以來的近代思想史研究在貫徹實事求是的科學精神方面是有了很大的進步。在研究成果的數量和質量方面都有很大的提高。

記：那麼，最近十幾年的情況如何？

　　耿：進入 20 世紀 90 年代後，中國近代思想史研究又進入了一個新的發展階段，其主要趨向是，第一，思想家個案研究進一步擴展、深入。一方面，研究者的視野越來越開闊，許多過去沒有或少有關注的思想家，如曾國藩、倭仁、陳熾、張之洞、梁漱溟、林語堂、杜亞泉、章士釗、張君勱、張東蓀、林語堂、羅家倫、吳宓、陳序經等，開始進入到研究者的視野，並取得了顯著成果。另一方面，對過去研究較多的思想家的研究進一步深化、細化，並提出了許多新的觀點。比如，戊戌變法後到辛亥革命期間，梁啟超是中國思想界執牛耳的人物，由於梁啟超當時居住在日本，其思想深受明治維新以後日本思想的影響。然而以往學術界對此缺乏深入細緻的研究，談到日本思想對梁氏的影響時都比較空洞。新近出版的《梁啟超啟蒙思想的東學背景》一書（鄭匡民著），對於梁啟超所受日本思想的影響進行了細緻的梳理，大大深化了人們對於梁啟超思想的認識。此外，隨著文化保守主義受到越來越多的重視，「現代新儒家」的一批思想家也引起學者極大的興趣，出現了大量的論著。第二，思潮史研究倍受青睞。20 世紀 80 年代末期以前，中國近代思想史多以思想家的脈絡為主線，但從 80 年代末期開始，中國近代思想史著作則越來越多的以社會思潮為主線，出版了不少著作，並整理出版了一些相關資料。此類著作以吳雁南主編的《中國近代社會思潮》最為重要。此外，一些重要思潮的專題研究也取得了豐碩的成果，社會主義、無政府主義、民族主義、文化保守主義思潮等都有專門的研究著作問世。第三，近代學術史的研究開始受到極大的關注，其中學術轉型的問題又是學者關注的重點。其表現，一是對康有為、梁啟超、嚴復、

章太炎、王國維、胡適、陳寅恪、陳垣、傅斯年、顧頡剛、吳宓等人的學術個案研究有相當深入的探討，二是對清末民初的重要學術流派展開了頗有成效的研究。第四，對思想史研究的相關理論和方法論問題展開了深入的討論。思想史界以前缺乏方法論的自覺，近幾年來，學者對於思想史研究的對象和範圍，研究的方法等問題，通過學術研討會和報紙刊物進行了廣泛深入的討論。可以預期，通過這些討論，將會推動思想史研究的深化。第五，這一時期的近代思想史研究，問題意識有明顯的提高。近代中國思想中的「激進」與「保守」的問題，改革與革命的問題，民族主義的問題，思想、學術與文化轉型的機制與條件的問題，現代化的基本趨向的問題等等，都是研究中國近代思想史的學者們非常關注的問題。

記：在您看來，近代思想史研究，當下有些什麼值得注意的問題？

　　耿：問題總是會有的，沒有問題，也就不會再有進步了。問題的被提出，被認識，被解決，就是學術進步的過程。首先，最為大家所關注的一個問題，也是整個學術界帶普遍性的問題，就是學風問題。一些學者的工作不夠踏實，表現有急功近利，空疏、浮躁的毛病。這既有環境方面的原因，也有學者個人自律的問題。我們於整個環境的改變，無可為力；但我們作為學者，應當嚴格自律，不應被不好的潮流所裹脅。

　　至於近代思想史學界存在的具體問題，就已引起多數人比較注意的問題，可以舉出一些。如，一些論著一味求新，或好以己意斷是非，以當代人的需求甚或僅僅依據個人主觀的好惡去「解讀」歷史，把歷史研究當作是當代人自己發表感想、議論的工具，這是很不嚴肅的。還有一些思想史研究論著，只局

限於對思想家本身的著述作介紹和評論，對於思想家思想與其時代的議題之間的關係缺乏把握，對於思想家的思想淵源沒有進行細緻梳理，對於思想家的思想主張以何種形式對於當時社會發生了何種實際的影響，也沒有進行具體考察，對於思想家的思想與其同時代的其他思想家的思想之間的互動關係缺乏瞭解。於是，思想家的思想和主張似乎成了思想家閉門造車的產物，成了脫離現實歷史進程的遊魂。我個人以為，在思想史研究中，應當力求對思想家作全方位的把握。又有一些思想史研究著作，把思想史研究與一般的歷史研究混同起來，往往以大量的篇幅介紹思想家的生平，闡述其政治活動或社會活動，而於其思想本身反而研究甚少，甚至對思想家思想的基本脈絡都缺乏準確的把握。這反映出，其作者缺乏必要的專業訓練。因此，近代思想史研究隊伍的建設，仍是一項艱巨的任務。又有一些研究者，把歷史研究當作注經，習慣於把經典作家的某些觀點當作先驗的結論，找一些材料，搭配上去，就算是完成了自己的研究了。這反映出，教條主義仍有一定的影響。另外，目前的中國近代思想史研究中思想家的個案研究，專門思想史，如哲學史、政治思想史、經濟思想史、法律思想史、宗教思想史、文化思想史、學術思想史等等，雖都有一定的進展，但要在這些研究的基礎上構築綜合性的「中國近代思想史」學科的基本框架，寫出一部全面、系統的而又有相當深度的綜合性的「中國近代思想史」著作，還需要做很大的努力。

記：請您談一談，近代思想史學科今後的發展趨勢會是怎樣的？

　　根據目前中國近代思想史研究的狀況，我覺得今後一段時期，它的發展可能會有這樣一些趨向。第一，有關思想史研究

的理論和方法問題的討論會進一步深入。單是思想史研究對象與範圍的問題就已提出許多說法。多數學者基本上仍認為思想史應以研究思想家的思想為主；有的則提出應以研究大眾的思想為主；有的則採取折中態度，認為研究思想家的思想與大眾思想同等重要。我在〈近代思想史研究對象與方法的思考〉（《廣東社會科學》2003，2）及〈中國近代思想史集刊前言〉（《中國近代思想史集刊》第 1 輯）兩文裏，已較詳細地說明了我對此問題的看法，這裏不須多談。我只想強調一句，今後思想史的研究，應在充分研究思想家的思想的基礎上，注意研究思想家的思想與大眾觀念的互動關係。即努力探求思想家的思想在其形成過程中，大眾觀念是否起了某種作用，以及思想家的思想既經形成之後，又在怎樣的程度上影響了大眾觀念的變化。第二，思想家的個案研究仍將吸引許多學者的注意，研究的範圍會從主要的思想家擴展到一般的思想人物；從政治、哲學思想人物擴充到經濟、文化、宗教、科學、文學等方面的思想人物；研究也會更深入、更細緻、更平實；對於思想家思想的來源及其影響的探討將會成為深化思想家研究的重要路向。第三，學術史研究將會受到更多的關注，並將在深度和廣度上有進一步的提升。第四，中國近代思想史上的若干重大問題，如革命與改革、激進與保守的思想分野與其互動關係；近代中國文化轉型中，傳統因素與西方文化的作用及其相互關係；中國近代思想中的國家、社會與個人的關係；以及馬克思主義中國化等問題，將會成為學術界關注的熱點。第五，多學科、跨學科的研究將會受到越來越多的學者們的注意，因而會不斷加強，尤其是思想史與社會史、思想史與政治史、思想史與文化史的結合研究會取得較大的進展。

　　隨著改革開放的進一步深入發展，海內外的學術交流不斷增加和擴大，一些新的研究方法將會被吸收和運用。但無論方法怎樣更新和如何多樣化，一切學問都必須堅持實事求是的原則，充分佔有資料，發現資料之間所蘊涵的內在聯繫，對具體問題作具體分析。只有如此，才可能得出正確的結論。馬克思主義的基本理論與基本方法正是這樣。現在有些人對任何「新」的理論與方法都感興趣，這本身沒有什麼不對。但吸收和運用一種新的方法，絕不是簡單套用；而是要在一個具體領域，一個具體問題上，獨立地搜集充分的材料，獨立地運用你所感興趣的方法做實際的深入研究，看看得出的結果能否經得起檢驗。由此來檢驗那種理論和方法是否可靠，或檢驗你對那種理論與方法是否真正正確掌握了。

記：我們知道，近代史所思想史研究室是您親手創立起來的。現在想請您談談這個研究室的工作和今後的設想。

　　耿：近代史研究所的近代思想史研究室成立於 1991 年（其前身是 1988 年成立的思想史課題組），2002 年被評為院第一批重點學科。研究室的人員不多，但結構梯次比較合理，隊伍堪稱精幹。自成立以來，本室同仁各自發表了一系列研究論著，整理出版了多種近代思想史資料。同時，完成了院重點課題《西方民主在近代中國》；從 2001 年起，又在做院重大課題《近代中國文化轉型研究》，刻下正在進入結項階段。目前，研究室同仁正準備著手作多卷本的《中國近代思想通史》。我們打算在已有的研究積累的基礎上，充分吸收海內外同行相關研究成果，對中國近代思想史作出比較全面的、系統的、綜合性的研究。此項課題已列入我所和我院十一五規劃中，大約明年適當時候

即可開始。另外，我們在做好個人研究工作的同時，為推動中國近代思想研究的發展，還做了三方面的工作：第一，成立中國近代思想研究中心（2005 年 8 月正式成立），團聚國內中國近代思想史研究的隊伍，加強交流，促進發展。第二，編輯出版《中國近代思想史研究集刊》，作為海內外同行發表最新研究成果的一個園地。目前已經出版兩期（第一期《思想家與中國近代思想》，第二期《西方思想在近代中國》），出版後頗得學界同道的好評。第三期《中國傳統思想的近代轉換》，將於 2006 年底出版；第四期《中國近代史上的民族主義》正在編輯中，將於 2007 年初出版；第五期也已開始組稿。我們計畫至少每年出版一期。第三，就相關熱點和前沿問題組織系列學術研討會。從 2002 年中國近代思想史學科被評為第一批院重點學科以來，我們已經和兄弟單位聯合舉辦了「中國近代思想史研究方法學術研討會」、「中國近代史上的激進與保守研討會」、「第一屆中國近代思想史國際學術研討會」、「中國近代史上的民族主義研討會」、「第二屆中國近代思想史國際研討會」等學術會議。以上這些工作，對推動國內外近代思想史研究，建立和擴大我們與國內外同行的聯繫，充分發揮思想史研究室作為中國近代思想史研究中心的作用等方面，都大有裨益，產生了很好的效果。以後，我們還將繼續這些工作，為推動近代思想史學科的發展盡力。

原載於中國社會科學院《院報》2006 年 12 月 14 日

揭示真實的歷史，使人們變得聰明

——耿雲志先生訪談錄

鄒小站：

先生您好！我開始讀您的文章大概是 1988 年左右，那時我還是個大學生。由於當時學界有思想文化史熱，故選修了「中國近代思想史」，經任課老師的推薦，拜讀了您的《胡適研究論稿》，覺得您筆下的胡適與我印象中的胡適有很大的區別。因此，對胡適研究，對您寫的其他論文發生了很大的興趣，陸續讀了相關論著，思想眼界為之一闊。後來攻讀碩士學位以中國近代思想史為方向，很大程度上因緣於讀了您的論著。我的碩士導師郭漢民先生對您十分推崇，讓我把您已經發表的論著全面地學習一遍。我那時已經開始注意學術史了，瞭解到您是解放後大陸上第一個敢於正面評價胡適的學者，也是第一個在系統深入研究清末立憲運動之後給它以積極評價的學者。您的觀點在當時即產生很大影響，後來為絕大多數學者所接受，並由此奠定了您在學界的地位。可不可以首先請您談談您是怎樣走入清末立憲運動這一研究領域的，在思想解放剛起步、教條主義還有相當影響的時候，您何以有勇氣提出與以往學界看法迥異的學術觀點？

耿雲志：

我大學學的是哲學，進入歷史研究領域是由於特別的機緣。1964 年大學畢業時，正是中蘇兩黨論戰正酣之時。當年，

中宣部委託中國科學院近代史研究所的領導、著名學者黎澍到
全國文科較好的高校選拔應屆畢業生，準備組成專門的研究和
寫作班子，參加反蘇修的理論鬥爭。我是當年被選入近代史研
究所的 36 個人之一。到北京後不久，國際國內形勢出現了新變
化，中央將注意力由反蘇修轉為反內修，研究組的工作實際上
沒有開展起來。因為這批人是近代史研究所負責召來的，這 36
名畢業生，包括我在內，大多便被留在近代史研究所工作，我
也就此進入歷史研究領域。但此後幾年，政治運動不斷，先是
四清運動，後是文化大革命，正常的科研活動無法進行。1971
年下半年，周恩來總理在全國出版工作會議上提出應當編寫中
華民國史。次年，近代史所受中央委託，擔任《中華民國史》
的研究和寫作任務。所裏成立中華民國史研究組，我被調入該
研究組，參與《中華民國史》第一卷的研究和寫作，是該卷四
個主要撰稿人之一。這書出版後，在海內外影響很大，曾先後
榮獲多種獎項。由於參與這項研究工作，我有了自己的第一個
研究領域，清末立憲運動。除了完成書稿外，我相繼發表了〈論
清末立憲派的國會請願運動〉(1980)、〈論清末立憲派與諮議局〉
（1981）等論文。當時，立憲派與立憲運動還是一個批判甚多
而研究甚少的領域。因長期左傾教條主義的統治，在這一領域
內，存在著一系列武斷的結論、成見與偏見。如認為立憲派不
是前進的社會政治力量；立憲運動是一次「反動的改良主義政
治運動」；立憲派後來參與創立共和，結束清朝統治是政治投
機，是妄圖竊取革命果實等等，其罪名不一而足。我擔負民國
史第一卷中立憲運動的研究和寫作，極度缺乏可供借鑒的研究
成果，有的只是一些類似大批判的文章和小冊子。我別無選擇，
只有從系統、全面地佔有和研究第一手材料入手。我的書稿和

論文，都是在深入系統地研究基本歷史事實的基礎上，運用馬克思主義的基本理論和基本方法對歷史事實進行深入分析，得出自己的結論。這些結論與以往成見迥然不同，並非是存心立異，而是歷史事實和馬克思主義的理論與方法引導我必至於此。在〈論清末立憲派的國會請願運動〉一文中，我提出，立憲派的立憲要求及其活動，與清政府官方的預備立憲是不同的。持續數年的國會請願運動，不是維護清朝專制統治的反動的運動，也不是無謂的「哄鬧」，而是一個群眾性的愛國的資產階級民主運動。正因此，才遭到清政府的嚴厲鎮壓。國會請願運動雖然失敗了，但立憲派在請願運動中屢次揭露清政府預備立憲的虛偽和朝政的腐敗，客觀上有助於革命宣傳和人們的革命覺醒。這場空前規模的群眾性的政治運動，嚴重打擊了專制政權的威信，給人民以較普遍的民主教育，同時加劇了統治集團的內部危機，客觀上起了加速瓦解清朝專制統治的作用。〈論清末立憲派與諮議局〉，是提交紀念辛亥革命七十周年國際學術討論會的一篇長文（全文發表於中華書局出版的《紀念辛亥革命七十周年學術討論會論文集》中，後來發表於《近代史研究》上的〈論諮議局的性質與作用〉是此文的縮寫稿）。此文應用大批從前一直不被人注意的有關各省諮議局的文獻及檔案資料，分析論述了諮議局的性質與作用。文章指出，1909 年在各省成立的諮議局是立憲派的一個非常重要的活動舞臺。立憲派充分利用這個舞臺，一方面揭露清政府的各種腐敗情形；一方面同地方大吏的專制權力展開鬥爭。此外，他們還利用這個舞臺大力進行全國立憲派的相互聯絡和動員群眾的工作，發動了大規模的國會請願運動。這些活動在很大程度上衝擊和動搖了清政府的統治基礎。我對立憲派及立憲運動的研究的最大理論意

義，是從此凸顯出和平改革在歷史發展中的重大作用，我做這項研究和發表這些論文的時候，國家正處在撥亂反正時期，思想解放還剛起步，教條主義的影響仍在，我有關清末立憲派和立憲運動的評述，打破了以往人們的成見，引起學界的強烈反響。從那以後，國內學界對清末立憲運動的看法，同「文革」前相比，就迴然不同了。這兩篇文章先後被譯成英文，在海外也產生影響，被看做是大陸史學界擺脫教條主義影響，實事求是地研究歷史的代表性成果之一。

鄒小站：

先生的研究，除了上述關於清末立憲運動這一領域之外，對以五四新文化運動為重點的思想史研究，特別是對胡適的研究用力甚多，相關論著發生的影響亦大。據我所知，先生早在編寫《中華民國史資料叢稿》的〈人物傳〉的過程中，就注意到近代史所收藏的大批胡適檔案資料。1975 年，文革尚未結束，先生就用了大約 10 個月的時間，潛心閱讀這些檔案資料。從此，研究胡適成了先生的「業餘愛好」。由於在 50 年代中期，曾進行過一場全國規模的批判胡適的運動，所以，在以往的出版物中，胡適一直是一個反面人物，常常被冠以「官僚資產階級的代言人」,「美帝國主義的走狗」,「賣國賊」，甚至是「戰犯」等等惡名。在一般知識界和普通大眾的心目中，胡適就是和這些罪名緊緊聯繫在一起的。先生通過仔細研究所接觸到的檔案資料，並研究過胡適本人的著作後，發現胡適其人的真實面目及其歷史地位與上述種種罪名無法聯在一起。1978 年 12 月，中共十一屆三中全會公報發表，為先生公開發表研究胡適的成果提供了適當的客觀環境。先生撰寫的〈胡適與五四時期的新文化運動〉一文，在《歷史研究》1979 年 5 月號上發表。此文

在學界產生了重大影響。此後二十多年裏，胡適研究引起越來越多的學者的興趣，被一些人稱為「顯學」。其間，先生陸續發表了有關胡適的研究論文數十篇。1985 年，先生研究胡適的第一部專著《胡適研究論稿》出版。此書因是第一部系統研究胡適的書，當時海內外反響特別強烈。此後，先生又陸續出版《胡適年譜》、《胡適新論》以及編撰《胡適評傳》、《現代學術史上的胡適》等書，還編輯《胡適遺稿及秘藏書信》、《胡適論爭集》等大型資料書。先生在胡適研究方面的成就和影響是海內外所公認的。但據知，也有不同意見，有人認為是為反動文人翻案。我想知道，先生當年下那麼多工夫研究胡適，並發表與數十年來的一貫說法不同的結論，您不曾感到擔心嗎？

耿雲志：

　　若說一點擔心都沒有，也不完全符合實際。要知道，成見是一種很強大的力量。在中國社會裏尤其是如此。你看我最早發表的論文和專書，對有些問題的提法是非常謹慎的。但我終究是給人們揭示出一個與他們以往的印象完全不同的胡適，若說是替胡適翻案，也未嘗不可。對於一個歷史人物，無論是「立案」也好，還是「翻案」也好，都須以事實為根據。

　　沒有事實做根據，或沒有充分的事實做根據，想立的案，立不起；即使勉強立起來了，也不牢固，遲早會被推翻。反過來也一樣。如果沒有充分的根據，想推翻歷史上的成案，也是做不到的。因為我充分地掌握有關胡適的資料，詳細地研究過胡適的著作，我也認真分析了人們對胡適的批判材料產生的背景條件。所以，我自信，我有資格提出我的判斷，我是跟著事實與邏輯走。在我的研究工作中，我經常記起馬克思寫作《資本論》時說過的話。他說，誠實的科學研究工作，就好比下地

獄，地獄的門口書寫著：在這裏任何猶疑都是無濟於事的，只有往前走下去。只要你根據的是事實，只要你有理論上的自信，你就能夠克服懦怯，講出你自認為真理的東西。當然，最重要的是，當時有十一屆三中全會所創造出來的講求實事求是的濃厚氣氛。在這種氣氛下，我相信，實事求是地研究歷史，是會得到社會的承認的。

鄒小站：

完成《中華民國史》第一卷的撰寫工作之後，您的研究工作逐漸轉移到思想史和文化史上。當初是怎麼考慮的？

耿雲志：

其實我對思想史的興趣是根深蒂固的。這同我青少年時期的自我訓練有關。那時，我對哲學和理論方面的書籍極感興趣。記得我在高中一年級的假期裏讀黑格爾的《哲學史講演錄》（當時只出版了第一卷）和馬克思的《資本論》等書，當時雖然不能全部理解，但仍然使我得到極大的啟迪。從那時以來，我對思想、理論方面的問題一直保持很高的興趣。而從 1975 年起，我深深地介入到胡適研究之中。須知，胡適是民國時期思想文化領域最有影響的人物之一，研究他，會不期然地觸及到民國時期思想文化領域的種種問題。所以，在我具體寫作民國史之前和其間，我對思想文化史是一直有興趣的。只不過因承擔民國史和其他集體的工作任務，思想史方面的研究只能作為我的業餘愛好而已。從八十年代末期開始，我的工作重心開始完全轉到思想史和文化史方面來。

我對思想史的興趣也有更深層的原因。我接觸歷史越多，越深，就越感到研究思想史的重要。歷史是人創造的，而人是

有思想的。當我們追蹤前人留下的歷史足跡，深入探求當時創造歷史的人們是怎樣思考的，又以他們的創造活動所產生的結果與他們的事前思考加以對比的時候，會使我們對歷史產生一種極其親切而又有幾分神秘的感受。這裏有著太多令人感興趣的問題。近代中國處在社會轉型期，一切都處在急劇的變動中。這是一個偉大民族創造歷史的時期；也是這個民族在急劇的歷史變革中進行自我改造的時期。在這樣一個特殊的歷史時期裏，人們的思想異常活躍，受新思想的鼓動而掀起的社會運動一波又一波。因此，追尋歷史創造者們的思想格外令人神往。例如，一種思想是怎樣形成起來的；它從前代人的思想資源中汲取了哪些東西；當時的歷史事件、事變，以及群眾活動和一般民眾的心理、觀念、願望和呼聲又對它發生了怎樣的影響。又例如，一種思想一旦產生之後，它又是怎樣在社會上傳播開來；有哪些階層，哪些人群，在多大的程度上接受了這種思想的影響；受此思想影響的人們是怎樣從事其歷史活動的；這些活動產生了怎樣的社會後果。又例如，由一定的思想所引發出來的社會後果，究竟在多大程度上是符合人們事前所期望的；其間的差異應當如何解釋。如此等等，所有這些都是極其有趣的。而這些問題恰恰是思想史應當回答和必須回答的。回答這些問題既需要大量地佔有歷史材料，又更需要高度的理論思維去分析這些材料，揭示這些材料之間的內在聯繫，從而得出必要的結論。這是很艱苦的過程，但這確是我的興趣所在。我對晚清思想史的研究，對五四新文化運動的研究，對孫中山、梁啟超、胡適的研究，都使我感到極大的樂趣。

鄒小站：

　　在近代思想史的研究中，您提出必須把握近代思想發展的基本趨向，這固然是非常重要的。但中國近代思想變化急遽，內容豐富，流派眾多，其基本趨向到底是什麼？如何去把握它？

耿雲志：

　　中國近代思想雖變化急遽，內容複雜，流派亦多，但還是有其基本趨向可尋的，這個趨向就是世界化和個性主義。關於個性主義和世界化的問題，我早在〈胡適與五四時期的新文化運動〉（1979 年）、〈今日的中西文化問題〉、〈確立健全的文化心態〉（1986）等文章中就有所涉及。但明確將世界化與個性主義作為中國近代思想文化發展的兩個基本趨向，是在〈中國新文化運動的源流及其趨向〉（《歷史研究》1994 年第 2 期）一文中提出來的。此後，我在〈梁啟超的世界主義與個性主義〉、〈傅斯年對五四運動的反思〉、〈世界化與個性主義──現代化的兩個重要趨勢〉、〈關於中國近代思想史的幾個問題〉、〈文化轉型的外在條件和內在機制〉等文章中都反復申述了這一看法。我的基本看法是，人類的思想是為應付環境，進行思考而產生的，中國近代思想是中國人為著解決中國所面臨的種種緊迫的問題所做的思考。近代中國的基本問題是實現民族獨立、國家富強、社會進步，而解決這些問題的過程，表現於思想文化方面，就是世界化和個性主義的大趨勢。

　　世界化就是對外開放，個性主義就是解放人，讓每個人充分發揮其創造力，這是對內改革的核心所在。中國近代的歷史進程是在西方列強的侵略勢力反覆衝擊的大背景中展開的，如何認識和應對西方的侵略和衝擊，如何從原來的封閉狀態走向開放，如何與世界各國打交道，始終是中國近代思想的重要議

題。中國人長期存在著自我中心的文化優越感，在反抗西方侵略和學習西方文化的長處之間，長期存在困惑，緊迫的民族危機，使國人難以平心靜氣地在總結本土文化的基礎上去充分認識西方文化的價值。但歷史實踐是偉大的教師，國人還是在客觀的事實面前逐步學會了以開放的心態面對外部世界。鴉片戰爭之後，有識之士就認識到，西方勢力東來為古今未有之變局，第二次鴉片戰爭後，這種觀念為越來越多的人所接受，人們認識到中國不可能再回到閉關自守的狀態。面對變局，中國人不可「自域」，而應直面挑戰，積極學習借鑒西方長處，實現民族國家的復興。戊戌變法以及清末的新政、立憲和革命，都是在文化心態逐步開放的前提下，以取法西方為核心內容的世界化的逐次展開。1912 年梁啟超鮮明地提出建立「世界的國家」的主張。成為「世界的國家」，即是意味著自覺地成為世界的一員，主動參與，主動融入世界，吸收世界文化中一切先進的東西，同時將自己的優秀文化貢獻於世界。到五四時期，中國思想界的文化心態更加開放，受五四新文化運動洗禮的一代中國人，都學會了用世界化的眼光來觀察國家民族的命運。凡是固守傳統，拒斥世界文化的人，都逐漸失去了人們的信任。

　　個性主義，是解放人的創造力。人的創造力的充分發揮，是國家民族不斷進步的根本原動力。中國自秦漢大一統以後，君主專制極度發達，歷二千餘年，在至上君權籠罩下，天地君親師構成價值崇拜的核心系統，普通的個人，完全被淹沒，雖偶有張揚個性的主張，但一向被主流思想所排斥，為官方所摒棄。到了近代，在與西方列強打交道，屢經挫辱，在嘗試變革（例如搞洋務）不獲成功之後，才有人從中西文化的比較中，重新覺悟個人、個性的重要：戊戌時期嚴復倡導「自由」，並以

「存我」概括自由的要義；戊戌變法失敗後，梁啟超以「新民」，
即變革國人的精神為改革的前提，又以樹立個人自由獨立的意
識為改造國民精神的核心；五四新文化的領袖們從民初民主政
治失敗的教訓中覺悟到，個性主義對於國家現代化的重大意
義。乃大力提倡個性主義，解放了一代青年，使他們學會獨立
思考，學會自己對自己的言論行動負責任，學會自己選擇生活
道路。有的人投身革命了；有的人獻身於各項社會事業；有的
人專心致志於科學與學術事業；有的則獻身於教育事業。正是
五四新文化運動淘洗過的一代青年，成了中國革命與建設事業
的中堅和骨幹。

鄒小站：

　　20 世紀 80 年代以來中國近代思想史研究取得了長足的進
展，您覺得主要成績在何處，問題又在何處，將來的發展應向
何處用力？

耿雲志：

　　中國的思想史學科是五四以後隨著中國現代學術體系的建
立而逐步成長起來的，但是真正的繁榮是 20 世紀 80 年代後隨
著改革開放而逐步實現的。在這個繁榮期中，主要的成績是：
第一，對思想家的個案研究進一步拓展和深入，以前或因未曾
注意其重要性，或因政治忌諱而沒有研究，或沒有深入研究的
思想家，進入學者的研究視野，並取得了相當的研究成果。這
就進一步豐富了近代思想史的內容。第二，以往的思想史都是
緊緊圍繞著一個個思想家寫的。如今學者很注意從思潮史的研
究切入思想史，這無疑是一個進步。第三，學者們對思想史研
究相關的理論與方法問題進行了很有意義的討論，雖然在某些

問題上尚未取得足夠的共識，但這種討論繼續下去，必能提高研究者的理論與方法之自覺。第四，學者們的問題意識大大增強，如關於近代史上的「激進」與「保守」的問題，改革與革命的問題，民族主義的問題，思想、學術與文化轉型的條件與機制的問題，近代思想發展的大趨向的問題等等，都展開過討論，並有學者進行深入的研究。第五，學術交流大為活躍，不但國內的學術交流較從前活躍得多，而且海內外之間的學術交流有了空前的進步。這對思想史學科的發展與進步是非常重要的。第六，由於擺脫教條主義的束縛，獨立思考成為可能，人們也就在學術範圍內逐漸養成一種寬容的心態，容忍和尊重不同意見，使學術討論和爭論逐漸步入常軌。這是學術發展絕對必要的條件。

說到不足，主要可概括為兩點。(一)研究範圍未曾清晰界定。早期一些可視為思想史的著作，往往以經學思想或一般學術思想為主要內容；後來，又以哲學思想為主要內容，再後來，則演變為以政治思想為主要內容。這些當然也屬於思想史的範圍。但是，思想史不能以這些內容為局限，而且究竟應如何從這些方面提煉思想史的內容，仍大有討論的餘地。最近幾年學界對思想史研究的對象問題有熱烈的討論，這一討論對推動思想史研究的發展將會起到很好的作用。(二)方法不健全，不精密。由於研究範圍不清晰，也就決定了缺乏方法上的自覺，還沒有建立起中國近代思想史相應的方法論系統。中國近現代的人文社會科學各學科，無不以借鑒西方的理論與方法為起點。但無論是馬克思主義或其他的西方理論與方法，要在中國的學術園地裏真正開花結果，需要有一個很長的歷史過程。有些人天真地以為，只要自己略讀幾本書，對其中的理論與方法能夠

說出一、二、三來，自己就算是那種理論與方法的一個傳人了。其實，服膺和借鑒別人的理論與方法是一回事，自己的著作能否真正體現這種理論與方法又是一回事。我們借鑒某種理論與方法，必須是在實際研究過程中，自覺運用這些理論與方法；而不是在缺乏深入的實際研究的情況下，直把人家的理論與方法往自己的事實與材料上套。由於方法不夠健全，不夠自覺，研究成果不免存在這樣那樣的缺點。如一部思想史完全依人立案，這是古老的學案體的翻版，對於研究異常複雜的中國近代思想史是不很適宜的。有些著作將階級鬥爭、階級分析簡單化、絕對化，生硬地去解釋各種複雜的思想現象。還有的竟完全從現實需要出發，任意裁制史料，牽強附會。當然，也有一些較好的作品。它們為我們提供了一些前進的基礎和經驗與方法的積累。但這種作品是不多的。

　　中國近代思想史研究未來的發展取決於以下幾點：㈠材料的範圍的擴展和發掘。新材料的發現，材料範圍的擴大，無疑會開闊研究者的視野。從前看片面了，因有新材料而減少了片面性；從前看得太表淺了，因隨著材料的增加，視野的開闊，新問題的提出而變深入了。這是極自然的事。擴大材料的範圍還有另一種含義，即因研究者視野的開闊和方法的改進，從前不以為是材料的，現在居然可以成為說明問題很有用的材料了。㈡盡可能地利用科學技術發展所提供的各種新工具，如電腦和網路即是一例。電腦功能的不斷增進，網路技術的發展，以及電子圖書的大量出現，為我們搜集資訊和材料提供了很好的條件。㈢需要更加開放。海內外學者之間的交流應更及時，更密切，以便更加開闊眼界，互相切磋，互相借鑒。㈣不斷提高方法上的自覺，就是通過自己的研究實踐和同海內外同行之

間的溝通與交流，相互批評、比較與反思，逐漸形成自己的研究方法。所謂方法的自覺，就是把一種合乎科學的工作程式變成自己的工作習慣。有了這種方法的自覺，可以使工作更加有計劃、有秩序，減少錯誤和時間、精力的浪費，從而使工作更有成效。(五)不斷增強問題意識。問題是思想的啟動器，沒有問題就不會引發思考。所以，問題意識非常重要。善於提出問題的人，也就是善於思考的人。一個沒有問題意識的人，所見材料再多，卻看不出材料的意義，看不到材料之間的內在聯繫，也就形不成任何思想。增強問題意識，也就是培養思考的習慣，對所聞所見的事實、材料、陳述與論斷，都不要以為它是當然如此，向來如此的，都要問一個為什麼。所聞所見愈多，可形成比較；從比較中發現差異；發現差異，就會產生問題。增強問題意識，學一點哲學是很必要的。哲學一方面教人懷疑，不迷信任何教條；另一方面教人學會思想。所以，我希望每一位有志於治思想史的人，都努力學一點哲學，學一點哲學史。

鄒小站：

您剛才說到學者對於思想史研究對象問題的討論，對於這一問題您持何種看法，具體到中國近代思想史，其研究對象又是什麼？

耿雲志：

近兩三年來，一部分治思想史的學者提出思想史的研究對象問題，這其中自然也包括中國近代思想史的研究對象問題。關於這個問題，出現許多說法。歸結起來有如下三種：(1)堅持以思想家的思想為思想史研究的主要對象；(2)提出以大眾思

想、大眾觀念及其信仰為思想史研究的主要對象；(3)以精英思想（即思想家的思想）與大眾思想並列為思想史研究的對象。

　　我覺得，(2)、(3)兩種意見，頗有值得討論的地方。首先，我覺得「大眾思想」一語意義似不很明確。我個人有一種「偏見」，以為並非隨便一種什麼想法或隨便一種什麼念頭，都可算是思想。我以為，凡夠得上稱為思想的，起碼應具備幾個必要的條件：1、有實際針對性，是針對客觀存在的實際問題而作的思考，不是胡思亂想。2、有系統性，對問題的發生、發展及其利弊，應對的方法，都提出見解，不是散漫無稽的隻言片語。3、有一定影響，在社會上不發生任何影響的思想，在思想史上不可能佔有地位。從這幾點上看去，人們所謂「大眾思想」似乎是難以成立的。其次，大眾觀念，應當承認它是確實存在的。如對「清官」、「好官」的崇敬和祈盼；對讀書人的尊重；敬惜字紙；珍惜光陰；敬老愛幼；頭上三尺有神靈；善惡相報；養兒防老；多子多福；如此等等。這些都是廣為人知的，在大眾中普遍存在的觀念。這些觀念，有些可能是累代遺傳下來的經驗之談，有些則可能是上層精英久相傳遞的思想觀念在大眾中凝聚起來的。這些觀念本身很難直接作為思想史的對象來對待。但是，在深入研究思想家們的思想來源及其對大眾產生的影響時，可以仔細考察這些大眾觀念與精英思想的互動關係。至於大眾信仰，這屬於宗教史範疇。作為思想史的一個分支，宗教史應當處理這個問題。我的主張是，在堅持以思想家們的思想作為思想史研究的主要對象的基礎上，加強對思想家的思想與大眾觀念互動關係的研究，即努力探求思想家的思想在其形成過程中，大眾觀念是否起了某種作用，以及思想家的思想既經形成之後，又在怎樣的程度上影響了大眾觀念的變化。這有助於豐富和深化思想史的研究，使思想史更具全面性和立體感。

　　作為思想史學科研究對象的思想，應該是一個國家、民族在歷史發展演變過程中，人們面對各種重大問題所作的思考。近代中國所面臨的最大問題是建設一個近代民族國家。要實現這一目標，至少須解決如下問題：(1)獨立；(2)統一；(3)民主；(4)富強。所以，凡圍繞著這些重大問題所進行的思考，所提出的主張，所發表的言論，都應列入中國近代思想史的正當範圍。它既不是單純的政治思想史，也不是其他的專門思想史。它是各種專門思想史的基礎和重心。為了把握好思想史的內容，必須盡可能清楚地認識歷史時代所提出的緊迫問題。認清這些問題，才比較容易從浩如煙海的材料中，抓住屬於思想史的內容。

鄒小站：

　　先生近些年來主持一些重大課題的研究工作，前幾年完成了「近代中國人對民主的認識與實踐」的研究，出版了《西方民主在近代中國》一書。最近，又即將完成「近代中國文化轉型研究」的課題。可否請先生就這兩項重大課題的研究及其成果，給我們談談。

耿雲志：

　　時間已差不多了，我只能極簡要地談一談。前一個課題，是 90 年代立項的，因為擔負行政工作，雜事太多而耽擱了，到 2002 年才完成書稿，2003 年才出書。《西方民主在近代中國》一書，有兩點最值得注意。第一，從前研究這個課題，寫這方面的書，都是分開兩條路進行的：一些人專門研究民主思想的發展史；一些人則專門研究民主政治制度史。我們與他們不同，我們把人們對民主的認識，即民主思想，與民主制度的建構結合起來研究。這是一種新的嘗試，這種嘗試得到了學界的充分

認可。第二，正因為我們把兩方面結合起來研究，這使我們發現了一個重要的事實，即在近代中國，人們對民主的認識不斷深化和細化，而民主制度的建構，卻越來越流於形式，越來越徒有其名，越來越不能落實。這一點，非常值得人們總結和反思。

　　最近即將完成的「近代中國文化轉型研究」，是社科院的重大課題。這個課題，實在是一個太大，太複雜的超大課題。我們在人力和財力都十分有限的情況下，只能採取類似社會學的抽樣調查的方法，揀選幾個側面，幾個專題來展開研究。比如，社會結構的變動與文化變動的互動關係，生活方式的演變與文化轉型的關係，國人對西學的迎拒與選擇，日本對西學的中介作用，國人價值觀念的變遷，及思維形式的變遷，近代學術體制及科學體制的確立等等。我們通過這些專題，這些側面的研究，力圖勾畫出近代文化轉型的大致軌跡，同時儘量揭示文化轉型的外在條件與內在機制。這樣的研究，可以幫助我們認清中國人在異常艱難複雜的內外環境下，是如何逐漸擺脫種種困惑，從封閉的中世紀的狀態中走出來，一步一步地走向近代化。科學地總結這個過程，可以使我們更加自覺，更加智慧的處理好我們在改革開放中所面臨的各種問題。

2006 年 12 月

國家圖書館出版品預行編目

蓼草續集：耿雲志學術隨筆 / 耿雲志著. --
一版. -- 臺北市：秀威資訊科技, 2008.03
　　面；　公分. - -（語言文學 ; AG0082）
參考書目：面
ISBN 978-986-6732-89-8(平裝)

1.社會科學　2.文集

540.7　　　　　　　　　　　97004539

 語言文學類　AG0082

蓼草續集——耿雲志學術隨筆

作　　　者 / 耿雲志
主　　　編 / 蔡登山
發 行 人 / 宋政坤
執行編輯 / 賴敬暉
圖文排版 / 郭雅雯
封面設計 / 蔣緒慧
數位轉譯 / 徐真玉　沈裕閔
圖書銷售 / 林怡君
法律顧問 / 毛國樑　律師
出版印製 / 秀威資訊科技股份有限公司
　　　　　　台北市內湖區瑞光路 583 巷 25 號 1 樓
　　　　　　電話：02-2657-9211　　　傳真：02-2657-9106
　　　　　　E-mail：service@showwe.com.tw
經 銷 商 / 紅螞蟻圖書有限公司
　　　　　　台北市內湖區舊宗路二段 121 巷 28、32 號 4 樓
　　　　　　電話：02-2795-3656　　　傳真：02-2795-4100
　　　　　　http://www.e-redant.com

2008 年 3 月 BOD 一版
定價：430 元

讀　者　回　函　卡

感謝您購買本書，為提升服務品質，煩請填寫以下問卷，收到您的寶貴意見後，我們會仔細收藏記錄並回贈紀念品，謝謝！

1.您購買的書名：_____

2.您從何得知本書的消息？

　□網路書店　□部落格　□資料庫搜尋　□書訊　□電子報　□書店

　□平面媒體　□ 朋友推薦　□網站推薦 □其他_____

3.您對本書的評價：(請填代號　1.非常滿意 2.滿意 3.尚可 4.再改進)

　封面設計____　版面編排____　內容____　文/譯筆____　價格____

4.讀完書後您覺得：

　□很有收獲　□有收獲　□收獲不多　□沒收獲

5.您會推薦本書給朋友嗎？

　□會　□不會，為什麼？_____

6.其他寶貴的意見：_____

_____

_____

_____

讀者基本資料

姓名：_____　年齡：_____　性別：□女 □男

聯絡電話：_____　E-mail：_____

地址：_____

學歷：□高中(含)以下　　□高中　　□專科學校　　□大學

　　　□研究所(含)以上 □其他_____

職業：□製造業 □金融業 □資訊業 □軍警 □傳播業 □自由業

　　　□服務業 □公務員 □教職　 □學生 □其他_____

秀威與 BOD

BOD（Books On Demand）是數位出版的大趨勢，秀威資訊率先運用 POD 數位印刷設備來生產書籍，並提供作者全程數位出版服務，致使書籍產銷零庫存，知識傳承不絕版，目前已開闢以下書系：

一、BOD 學術著作—專業論述的閱讀延伸
二、BOD 個人著作—分享生命的心路歷程
三、BOD 旅遊著作—個人深度旅遊文學創作
四、BOD 大陸學者—大陸專業學者學術出版
五、POD 獨家經銷—數位產製的代發行書籍

BOD 秀威網路書店：www.showwe.com.tw
政府出版品網路書店：www.govbooks.com.tw

永不絕版的故事・自己寫・永不休止的音符・自己唱